JN130074

西晋時代の都城と政治

田中一輝著

目　次

緒　言

一

中国における魏晋南北朝時代（しばしば六朝期・六朝時代などとも称される）は、基本的には中国の分裂とそれに伴う戦乱や、王朝の頻繁な交代などが強くイメージされる時代であるが、筆者の研究は、そのうちの西晋時代を対象とするものである。

西晋は、魏晋南北朝時代にあって、唯一中国の統一を果たした王朝である。その建国者は名目上は司馬炎（武帝）であるが、その建国に先立っては、司馬炎の祖父司馬懿による所謂正始の政変（高平陵の変、二四九）以来の、司馬氏一族による曹魏政権の壟断があった。そして建国後の西晋においては、有名な宗室諸王の一斉封建が行われる。これについては、『資治通鑑』巻七九　西晋泰始元年一二月条において、

帝（武帝）魏氏孤立の敝に懲り、故に大いに宗室を封じ、授くるに職任を以てす。

との解釈がなされてより以来、一般的には宗室を冷遇した曹魏が簒奪を被ったことに鑑み、武帝が宗室諸王との血縁的紐帯を基礎とした、藩屏体制の構築と理解されてきた。しかしながら、西晋王朝は外戚（皇后・皇太后）、宗室によって引き起こされる八王の乱や、南匈奴や羯などの内徙民族による永嘉の乱によって崩壊し、建興四年（三一六）における長安（当時の首都）陥落と愍帝（第四代皇帝）の平陽（漢の首都）連

行によって滅亡する。

二

これまでの西晋史研究は、果たしてどのような推移をたどってきたであろうか。[1]日本において、西晋を含む魏晋南北朝（六朝）史研究の主題とされてきたのは、周知の通り貴族制研究であり、それを創始したのが内藤湖南「概括的唐宋時代観」（『歴史と地理』九―五、一九二二年、一～一二頁、同氏著『東洋文化史研究』、弘文堂書房、一九三六年、一一五～一三八頁）である。内藤氏は、六朝から唐に到るまで、「君主は貴族階級の専有物」であったとし、その政治（貴族政治）を「（君主と）貴族との共議体」と解釈した。内藤氏はまた、時として実力のある者が階級を超えて君主の位置を占めることはあっても、君主となれば貴族階級中の一機関であることを免れることができず、その政治は貴族の特権を認めることで初めて実行しうることとなるという。内藤氏の所説は基本的に君主と貴族の対比という方法の上に成り立っており、それによって中国史における貴族政治という概念が、ここで初めて打ち出されたのである。また戦前においては岡崎文夫氏にも貴族についての言及がある。岡崎氏は主として南朝時代に着目し、そこにおける所謂士庶区別や、甲族・乙族等の貴族の区分の存在を明らかにした。[2]

しかし、魏晋南北朝時代（六朝時代）における貴族制という概念が確立され、それについての議論が活発化するのは戦後のことであり、六朝史研究における所謂「論争の時代」を招来したのが、川勝義雄氏の研究である。

川勝氏はまず一九五〇年に発表した論考において、内藤湖南・宇都宮清吉[3]の諸氏のそれぞれの説に依拠しながら、魏晉貴族（以下、本書では曹魏・西晉を「魏晉」と総称する）を生み出す母胎は、後漢末における政治的には共通の儒家的国家理念、人間的には共通の儒家的道徳感情に基づいて形成された広汎な輿論という構造を有する清流勢力にあり、魏晉貴族がその代表者をもって始まる以上は、その背景に士大夫全体の輿論から支持されているという性格をもつと主張した。[4]

この主張に対しては、増淵龍夫氏から、清流勢力に逸民的人士を含めるなど、「当時の知識階級の現実の動きをやや理念化してとらえたきらいがある」との批判がなされた。[5]こうした批判を受けて、川勝氏は一九六七年に新たに論考を発表し、次のような主張を行った。

後漢における豪族は財力と武力をもって、郷邑の一円に露骨な支配を及ぼそうとする傾向（領主化傾向）が顕著であって、そのいくつかは、宦官たちと相互利用の関係を構築し、それを推進しており、このいわば実権派路線の外に立たされた他の豪族と小農民は、上部権力に食い込み公権によって実権派の罪悪を摘発するといった積極的なものから、「道を守る」という消極的・逸民的なものに至るまで、さまざまな形でこれに抵抗した。また豪族のなかでも儒家的教養を身につけたものは、豪族本来の勢力拡大という性格に批判的なイデオロギーを自ら帯び、自己矛盾に陥いることとなる。清濁二流の対立は、複数豪族による郷邑秩序の分裂と、豪族自身の性格的分裂、郷邑秩序の破壊による豪族対小農民の階級闘争と、この三者が入り交じった複合的対立であったが、二次にわたる党錮事件は、清流勢力の中核であった「儒学行義」の官僚層や知識人を粉砕・分断させ、宦官政府の方針は、富殖豪族の領主化傾向を推進する。この後の知識人は逸民的性格を強め、また小農貧農大衆は黄巾の乱を発生させるが、どちらもその目的は共同体秩序の再建であった。黄巾の乱により豪族の領主化傾向は修正を迫られ、この傾向に抵抗していた知識階級と妥協し、また黄巾によって巻き起こされた地方の無秩序状態は、郷邑存立を前にして、対立していた大姓と知識人との共同を促す。かくして秩序の恢復した郷邑をより安全にするために、知識人はより強力な権力体へ結びつけるパイプの役割を果たし、媒介者として一つの社会層を形成することとなり、これが「士」という身分階層を形成し、その上に文人的な貴族制社会を成立せしめていく。[6]

この上で川勝氏は、一九七〇年の論考の中で、豪族が郷邑社会において領主化傾向を強めるなかで、郷邑における共同体的秩序を維持再建する方向への志向を有していたのが郷論であるとし、最初郷・県規模の郷論（第一次郷論）に推された父老たちが「賢長者」を自らの首長に推戴することで郡レベルの郷論（第二次郷論）を形成し、郡レベルの郷論に支持される「士」が、九品官人法によって中央に進出することでさらに上層の郷論（第三次郷論）が形成される、というような「郷論環節の重層構造」を指摘し、最後の第三次郷論の場から特定の貴族階層が生み出されていくと主張した。[7] 氏は続けて、この第三次郷論は、その下の第一次郷論・第二次郷論の積み上げによって、国家権力を借りることなく自律的に形成されていたが、戦乱による郷邑社会の荒廃や、州大中正の設置とそれによる九品官人法の変質などを通じて、上層郷論の基層郷論からの遊離、上層郷論グループの相対的固定化という現象が発生し、上層郷論の場がそのまま貴族社交界に移行することになったと主張する。基層の郷論から遊離しても貴族階層が成立しうることをうったえたこの説は、後述する川勝氏の江南貴族制研究の基礎的概念となる。

こうした川勝氏の学説に対立したのが矢野主税氏である。矢野氏は、漢代における官僚身分の固定化傾向を明らかにした江幡真一郎・永田英正の両氏の説を紹介した上で、[8] まず後漢における所謂累世官僚の中には「貧」であったことを伝えられる者が多いことを根拠として、その寄生的性格に言及し、後漢の累世官僚と曹魏官僚の系譜的・血縁的連続性を否定しつつも、曹魏官僚も基本的には曹魏政権に密着し、その俸禄に依存した、本質的には後漢官僚と同様の寄生官僚であったとする、所謂「貴族即寄生官僚論」を打ち出した。[9]

矢野氏は魏晉貴族を寄生官僚と理解したが、越智重明氏も基本的にはこれと同様の立場をとる。しかし越智氏の魏晉貴族に対する理解は、専ら貴族の在り方そのものを考察対象とした矢野氏の視点とは異なり、皇帝権力の存在を比較的強く意識した点にその特色がある。[10] 氏は一九六二年の「魏西晉貴族制論」（『東洋学報』四五―一、九三～一〇三頁）において、それまでの貴族制研究の動向を整理した上で、①後漢官僚が血統上曹魏以後の貴族の淵源をなしたかどうか②曹魏・西晉貴族をめぐる人的依附関係が後漢の（高級）官僚をめぐる人的依附関係とどういう関係にあったか③貴族の寄生官僚化④晉の政治体制における皇帝権力の実態がどのようであったか、の四点の問題点を掲げたが、このうちの④の問題点について、「この追求にあたつてまず確かめておくべきは、機構としての皇帝権力の実態が、制度的に皇帝と貴族との合議政体なのかそれとも皇帝の一方的な支配体制の一つとして理解すべきなのかということである。これはいささかの疑点もなく、皇帝の一方的な支配体制の一つと断定できる」と主張しており、氏はその根拠として、御史制度や、異姓養子の容認に見られる王法の礼制に対する優位を挙げている。こうした理解には谷川道雄氏から批判がなされたが、[11] おそらくはこれを受け、越智氏は一九八二年に公刊した著書において、魏晉南朝における天子の支配権力には、古い国家の君主権力から専制国家権力への過渡期における一方的な支配者としての権力と、郷村社会の輿論としての同質性をもつ部分の二面性があったと主張した。[12]

ここまでに、日本の戦前における内藤・岡崎の両氏と、戦後における川勝・矢野・越智の諸氏を主として、貴族制の研究史を整理した。こうした個々の研究者の学説を列挙する整理方法は、特に戦後の「論争の時代」における研究者相互の議論の応酬や、以上に挙げた以外の研究者の学説を軽視する結果を招きかねず、必ずしも妥当な方法ではないのではあるが、それと了解しつつ、あえて以上の整理にのっとり、各人の研究の特徴を把握し、(やや強引に)区分するならば、内藤氏の研究を嚆矢として、岡崎・川勝二氏により継承された所謂京都学派の研究が貴族制そのものの実態解明に向かっていったのに対し[13]、矢野氏がそうした研究の強調する貴族の自立性を否定するという構図がまずは注目されるであろう。残る越智氏の研究は、あらためて皇帝と貴族の関係に論点を戻す試みであった。しかしながら、この時代における研究の関心は、おおむね貴族や貴族制に偏っており、それゆえに越智氏が論じたような当時の皇帝権力の問題は、今なお不明な点が多く残っている[14]。

三

一九九〇年以降においては、皇帝の存在を踏まえた研究が多く発表されるようになり、それらは主として次の二点の傾向が見られた。

第一に、恐らくは越智氏の研究の流れをうけ、皇帝権力からの貴族の自立や、皇帝と貴族の対立関係、あるいは貴族の皇帝権力への寄生といった観点ではなく、皇帝と貴族の協力関係を強調する傾向である。渡辺信一郎氏は朝政構造の分析から、朝堂における会議は総貴族としての集団的意志形成の場であるものの、それ自体は皇帝の諮問会議に過ぎず、六朝期においても政治運営は皇帝の独裁であり専制であったと指摘した[15]。また川合安氏も従来の君主対貴族という対抗関係でとらえる視点の有効性を否定し、あくまで決定権は君主に属し、その決定に際しては君主と官僚との間の合意形成を前提とする、君臣一体の体制で

あった と主張した。[16] さらに岡部毅史氏は、南朝において若年の貴族が東宮にて官職を得ることで、皇帝に先んじて皇太子と君臣関係を形成していたことに着目し、皇帝と貴族それぞれの「家」相互の結びつきの存在を指摘している。[17]

第二に、特に魏晋史研究において、皇帝の専制化現象が注目されたことである。福原啓郎氏は曹魏明帝の政策や宮殿建設に着目し、そこから彼の専制化傾向を指摘しており、以後曹魏明帝や彼の政治についての研究が盛んに行われるようになる。[18] またこれと同時に注目されたのが西晋武帝であった。福原氏が西晋武帝に関する専著を著した他、[19] 安田二郎氏が西晋武帝期の政治史を分析し、特に彼の三次にわたる宗室封建に関して、自らの直系子孫を多数封建することによる武帝の専制化への試みと解釈した。[20]

以上二点の傾向は、かつては等閑視されがちであった皇帝の存在にあらためて着目された結果生じたものであったが、第一の傾向が貴族との一体性を強調するのに対し、第二の傾向は貴族との関係にそれほど言及することはなく、皇帝の専制化を指摘するという相違がある。そうした相違を踏まえた上で、二つの傾向を整合的に解釈すべきか、あるいはそのどちらかを否定すべきかを判断する意味からも、皇帝の存在に今一度注目する必要があろう。

四

ただし、仮に第二の傾向をとり、曹魏・西晋において皇帝の専制化が発生したとする場合、問題となるのが以後の時代との関係である。例えば西晋滅亡後、江南では宗室の一人である琅邪王睿が東晋を建国するが、この東晉の歴史に関しては田餘慶氏の研究がある。氏によれば、東晉は「皇権政治」が原則であった前近代中国において「門閥政治」が展開された唯一の例外であったという。つまり東晉においては、基本的に皇帝の権力は弱かったことになる。田氏は後の劉宋時代に入って「皇権政治」に回帰したと主張し、また東晉末期における劉裕（劉宋武帝）の台頭についても詳細な考察を行っているが、[21]一方で西晉と東晉の政治的連続性に関しては、八王の乱末期における東海王越と王衍の協力関係を東晉「門閥政治」の淵源とするものの、皇帝の権力の強弱に関して積極的に言及することはなかった。

従来の貴族制という要素を踏まえて東晉とそれ以前の時代の政治・社会の連続性を説明する試みは既に行われており、孫呉から続く江南豪族社会と、華北からの北来貴族社会が対立しつつ、後者が前者に対する優位を確保していくプロセスの解明という観点から東晉政権（江南貴族制）の成立過程を論じたものとして川勝氏の研究があるが、[22]しかし皇帝という存在に主軸を置いてこの問題を論じる場合、曹魏・西晉における皇帝専制の強化を主張する先行研究の内容との関係をどのように説明すべきか。曹魏・西晉において皇帝の専制化が行われながら、続く東晉時代には皇帝の、少なくとも権力の面で著しい弱体化が発生したとする場合、特に西晉一代を通じて、皇帝をめぐる諸要素の質的変化が発生したことが予想される。とすれば本書は西晉政治史の研究により、その変化の詳細を解明することが一つの課題となるであろう。

五

本書の課題の一つが皇帝の存在に注目しつつ西晉政治史を研究することにあるとして、具体的には皇帝の何に注目すべきであろうか。皇帝を中心とする政治史の推移を観察する以上、当然注目すべき要素の一つにはその権力があるだろう。しかし単なる西晋時代の政治史研究によって判明するのはその変化の過程にすぎないのであり、魏晋における「皇権政治」の本質や淵源の解明には別の要素を扱う必要がある。ではそれはいったい何か。

ここで注目すべきは閻歩克氏の研究である。閻氏は魏晋南北朝時代の服制に関する研究において、曹魏時代の服制改革や加官制度の意義について言及している。曹魏時代には、従来侍中や散騎常侍などの、本来皇帝の側近官である所謂「侍官」が着用していた武冠等の冠服を、大臣級の「位公者」に「侍官」を加官することで着用させたと閻氏は主張する。氏によれば、これ以前には皇帝と朝臣とは公の場においてともに冕冠・衮服を着用するなど、両者の身分の視覚的な差別化が不十分であったが、曹魏時代に入り、「位公者」に「侍官」を加官することで（加官された朝臣は本官の冠服ではなく加官のものを着用する）、皇帝と「位公者」の差別化を達成したという。そして閻氏は前掲田餘慶氏の研究によりつつ、魏晋時代は皇帝権（「皇権」）が衰退し、門閥（貴族）が興起しつつある時代であり、政治上では確かに門閥が主導権を掌握したが、官制・法制や礼制の面では、依然として帝国体制や「皇権政治」の範疇を出るものではなく、門閥はそこへの根本的な変動をもたらすほどの力を持たなかったと主張する。[23]

閻氏の所説は魏晋時代において皇帝権が弱体化したとの認識を前提としている点、さきに紹介した魏晋皇帝の専制化を指摘する日本の研究との齟齬を若干きたしているものの、服制研究における氏の指摘は示唆的である。仮に魏晋時代において皇帝の専制化がはかられたとしても、以後の時代において現に貴族が存続している以上、魏晋皇帝はその存在を否定した上での、いわば漢代的な皇帝専制を復活させることはできなかったことになるが、そう結論づけては彼らの試みの歴史的意義が極めて不明瞭なものとなる。しかし、権力とは別の要素を踏まえるのであれば、彼らの試みの意義を明確化できるのではなかろうか。そこであらためて閻氏の説を確認すると、そこからうかがえるのは服制を利用した皇帝専制の表現であり視覚化である。[24] それは観衆の視覚に皇帝の絶対性を直接的にうったえかける試みであり、これによって生ずる、観衆に自発的に皇帝への服従を促す要素を本書では皇帝の権威と表現しておく。曹魏・西晋とそれ以後の諸王朝の政治史的連続性を説明するにあたって主軸となる要素は、この権威であろう。

ではその権威の由来は、どのような手段により明確化できるのであろうか。権威の創出のために視覚にうったえる必要があったとするならば、冠服のような「モノ」に着目する必要がある。福原氏は曹魏明帝の宮殿建設をとりあげ、そこに皇帝の威信を目に見える形で表現する目的があったと主張するが[25]、服制以外に皇帝の権威を表象する「モノ」があったとするならば、やはりまずは政治の舞台である宮殿や都城があげられるであろう。したがって本書では都城やそこにおける建築物の分析することで、皇帝の権威強化の機能を解明することとしたい。

六

このような問題認識から、本書は最初に魏晋期の都城構造を対象とし、それと皇帝の権威の関係を解明した後に、西晋政治史の考察に移るという順序をとり、皇帝の権威・権力の実態と変遷の過程をたどり、それらが以後の時代に与えた影響を解明する。そして本書の具体的な構成は次の通りである。

〈第一章「魏晋洛陽城研究序説」・第二章「魏晋洛陽城研究序説補遺」〉

まず第一・二章では曹魏・西晉の首都である洛陽城（魏晉洛陽城）の構造復元を行う。魏晉洛陽城の構造については現在に至るまで不明な点が多く、例えば宮城の配置についても、後漢洛陽城の北宮部分の位置に、南北に二つの宮城が相接しながら並立していたとするものと、後漢洛陽城の南北宮を継承していたとするものの、主として二つの主張がなされてきた。第一章及び第二章において、特に宮城配置と中軸線の有無について、研究史の整理の上、考古資料・文献資料を使用して検討し、魏晉洛陽城の構造復元を行う。

〈第三章「魏晉洛陽城の高層建築――『高さ』から見た都城と政治――」〉

第三章では第一・二章の結果に基づき、魏晉洛陽城の建築物を観察し、皇帝の権威との関係を解明する。ここで特に注目するのは、太極殿などの宮殿ではなく、陵雲台などの高層建築である。皇帝の高層建築の利用法に着目し、彼らが自らの権威強化のためにこれをどのように活用したかをここでは検討する。

〈第四章「西晉の東宮と外戚楊氏」〉

第四章では西晉武帝期の政治史を対象とするが、行論にあたっては東宮に注目する。西晉時代の東宮は、皇太子衷（後の恵帝）の政治的擁護のため、東宮の設立とその拡充がはかられ、その最高幹部である東宮三傅（太子太傅・太子少傅・太子太保）は、宰相級の高官が領任した。これにより、西晉の東宮は事実上政治の中枢となり、武帝の治世後半には楊駿などの外戚楊氏が三傅に就任し、後の専権体制構築の足がかりを作った。ここではこの東宮における三傅の動向を中心に観察し、皇帝権力との関係や外戚台頭のプロセスを解明する。

〈第五章「西晉恵帝期の政治における賈后と詔」〉

第五章では恵帝の治世前半における皇后賈南風（賈后）の政治を観察する。恵帝の即位当初においては、外戚楊駿の専権体制が構築されていたが、賈后はこれをクーデターによって打倒し、直後には汝南王亮・衛瓘をも殺害し、実権を掌握した。ここでは賈后の政治の実態を解明する。考察に際しては、当時の政治における詔（特に皇帝直筆の手詔）の用法に着目する。

〈第六章「西晉後期の皇帝と宗室諸王」〉

第六章では、所謂八王の乱・永嘉の乱の時期における西晉の政治状況を考察対象とする。宗室（八王の一人）の斉王冏らによる所謂三王起義の後、八王の乱は全土的な内乱に拡大し、西晉滅亡の遠因となる。最終的には八王の一人である東海王越の勝利によって乱は集結するが、直後に匈奴（南匈奴）の劉淵らによる永嘉の乱が勃発する。この間の宗室諸王や州鎮勢力等の西晉側勢力内部の動向を検討し、一連の過程において皇帝・宗室諸王それぞれの権威・権力がどのように推移していったか、あるいはそれが後の東晉建国にどのように作用したかを解明する。

〈第七章「永嘉の乱の実像」〉

第七章では西晉滅亡の過程を解明するため永嘉の乱を研究対象とする。従来永嘉の乱については五胡十六国史研究の視点から研究が進められ、劉淵ら胡族の発言や動向を示す史料が重視されてきたが、本章では第六章の成果を踏まえ、胡族だけではなく、西晉側勢力や同時期の鮮卑拓跋部などの諸勢力の動向全てを踏まえた永嘉の乱の全体像を復元し、その意義や本質を明らかにする。

〈第八章「玉璽の行方——正統性の相克——」〉

第八章では西晉滅亡後の正統問題について検討する。西晉の滅亡は中国の再分裂を招き、東晉や五胡十六国各国の間で自国の正統性の強調や確立が行われた。本章では、それを象徴するツールとしての玉璽（伝国璽・皇帝六璽など）に着目し、これが西晉滅亡後にどの国に渡ったか、あるいは、どのような過程で流転したと伝えられてきたかを検討し、それと各国の正統性の関係について論じる。

このような構成のもとで西晉及びその滅亡後の歴史を通時的に観察し、個別課題を解決することで、西晉王朝の歴史的意義の確認を目指したい。

1 緒言での研究史整理には、中村圭爾「六朝貴族制論」（谷川道雄編著『戦後日本の中国史論争』、河合文化教育研究所、一九九三年、六九～一一四頁）、川合安「六朝隋唐の『貴族政治』」（『北大史学』三九、一九九九年、同氏著『南朝貴族制研究』、汲古書院、二〇一五年、一一～三五頁）、「日本の六朝貴族制研究」（『史朋』四〇、二〇〇七年、前掲『南朝貴族制研究』三七～六〇頁）を参照した。
2 岡崎文夫「南朝に於ける士庶区別についての小研究」（羽田亨編『内藤博士還暦祝賀支那学論集』、弘文堂書房、一九二六年、三一三～三二六頁、同氏著『南北朝に於ける社会経済制度』、弘文堂書房、一九三五年、二二一～二三八頁）、「南朝貴族制の一面」（小島祐馬編『高瀬博士還暦記念支那学論集』、弘文堂書房、一九二八年、一六一～一八八頁、前掲『南北朝に於ける社会経済制度』二三九～二七二頁）参照。なお岡崎氏は、南朝において（庶民と対比される）士族の間にはたらく統制を「貴族制」と名付けている。
3 宇都宮清吉「漢代における家と豪族」（『史林』二四―一、一九三九年、同氏著『漢代社会経済史研究』、弘文堂書房、一九五五年、四〇五～四七二頁）参照。
4 川勝義雄「シナ中世貴族政治の成立について」（『史林』三三―四、一九五〇年、同氏著『六朝貴族制社会の研究』、東京、岩波書店、一九八二年、三～二二頁（第一部第一章「貴族政治の成立」））参照。
5 増淵龍夫「後漢党錮事件の史評について」（『一橋論叢』四四―六、一九六〇年、同氏著『中国古代の社会と国家』、

東京、岩波書店、一九六〇年、二九六〜三二七頁）参照。

6川勝義雄「漢末のレジスタンス運動」（『東洋史研究』二五―四、一九六七年、前掲『六朝貴族制社会の研究』二三〜五五頁）参照。

7川勝義雄「貴族制社会と孫呉政権下の江南」（中国中世史研究会編『中国中世史研究』、東海大学出版会、一九七〇年、一三五〜一七三頁）参照。

8江幡真一郎「西漢の官僚階級――官吏の登用法と、官吏の出自について――」（『東洋史研究』一一―五・六、一九五二年）、永田英正「漢代の選挙と官僚階級」（『東方学報』京都四一、一九七〇年）参照。

9矢野主税「門閥貴族の系譜試論」（『古代学』七―一、一九五八年、同氏著『門閥社会成立史』、東京、国書刊行会、一九七六年、一〜四三頁）参照。

10中村圭爾「六朝貴族制論」（前掲）参照。

11谷川道雄「六朝貴族制社会の史的性格と律令体制への展開」（『社会経済史学』三一―一〜五、一九六六年、同氏著『中国中世社会と共同体』、国書刊行会、一九七六年、一四七〜一七三頁）参照。谷川氏は、越智氏のこのような見解について、「もしそうであるとすれば皇帝権と貴族主義とは相互に外在的な関係でしかなく、したがってまた貴族制とは六朝社会の歴史的規定性ではなくて、単なる社会現象にすぎなくなる。皇帝権の側もまた歴史性を喪失して、『一方的な支配体制』といった抽象的形式的概念以上に出ないことになる」と批判する。

12越智重明『魏晉南朝の貴族制』（研文出版、一九八二年）八頁参照。なお越智氏のこうした見解は、特に南朝における皇帝と貴族の関係についての考察に反映されている。同氏「南朝の貴族と豪族」（『史淵』六九、一九五六年、一〜五五頁）などを参照。

13近年の貴族制研究においては渡邉義浩「所有と文化――中国貴族制研究の一視角――」（『中国――社会と文化』一

八、二〇〇三年、同氏著『三国政権の構造と「名士」』、東京、汲古書院、二〇〇四年、五～三〇頁）が皇帝に対する貴族の自律性を認め、その自律性を支える別の要素を提示している。渡邉氏は、日本における内藤氏以来の貴族制研究史を整理し、皇帝（権力）に対する貴族の自律性を強調した上で、ピエール・ブルデュー（石井洋二郎訳）『ディスタンクシオン　社会的判断力批判』Ⅰ・Ⅱ（藤原書店、一九九〇年）の文化資本論にのっとり、その自律性を支える要素として「文化的諸価値」を提示する。ここで渡邉氏のいう「文化的諸価値」は、「玄儒文史」の「四学」や、「儒仏道」の「三教」の兼修によってその形成が果たされるとされ、「儒教一尊」の漢代と対比させることで、その特殊性を際立たせている。なお文化資本論や、ピエール・ブルデュー、ジャン＝クロード・パスロン（宮島喬訳）『再生産　教育・社会・文化』（藤原書店、一九九一年）の文化的再生産論は、今日科挙研究でも応用されている。ベンジャミン・A・エルマン（秦玲子訳・小島毅解題）「再生産装置としての明清期の科挙」（『思想』八一〇、一九九一年）、小島毅「明代読書人の知と文化資本」（『江戸の思想』五、一九九六年）、平田茂樹『科挙と官僚制』（山川出版社、一九九七年）五～一五頁、倉橋圭子『中国伝統社会のエリートたち　文化的再生産と階層社会のダイナミズム』（風響社、二〇一一年）参照。

14戸川貴行「二〇一〇年の歴史学界――回顧と展望――　東アジア　中国　魏晋南北朝」（『史学雑誌』一二〇―五、二〇一一年）参照。

15渡辺信一郎『天空の玉座　中国古代帝国の朝政と儀礼』（柏書房、一九九五年）参照。

16川合安「六朝隋唐の『貴族政治』」（前掲）参照。

17岡部毅史「梁簡文帝立太子前夜――南朝皇太子の歴史的位置に関する一考察――」（『史学雑誌』一一八―一、二〇〇九年）参照。

18福原啓郎「三国魏の明帝――奢靡の皇帝の実像」（『古代文化』五二―八、二〇〇〇年、同氏著『魏晋政治社会史

研究』、京都大学学術出版会、二〇一二年、五五～七二頁（第二章　曹魏の明帝――奢靡の皇帝の実像――））参照。以後の研究としては、安田二郎「曹魏明帝の『宮室修治』をめぐって」（『東方学』一一一、二〇〇六年）、津田資久「符瑞『張掖郡玄石図』の出現と司馬懿の政治的立場」（『九州大学東洋史論集』三五、二〇〇七年）、大原信正「曹魏明帝政権史研究序説」（『中央大学アジア史研究』三四、二〇一〇年）、王惟貞『魏明帝曹叡之朝政研究』（花木蘭文化出版社、二〇一〇年）、佐川英治「『奢靡』と『狂直』――洛陽建設をめぐる魏の明帝と高堂隆――」（『中国文史論叢』六、二〇一〇年、同氏著『中国古代都城の設計と思想　円丘祭祀の歴史的展開』、勉誠出版、二〇一六年、七一～一〇六頁）、落合悠紀「曹魏明帝による宗室重視政策の実態」（『東方学』一二六、二〇一三年）などがある。

19福原啓郎『西晉の武帝　司馬炎』（白帝社、一九九五年）参照。

20安田二郎「西晉武帝好色攷」（『東北大学東洋史論集』七、一九九八年、一～一〇〇頁、同氏著『六朝政治史の研究』、京都、京都大学学術出版会、二〇〇三年、四三～一六一頁）参照。

21田餘慶『東晉門閥政治』（北京大学出版社、一九八九年）参照。

22川勝義雄「孫呉政権の崩壊から江南貴族制へ」（同氏著『六朝貴族制社会の研究』、岩波書店、一九八二年、一七一～二一〇頁）参照。

23閻歩克「魏明帝『損略黼黻』考」（同氏著『服周之冕――『周礼』六冕礼制的興衰変異』、中華書局、二〇〇九年、二〇三～二五一頁）参照。

24徐沖「日本古代国家的服制与等級」（前掲『服周之冕』四四五～四五九頁）。

25福原啓郎「三国魏の明帝」（前掲）参照。

第一章　魏晋洛陽城研究序説

はじめに

近年、魏晋洛陽城に関する研究が盛んに行われており、その主要な課題は、宮城の位置特定であったが、現在もなお、定説が存在していない状況にある。特に魏晋洛陽城の宮城配置については、後漢洛陽城の北宮部分の位置に、南北に二つの宮城が相接しながら並立していたとするものと、後漢洛陽城の南北宮を継承していたとするものの、主として二つの主張がなされてきた（以下、本章では便宜上前者を一宮説、後者を二宮説と呼ぶこととする）。魏晋洛陽城の宮城に関する研究史の整理は、向井佑介氏が行っており、氏はその上で一宮説を支持している。[1] 向井氏の研究史整理が既にあり、また結論を先にいえば、宮城配置に関しては筆者も向井氏の意見に同意しており、本章も氏の整理にのっとった部分が多いのであるが、具体的な魏晋洛陽城研究を行うに際しての立場・理解を明確に示す意味も含め、あらためて研究史の整理・検討を行うこととしたい。

また本章にはもう一つの目的がある。宮城配置が前述の通り二説に分かれていることは、必然的に中国都城史における中軸線の発生時期問題に関わることとなる。[2] 詳細は後述するが、従来は一宮説が魏晋洛陽城に中軸線があったとし、一方で二宮説は魏晋洛陽城に中軸線はなかったとする立場をとってきた。本章では魏晋洛陽城における中軸線の有無についても検討する。

第一節　後漢・魏晋洛陽城の研究史

本節では、魏晋洛陽城の研究史のおおまかな整理を行うこととする。まずは、一九六二年（以来）の発掘調査の詳細と、後漢洛陽城（雒陽城）の研究史を説明することから始めよう。[3]

漢魏洛陽城の最初の大規模な発掘は一九六二年に実施され、この発掘調査により、洛陽城の城壁・城門や城内の街道、中央部の宮城部分（北魏時代のもの）、北魏永寧寺の塔基の位置などが明らかとなった。[4]この調査で明らかになった漢魏洛陽城の平面実測図を**図一**としてまずは掲載しておこう。その後、洛陽城南郊の霊台遺址[5]や太学遺址[6]、北西角の金墉城遺址[7]、北魏洛陽城宮城南門の閶闔門遺址の発掘調査[8]などが進められた。そして二〇一一年の奈良文化財研究所・中国社会科学院考古研究所による宮城南西部壁の断割調査の結果、北魏宮城の西側宮城壁の内側（東側）に魏晋時代の宮城壁があったことが確認され、北魏宮城が魏晋宮城を基礎として建設されたことが明らかになりつつある。[9]しかし、漢魏洛陽城遺址全域の発掘が進んでいるわけではなく、とりわけ後漢・魏晋期の洛陽城については今なお不明な点が多い。

発掘調査においてなおも明らかにされていない部分については、文献によって補わなければならない。本章が研究対象とするのは魏晋洛陽城であるが、まずは後漢洛陽城（雒陽城）の研究史を整理したい。後漢洛陽城に関しては、『後漢書』本紀一上　光武帝紀上　建武元年一〇月条李賢注所引蔡質『漢典職儀』に、

南宮より北宮に至るまで、中央に大屋を作り、複道あり、三道行き、天子　中道に従い、従官　左右を夾み、十歩に一衛あり。両宮相去ること七里。

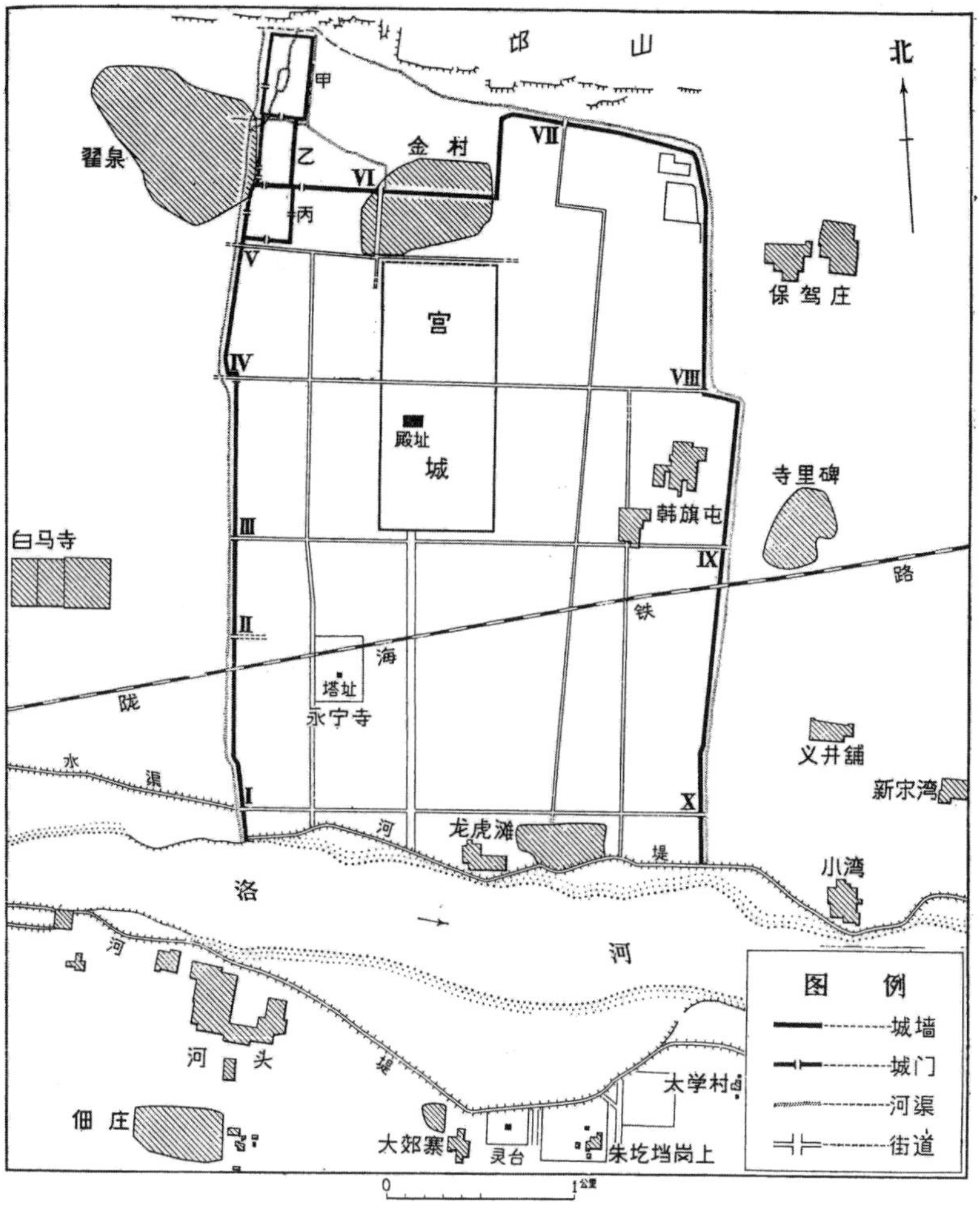

図一　中国科学院考古研究所洛陽工作隊「漢魏洛陽城初歩勘査」

と、洛陽の宮城が南北宮に分かれていたこと、両宮が複道で繋げられ、相互に七里離れていたことが記されている。しかしこの記述内容をそのまま一九六二年の調査により明らかにされた城壁の内部に適用する

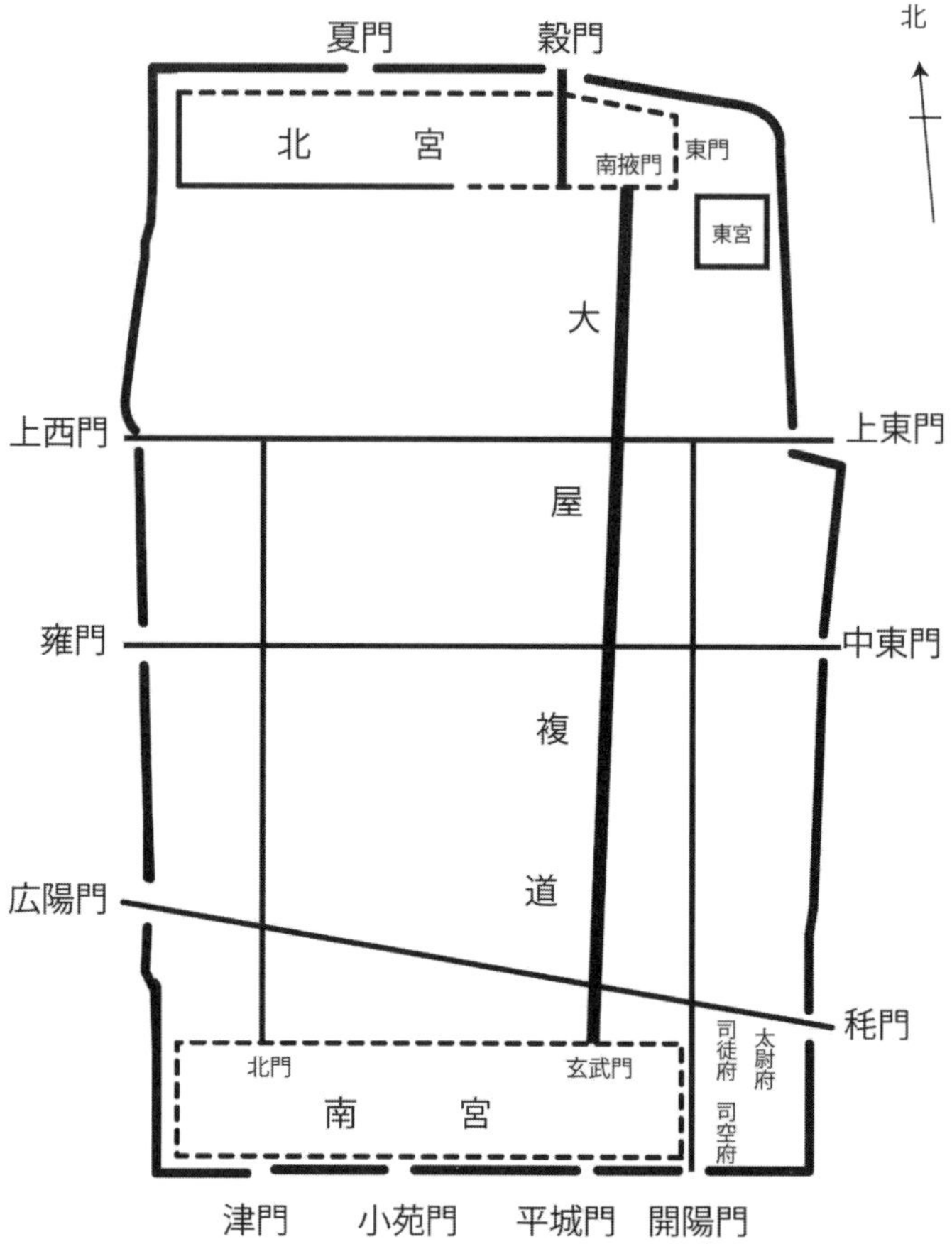

図二　馬先醒「後漢京師南北東宮之位置与其門闕」の後漢洛陽城復元図

と、洛陽城の南壁・北壁に、南北宮のそれぞれが張り付くように、東西に細長く所在し、その間を南北に七里の複道が通っていたこととなり（図二）、これを全面的に信用して洛陽城の宮城配置を復元した研究者もいる。[10] この配置は一見して「不自然」なのであるが、異なる宮城配置を提示する場合、この蔡質『漢典職儀』の史料批判が必須の作業となる。王仲殊氏は、『漢典職儀』の「七里」を「一里」の誤りとし、その他の史料の内容を踏まえ、**図三**のような宮城配置図を提示した。[11] 王仲殊氏の復元図は長らく学界に定説として受け入れられてきたが、これは銭国祥氏の補正を被ることとなる。銭氏は、洛陽城南門の平城門が宮門であったこと（平城門のみ城門候ではなく宮門司馬が置かれていた）などを踏まえ、南宮南壁を洛陽城南壁に接合させた、**図四**のような復元図をあらわした。[12]『漢典職儀』の「七里」を「一里」の誤りとする王氏の主張については、「相去ること七里」が一箇所だけに見られるものではなく、また他に傍証が挙げられていないことから、人々を完全に信服させることはできないと批判し、諸史料から宮城内部にも複道が存在し、また主要な宮殿が複道によって連結されていたことを指摘し、南北両宮の主要宮殿の間を、全長七里の楼閣式複道が貫通していたと主張する。[13]

本題の魏晋洛陽城の研究史紹介に移ろう。魏晋洛陽城の宮城配置については、『三国志』巻二 魏書文帝紀黄初元年一二月条の裴松之注に、

臣松之案ずるに、諸書記すらく是の時帝 北宮に居り、建始殿を以て群臣に朝すと。門を承明と曰い、陳思王植の詩に「帝に承明の廬に謁す」と曰うは、是れなり。明帝の時に至り、始めて漢の南宮崇徳殿の処に於いて太極・昭陽の諸殿を起こす。

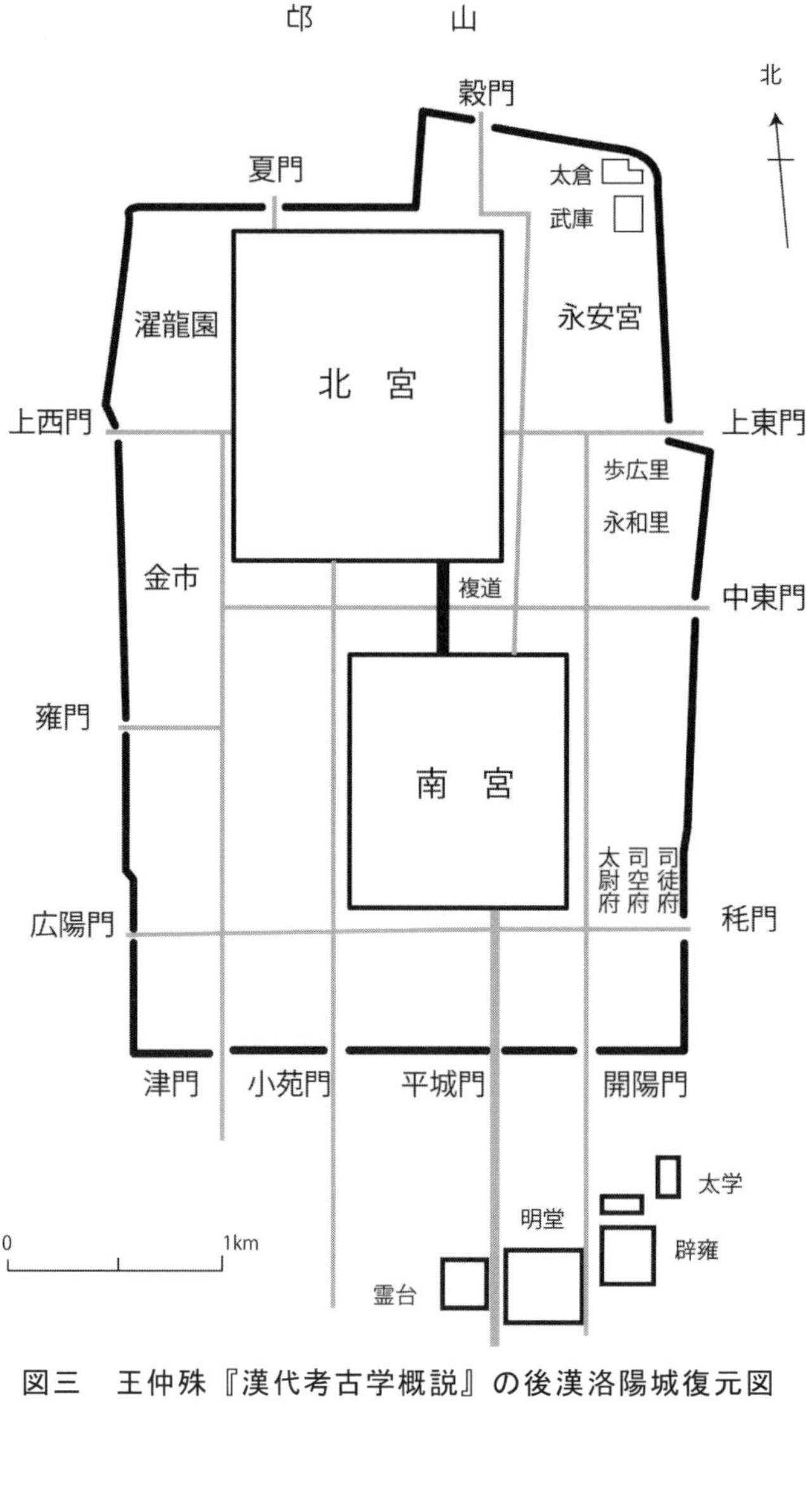

図三　王仲殊『漢代考古学概説』の後漢洛陽城復元図

とあって、曹魏における太極殿・昭陽殿などの宮殿は「漢の南宮」、すなわち後漢洛陽城の南宮の崇徳殿の故処に建設されたことが記されている。また『水経注』穀水には、

魏明帝 上に太極を洛陽南宮に法り、太極殿を漢の崇徳殿の故処に起こし、雉門を改めて閶闔門と為す。

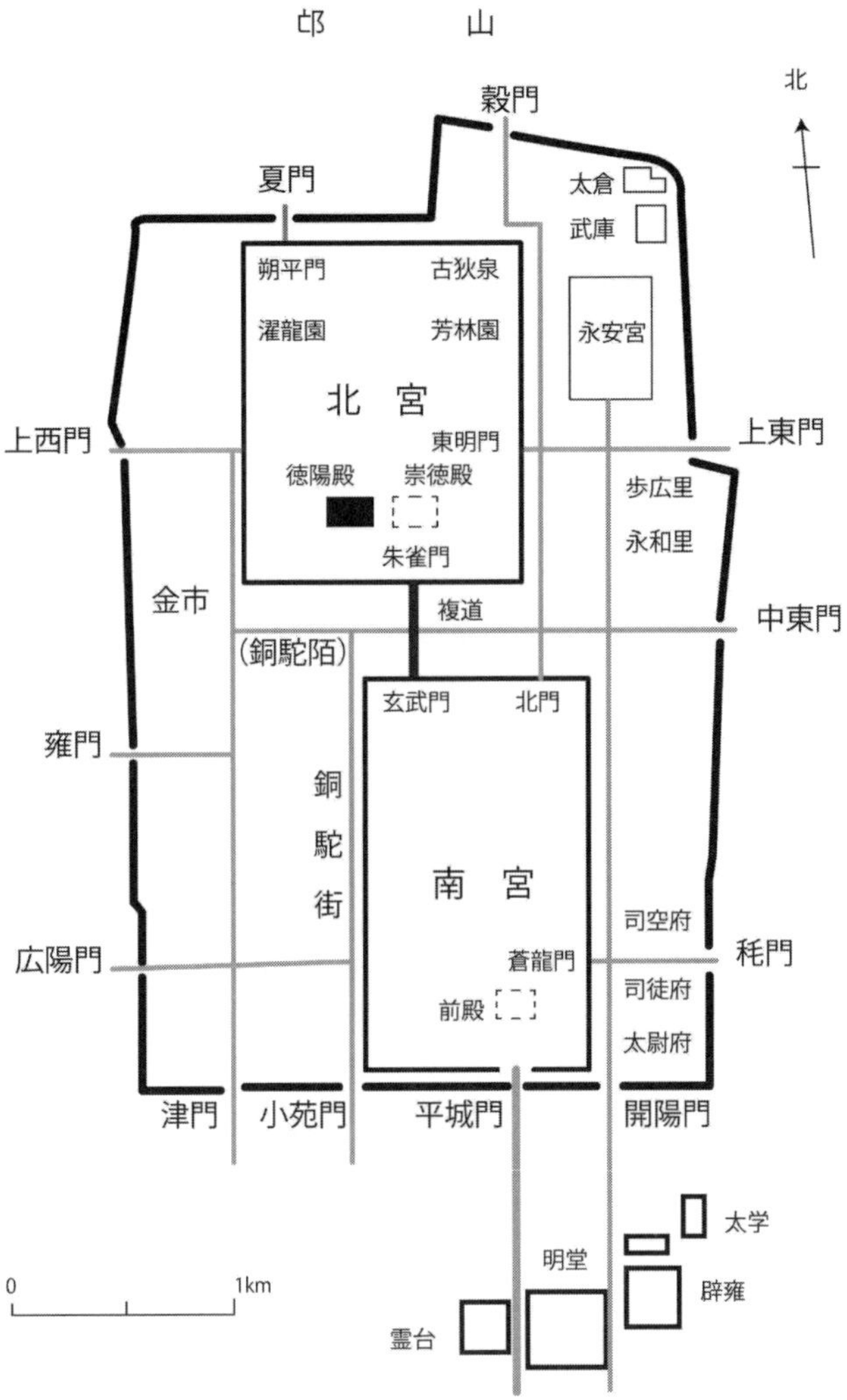

図四　銭国祥「由閶闔門談漢魏洛陽城宮城形制」の後漢洛陽城復元図

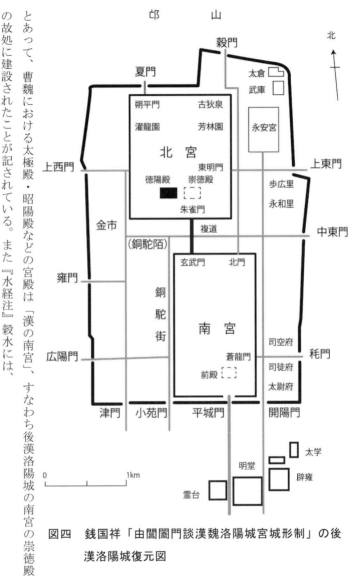

とあり、ここでは「洛陽南宮」の「漢の崇徳殿の故処」に太極殿が建てられたことが記されている。これら二つの史料を整合させれば、曹魏の洛陽城南宮に、この後六朝〜唐の都城における中核的宮殿となる太極殿が建てられ、また曹魏洛陽城の宮城配置が、後漢洛陽城のそれを継承していたと解釈することが可能となる。西晉の洛陽城の宮城配置に関しては、大規模な建設・修築がなされたという史料が見当たらないことから、曹魏のものを継承したことになろう。おおよそ一九八〇年代まではこのように理解されていた。[14]

しかしながら、こうした配置に対しては、一九九〇年代ごろから疑問が提起され始めた。まず郭湖生氏は、西晉の洛陽宮城が後漢・曹魏の南北宮を継承したと仮定した上で、次の四点の疑問を提示する。[15]

①西晉の懐帝永嘉五年（三一一）に、劉曜・王弥・呼延晏が洛陽を攻めている。このとき呼延晏は平昌門を攻めこれを焼き払っているが、南宮に入ったとはいっていない。平昌門は漢の平城門であるが、平城門は南宮と接し、他の城門とは異なり宮門の扱いを受けていたように、平城門と南宮の門は密接していたはずである。にもかかわらず、呼延晏が平昌門を陥れておきながら南宮に入ったとする記述がないのはなぜか。一方、間もなく、王弥と呼延晏は再び洛陽を攻め、今度は宣陽門を破り、「南宮に入り、太極前殿に升る」（『晉書』巻一〇二　劉聡載記）とある。すなわち、晉の南宮は宣陽門から入った場所にある。このことからすれば、晉の南宮と漢の南宮が同じかどうか疑わしくなる。

②晉の武帝は太康八年（二八七）に太廟を改営し同一〇年（二八九）に完成した。『宋書』巻一六　礼志三はこのことを「十年に至り、乃ち更に宣陽門内に改築し、壮を窮め麗を極む」と記している。太廟は当陽の位、すなわち宮門の南方にあるべきである。かつ「左祖右社」は礼に明文がある規定であり、

もし史書がいうように太廟が宣陽門内にあるとすれば、南宮の前の正門が平城門であるという事実と符合せず、太廟が左方すなわち宮殿の東方になくてはならないという事実とも符合しない。この点も晉の南宮と漢の南宮を同一視しえない理由の一つである。

③趙王倫が賈后を廃したクーデターは太極殿庭で実行され、クーデター部隊が閤に入って后室に至った際、華林令の駱休が内応している。もし太極殿が漢の南宮にあるとすれば、華林園からは遠くなり、どうして華林令の駱休がクーデターに内応することが可能だろうか。華林園は宮城の北にあり、北宮と接しているからこそ駱休は内応できたのである。このことからすれば、華林園と南北宮は南北に連なって一体のものとなっていたと考えなければならない。

④『晉書』巻五三　愍懐太子伝附臧伝に、「五月、倫　太孫と倶に東宮に之き、太孫　西掖門自り出で、車服侍従皆な愍懐の旧なり、銅駝街に到り、宮人哭き、侍従者皆な哽咽し、路人涙を拭《ぬぐ》う」とある。銅駝街は宮門端門前の御道であり、端門の北は太極殿である。西から東へ向かうので宮殿の前を過ぎることとなる。もし晉の太極殿が南宮の遺址にあるとすれば、東宮に移動するのに銅駝街を経ることはありえない。

郭氏はこうした疑問を提起した上で、晉の南宮は漢の南宮にはなく、北魏の宮城と同じ位置に南北に連なっていたのであり、その構造は曹魏時代から始まったと主張する（一宮説）。これと類似する主張は、以後郭氏以外の研究者からもしばしばなされてきた。

さらに二〇〇一年に、中国にて『文館詞林』の標点本が出版されたことなどを契機として[16]、一宮説が盛んに主張されるようになる。その巻六九五　曹植『毀鄄城故殿令一首』[17]には次のようにある。

令す。鄴城に故殿有り、武帝殿と名づく。昔武帝 遊行を好み、或いは幸する所の処ならん。梁桷傾頓し、棟宇零落し、之を脩むるも良宅に成らず、之を置くも毀壊に終わり、故に頗る撤取し、以て官舎に備う。余 時に疾を獲、風を望み虚に乗じ、卒に慌惚を得ること数日、後に瘳えて医巫妄説し、以為らく、「武帝の魂神 茲の疾病を生む」と。此れ小人の無知にして、愚惑の甚だしき者なり。昔 湯の隆《さか》んなるや、則ち夏館に余跡無し。武の興るや、則ち殷台に遺基無し。周の亡ぶや、則ち伊・洛に隻椽無し。秦の滅ぶや、則ち阿房に尺梠無し。漢道衰うれば則ち建章撤し、霊帝崩ずれば則ち両宮燔かる。高祖の魂も未央を全うする能わず、孝明の神も徳陽を救う能わず。天子の存するや、必ず名邦敝土に居らば、則ち死して知有るも、亦た当に華都に逍遥し、神を旧室に留むべし。則ち甘泉通天の台、雲陽九層の閣、以て神を綏し霊を育むに足り、夫れ何ぞ下県に恋し、霊を朽宅に居らしめんや。生を以て死を論ずれば則ち然らざるなり、況んや死者の無知に於いてをや。且つ聖帝・明王 宮闕の泰・菀囿の侈を顧み、時に妨ぐる者有らば、或いは省きて以て人に恵み、況んや漢氏 業を絶ち、大魏龍興し、隻人尺土、復た漢の有に非ず。是を以て咸陽は則ち魏の西都、伊・洛は魏の東京為り。故に朱雀を夷げ閶闔を樹て、徳陽を平らげ泰極を建て、況んや下県の腐殿 狐狸の窟蔵と為る者をや。今将に撤壊して以て殿舎を脩めんとす。無知の人の坐して自ずから疑いを生ぜんことを恐れ、故に此の令を為し、亦た以て惑いを反《くつがえ》し迷いを解くに足らしめん。

文中の傍点部のうち、「朱雀」とは後漢洛陽城北宮南門の朱雀門を指し、また「閶闔」は閶闔門、「徳陽」は後漢洛陽城北宮正殿の徳陽殿、「泰極」は太極殿を、それぞれ指すと従来考えられており、それに基づくならば後漢洛陽城北宮南門の朱雀門が閶闔門に、同じく北宮の正殿であった徳陽殿が太極殿に、それぞれ改築されたことを示すこととなる。しかし太極殿の建造は青龍三年（二三五）であり、曹植の没年は太和六年（二三二）のことであって、太極殿建設の年代に先立つから、一見曹植の詩の内容とは矛盾することとなり、趙幼文氏はこの点を強調し、文中の「泰極」は明帝の太極殿を指すのではないと主張する。[18] これに対して安田二郎氏は、「黄初三、四年の時点で、後漢洛陽宮城の北宮のあとに曹魏宮城を建設する全体的プランが、基本コンセプトをはじめとして建立すべき宮殿・門闕の名称と配置にわたって既に策定された」と主張する。[19] 安田氏の主張に基づくならば、曹植の没年と詩の内容の矛盾は解決されることとなる。

そして一宮説に基づく魏晋洛陽城の復元図が銭国祥氏によって提示された（図五）。銭氏は、魏晋時代についての史料に見られる「南宮」・「北宮」の語は、それぞれ後漢洛陽城北宮の南半部・北半部を示すと主張した。[20] 銭氏の研究はその後多数の研究者の支持を受けることとなり、またこれとは別に外村中氏も、銭氏とは別の手法・観点によって考察し、一宮説を主張している。[21]

こうした学界の傾向に対して、あらためて二宮説を主張したのが佐川英治氏である。佐川氏は、それまでの一宮説をとる諸先行研究の分析手法が、『三国志』裴松之注や酈道元『水経注』に対する充分な史料批判を経たものであったとはいいがたいと批判し、漢の南宮（洛陽の南宮）に太極殿が設立されたとする裴松之注・『水経注』の記述を支持し、曹魏洛陽城の二宮説を主張した。[22]

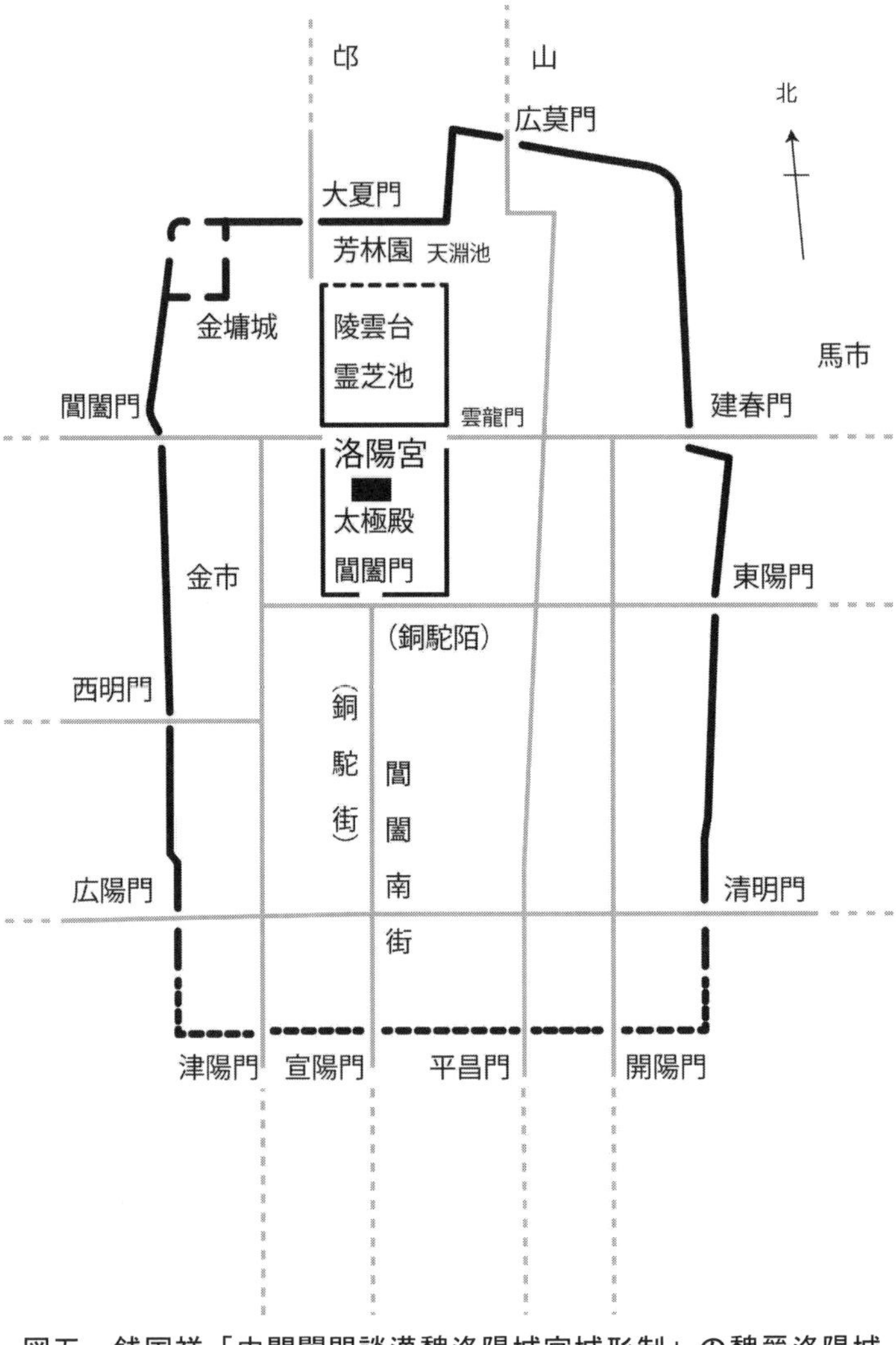

図五　銭国祥「由閶闔門談漢魏洛陽城宮城形制」の魏晋洛陽城復元図

第二節　二宮説の検討

佐川氏の論文発表までの魏晋洛陽城に関する研究史の推移はおおよそ前章の通りである。両説の特徴を整理するならば、一宮説を主張する諸研究は、概して宮城の位置に関する史料矛盾の強調という、状況証拠を重視する立場をとっており、一方の二宮説は、『三国志』裴松之注や『水経注』の記述の信憑性を強調し、いわば史料的証拠を重視しているといえる。念のため、両説の要旨を整理しておくと、**表一**のようになる。

表一　二宮説・一宮説の主張

	太極殿の位置	宮城配置
二宮説	後漢洛陽城の南宮にあり。	『三国志』裴松之注に「至明帝時、始於漢南宮崇徳殿処起太極・昭陽諸殿」とあり、また『水経注』に「起太極殿于漢崇徳殿之故処」とあるため、後漢の南宮に太極殿が建てられたこととなり、したがって曹魏の宮城は後漢のものを踏襲したことになる。

一宮説	後漢洛陽城の北宮にあり。	曹魏の宮城が後漢のそれを踏襲していたと考えた場合、矛盾する点が史料上に多く見られ、逆に曹魏の宮城が北魏のそれと同じ場所に合ったとする場合に多くはつじつまが合うので、曹魏の宮城は北魏の宮城（後漢時代の北宮）の位置に存在していたことになる。史料には魏晉時代にも「南宮」が存在していたことを示すものもあるが、これは北魏宮城（後漢時代の北宮）の場所に南北宮が並立していたことを示す。曹魏の太極殿はこの場合の「南宮」に建てられた。

前節で紹介したように、佐川氏は、既に一宮説が定着しつつあった状況で、それを批判する形で二宮説を主張したのであり、それゆえこの論争の本質を見極めるには、特に佐川氏の主張内容に注目する必要があろう。

佐川氏の主張の主旨は、おおむね次の三点にまとめられる。

Ⅰ一宮説は状況証拠を優先しているが、『三国志』裴松之注や酈道元『水経注』の内容に対する史料批判が充分になされてきたとはいいがたい。（二宮説の根拠となる）『三国志』注と『水経注』のそれぞれの著者である裴松之・酈道元は、ともに洛陽城に赴き、その宮殿や遺跡を実見しているのであって[23]、太極殿や南宮の位置に関する彼らの証言の信憑性は高い。

Ⅱ『文館詞林』所収曹植『毀鄴城故殿令一首』については趙幼文氏の主張が正しく、文中の「閶闔」・「泰極」は、固有名詞としての閶闔門・太極殿を指すのではなく、王者の宮殿とその門名の代名詞に他ならず、この場合の「閶闔」・「泰極」は、それぞれ承明門と建始殿を指すと考えるべきである。

Ⅲ魏晋時代の宣陽門は北魏宣武帝時代に移築され、それによって太極殿―閶闔門―宣陽門―洛水浮橋―円丘が一直線に並び、洛陽城の中軸線が初めて形成されたのであり、ゆえに魏晋代には中軸線に対する執着がそれほど強いものであったとは思われない。

この中でもⅠは一宮説の考察手法に対する批判が含まれており、その内容は非常に説得的である。Ⅰ・Ⅱによって太極殿が後漢洛陽城北宮の位置に所在したことを直接的に示す史料が皆無であることを強調し、あらためて二宮説を提唱したというのが、佐川氏の主張の概要である。

しかし、佐川氏の論文が発表された二〇一〇年は、後漢・魏晋洛陽城に関する論文・著書が多数発表・発行された年であり、[24]それらのうち若干のものを踏まえた再検討を佐川氏自身が行っているが、充分であるとはいいがたい。[25]そこで本節では、主として二〇一〇年前後に発表された諸研究を踏まえつつ、特に佐川説のⅠ・Ⅱの検討を、あらためて行っていくこととする（Ⅲについては次節でとりあげる）。

まずは佐川説のⅠについて。佐川氏の論文と同年に発表された研究の一つとして、村元健一氏のものが挙げられる。[26]村元氏の研究は後漢洛陽城を対象としたものであるが、太極殿の位置に深く関係する崇徳殿の位置（前掲の『三国志』裴松之注・『水経注』などが崇徳殿の跡地に太極殿を建てたと記している）の比定に一章を設けている。その内容確認から始めよう。

村元氏はまず崇徳殿の位置を示す、二種類の史料を掲げる。その一つは、崇徳殿が南宮にあったとするもので、『後漢書』列伝五〇下　蔡邕伝李賢注の、南宮に崇徳殿、太極殿有り、西に金商門有り。

がそれであり、この他、前掲の『三国志』裴松之注と『水経注』のそれぞれの記述もこれに含めている（ここに崇徳殿と並んで太極殿があらわれているが、李賢の誤りか）。これらによれば、魏晋洛陽城の太極殿は南宮にあり、したがってその南宮の位置は後漢のそれと同じとなる。もう一つは崇徳殿が北宮に存在したとするもので、『文選』巻三 張衡『東京賦』薛綜注に、

崇徳 東に在り、徳陽 西に在り。相去ること五十歩。

とあるのがそれである。このうちの徳陽殿が北宮に存在したことは、『後漢書』等の諸史料を見ても確認することができるから、それと『東京賦』薛綜注に基づくならば、北宮にて崇徳殿と徳陽殿が並立していたこととなる。

このように、崇徳殿の位置に関しては南宮説・北宮説の二つがあるのだが、それでは、村元氏は崇徳殿の位置をどちらに比定したのであろうか。氏は、『後漢書』列伝六八 宦者列伝 孫程条の、

二十七日に至り、北郷侯薨ず。閻顕 太后に白し、諸王の子を徴し簡びて帝嗣と為さしむ。十一月二日、程遂に王康等十八人と聚まりて西鍾の下に謀り、皆な単衣を截りて誓いと為す。四日夜、程等共に崇徳殿の上に会し、因りて章台門に入る。時に江京・劉安及び李閏・陳達等倶に省門の下に坐し、程 王康と共に就きて京・安・達を斬り、李閏 権勢積みて省内の服する所と為るを以て、引きて主と為さんと欲し、因りて刃を挙げて閏を脅か

して曰く、「今当に済陰王を立つべし、揺動するを得る無かれ」と。閏曰く、「諾」と。是に於いて閏を扶《たす》けて起こし、倶に西鍾の下に於いて済陰王を迎え之を立て、是れ順帝為り。尚書の令・僕射以下を召し、輦の南宮雲台に幸するに従い、程等省門に留守し、内外を遮り扞ぐ。

という記述をまず引用した。これは、宦官による外戚閻顕の打倒と順帝（済陰王）の擁立、すなわちクーデターの一場面を伝える史料である。ここに孫程が王康ら一八人とともに「西鍾」のもとで謀議し、その二日後の夜に崇徳殿に会し、章台門に入り、江京・劉安らを殺害し、再び「西鍾」のもとで済陰王（順帝）を擁立したことが述べられているが、文中の「西鍾」については、『後漢書』本紀六 孝順帝紀に、

十一月丁巳、京師及び郡国十六に地震あり、是の夜、中黄門孫程等十九人共に江京・劉安・陳達等を斬り、済陰王を徳陽殿西鍾の下に迎え、皇帝の位に即かしむ。年十一。

とあるように、北宮徳陽殿の西鍾を指す。村元氏はこれらの史料を分析し、次のような結論を下す。「仮に崇徳殿が南宮にあったとすると、わざわざ離れた場所に集まり、北宮の外から宮城内に侵入し、済陰王を迎え、再び南宮に戻ることとなる。しかし章台門は宮城門ではなく、宦官の守る宮内の門であることから、孫程らの決起から順帝擁立までは、北宮のみを舞台にした可能性が高く、崇徳殿も北宮にあったと考えられるのである」と。

順帝擁立クーデターに関する村元氏の分析は的確であり、筆者も『後漢書』・『後漢紀』等の関連箇所を踏まえて検討してみたが、これを否定しうるような結果はえられなかった。さらに村元氏は、後漢末の大

将軍何進の殺害後の情勢を伝える、『後漢紀』孝霊皇帝紀下　中平六年八月条の、

進の部曲将呉匡　兵を将いて外に在り、進の誅さるるを聞き、兵を将いて入らんと欲するも、宮門閉ず。虎賁中郎将袁術　南宮青瑣門を焼き、以て珪等を迫り出さんと欲す。珪等出でず、太后・天子・陳留王を持し北宮崇徳殿に幸せしむ。

という記述を提示する。ここにある「北宮崇徳殿」を、『後漢書』霊帝紀が「北宮徳陽殿」に作っていることから、従来『後漢紀』の誤りとして扱われてきたのであるが、村元氏は、孫程ら宦官による順帝擁立クーデターの事例についての自身の分析を踏まえ、『後漢紀』の「北宮崇徳殿」のままでも問題はないとしている。

かくして村元氏の研究により、太極殿の位置を直接的に示すものではないが、魏晉洛陽城一宮説を補強する有力な証拠が提示されたのである。この他、同じく二〇一〇年に発表された研究として、前述の外村中氏のものが挙げられる[27]。外村氏も一宮説を主張しているが、氏が根拠とした史料の中に、次のようなものがある。

太学　洛陽城の故の開陽門外に在り、宮を去ること八里、講堂の長さ十丈、広さ三丈。(『後漢書』本紀一　光武帝紀上　建武五年一〇月条李賢注所引陸機『洛陽記』)

ここに太学の位置として「宮を去ること八里」とあるが、外村氏は仮に陸機の生きていた西晉時代の南

宮が後漢のそれと同じであったとする場合、太学との距離が「八里」では遠すぎるとし、一宮説の根拠としている（一宮説をとればこの記述の内容は適用できる）。この『洛陽記』の記述を二宮説に適用するには、相応の史料批判を経なければ不可能である。

また二〇一〇年以前に発表された研究ではあるが、段鵬琦氏は、『三国志』巻九　魏書曹真伝附曹爽伝にある、司馬懿のクーデター（正始の変、高平陵の変）についての、

大司農沛国の桓範　兵の起こるを聞き、太后の召に応ぜず、詔を矯めて平昌門を開かしめ、抜きて剣戟を取り、門候を略将し、南のかた爽に奔る。

という記述を引いた上で、もとは後漢洛陽城の平城門であった曹魏洛陽城の平昌門に、門候（城門候）が置かれていたことを指摘し、かつての後漢平城門に司馬（南屯司馬）が置かれ、宮門と見なされていたことを踏まえ、たとえ後漢の南宮が曹魏時代になおも存在していたとしても、少なくとも後漢代のように北宮と同等の宮城として南宮が存在していたのではなく、大いに衰退していた可能性が高いとする[28]。後漢洛陽城の平城門に本来宮門を守衛すべき司馬（南屯司馬）が置かれ、それが銭国祥氏の後漢洛陽城南宮配置の根拠の一つになっていることは既に述べた。段氏の念頭にも恐らく銭氏の説があったのであろう。すると曹魏平昌門の門衛が宮門を守る南屯司馬（比千石）から城門候（六百石）に格下げされたことは、段氏の主張の通り、直接的には後漢南宮が曹魏時代にはかなり衰退していたこと（あるいは王仲殊氏の後漢洛陽城復元図のように、後漢の南宮南壁が洛陽城南壁から切り離され、面積的に縮小したこと）を示すのであり、強いていえば、後漢南宮が曹魏時代には消滅していたことの根拠ともなりうるのである。

以上のような筆者の整理が妥当であるならば、佐川氏の二宮説は、発表当時よりもその根拠がそがれたこととなる。しかし、前掲の『三国志』裴松之注や『水経注』という、史料的証拠がある限り、二宮説が完全に否定されることは、今後しばらくはないであろう。ただし、佐川氏の『水経注』解釈については異論もある。向井佑介氏は、前掲『水経注』穀水の曹魏明帝による太極殿建設の記述に続いて、

董卓の宮殿を焚き、魏太祖の荊州を平らげて自り、漢の吏部尚書安定の梁孟皇、師宜官の八分体を善くし、求むるに贖死を以てす。太祖 其の法を善とし、常に帳中に仰繋し、之を愛翫し、以て宜官に勝ると為す。北宮の牓題、咸な是れ鵠の筆なり。南宮既に建ち、明帝 侍中京兆の韋誕をして古篆を以て之を書す。

とある中の「北宮」・「南宮」は明らかに曹魏のものを指しており、したがってこれに先立つ前掲『水経注』穀水の「魏明帝 上に太極を洛陽南宮に法り、太極殿を漢の崇徳殿の故処に起こし、雉門を改めて閶闔門と為す」の「洛陽南宮」も、曹魏の南宮を指すとしている。[29] 恐らくは向井氏の指摘する通りであろう。『水経注』穀水の「洛陽南宮」を後漢の南宮と解釈するには、前掲『三国志』裴松之注の記述を踏まえなければならないのであり、それ自体を直接的に後漢の南宮と解釈することはできないように思われる。これを例えば、さきに紹介した村元氏の、後漢の北宮に崇徳殿があったとする説とあわせて解釈するならば、曹魏時代に後漢北宮が南北宮にさらに分割され、その南宮部分に所在した崇徳殿跡に太極殿を建設した、ということになろう。

近年の諸研究をこのように整理すると、新たに根拠として提示された史料や見解が増加している一宮説に比べて、二宮説（佐川説）が劣勢に立たされているという印象は否めない。ここまでの一宮説の主張は、

史料的証拠を重視する佐川氏のⅠの立場に対するものとして列挙したのであるが、それでは佐川氏の主張のうちのⅡの正確性はどうか。前述の通り、佐川氏は『文館詞林』所収曹植『毀鄴城故殿令一首』の「閶闔」・「泰極」をそれぞれ承明門・建始殿と解釈するのであるが、他に佐川氏は、「令の目的が故殿を壊して新しい殿舎を建てることにあることからすれば、具体的に故殿を壊して新殿を建てた事例を挙げなくては説得力を持たないであろう」といい、前節で紹介した、曹植『毀鄴城故殿令一首』成立以前に後漢北宮跡地に曹魏宮城（南北宮）を建設するプランが存在していたとする安田二郎氏の解釈を批判している。この点に関して、佐川氏の批判は正しい。しかし、これはあくまで『毀鄴城故殿令一首』を後漢北宮の位置に太極殿が建てられたことの証拠に利用しようとする一宮説側の史料解釈への批判なのであって、仮に佐川氏のこの解釈・批判が正確であったとしても、南宮に太極殿があったことを積極的に示すものとはならず、これを即座に二宮説の根拠とすることはできないのである。そもそも、『毀鄴城故殿令一首』の問題の一節を徳陽殿を更地にして太極殿を建てたと解釈し、それを一宮説の根拠に使用する場合、南宮（向井氏の主張によれば魏晉洛陽城宮城南半部に該当する）の漢の崇徳殿跡に太極殿を建てたとする『水経注』穀水の記述との間に矛盾が生ずる。ともにこれまで一宮説の根拠として使用された史料であるが、太極殿の位置について矛盾がある以上、その解決を経ずにこの二つの史料を同時に一宮説の根拠として使用することは、本来は不適当なことであった。佐川氏の批判により、このうちの『毀鄴城故殿令一首』が一宮説の根拠たりえないことが明確化されたのであるが、逆にこれは、太極殿が崇徳殿跡に建設されたことが確定したとして、一宮説が抱える上述の史料矛盾を解決したといえるのではないか。とすれば、佐川氏のⅡの主張は、二宮説ではなく、むしろ一宮説の補強の役割を果たしたこととなる[30]。

第三節　宣陽門の位置と中軸線問題

前節では佐川氏の主張のうちのⅠ・Ⅱを検討してきたが、本節では残るⅢについての検討を行いたい。今一度、佐川説のⅢの内容を詳しく紹介しよう。

佐川氏はまず、『水経注』穀水の、

穀水又東し、宣陽門の南を逕、故の小苑門なり。皇都 洛に遷り、移して此に置き、閶闔門に対せしめ、南のかた洛水浮桁に直《あた》る。

という記述を引き、宣陽門（後漢時代の小苑門）が北魏時代に移築され、これによって太極殿―閶闔門―宣陽門―洛水浮橋―円丘が一直線に並ぶこととなり、したがって洛陽城において中軸線が形成されたのは北魏時代とする[31]。さらに氏はこの後の論文において、同じく『水経注』穀水の、

……『洛陽諸宮名』に曰く、「南宮に謻台・臨照台有り」と。『東京賦』に曰く、「其の南は則ち謻門曲榭、邪阻城洫有り」と。注に曰く、「謻門、氷室門なり」と。……謻門は即ち宣陽門なり。

という記述の「謻門（氷室門）」を南宮門かつ魏晋宣陽門と解釈し、氏はこれを、前述の郭湖生氏の①の疑

問に対する回答とした。[32] すなわち、郭氏は西晋の太極殿が宣陽門の真北にあることから、西晋の南宮と漢の南宮は異なると主張したが、それは北魏の宣陽門の位置を前提とした場合のことであり、魏晋宣陽門は北魏のそれよりもやや東にあって、南宮に接続する門であったため、宣陽門を破って南宮に入り太極前殿に登ったとする『晋書』劉聡載記の記事は矛盾なく解釈できると佐川氏は主張したのである。このように、佐川氏は宣陽門の位置を、単なる中軸線の形成時期問題の解決だけではなく、二宮説の補強にも適用したのである。

しかし『水経注』穀水に引く『洛陽諸宮名』や『東京賦』の記述は、魏晋洛陽城の南宮や宣陽門の詳細を伝える内容であったのだろうか。このうちの『洛陽諸宮名』なる書物は『水経注』穀水に引用されるこの部分以外ではあまり見られず、いつの時代の洛陽城の詳細を示したものか正確には分からないが、『東京賦』の方はさきにも言及したように後漢張衡の作であって、後漢洛陽城を讃えるという内容であり、その注とは孫呉の薛綜のものである。佐川氏も指摘するが、『水経注』に引用された『東京賦』のこの一節は、『東京賦』全体の中では後漢洛陽城南宮の諸宮殿を列挙するという文脈の中に含まれているため、後漢南宮に「謻門」があったことは疑いなく、またこれが平城門と同じく、洛陽城南壁と接する宮門であった可能性は高い。氏は別稿において、銭国祥氏の後漢洛陽城復元図に基づきつつ、小苑門をやや東に寄せて南宮南壁（洛陽城南壁）に接続させた後漢洛陽城復元図を提示しているが、[33] 筆者も大枠においてはこれに賛成する。[34] しかし『東京賦』はあくまで後漢洛陽城についての記述なのであって、魏晋洛陽城もそのような配置をとっていたかは別の問題である。佐川氏がこれを魏晋洛陽城二宮説の補強に使用する根拠は、前掲『水経注』に「謻門は即ち宣陽門なり」とあること、すなわちこの「宣陽門」を氏が魏晋洛陽城の宣陽門と解釈していることの一点に限られるように思われる。確かに前掲『水経注』に「穀水又東し、宣陽門の南を逕、故の小苑門なり」とあるように、宣陽門がもともと小苑門と呼ばれていたことを酈道元は認識していたようではあるが、果たして彼は「謻門は即ち宣陽門なり」の部分でも魏晋洛陽城の一城門という意味で「宣陽門」といったのであろうか。

『後漢書』列伝二四　梁統列伝附梁商伝に、後漢の外戚梁商が死去したときのこととして、

葬るに及び、軽車・介士を贈り、謚忠侯を賜う。中宮親ら送り、帝　宣陽亭に幸し、車騎を瞻望す。

とあり、ここに「宣陽亭」なるものが見えるが、これについて李賢注は「宣陽門の亭」と解釈する。同じく『後漢書』列伝六二　董卓列伝には、後漢末の孫堅による洛陽攻撃時のこととして、

(孫)堅　洛陽宣陽城門に進み、更に呂布を撃ち、布復た破れ走る。

とあって、ここにも「宣陽城門」が見える。これらの記述からも、後漢洛陽城に「宣陽(城)門」と呼ばれる門が存在したことがうかがえる。とすれば、既に後漢代には小苑門から宣陽門への改称がなされたか、あるいは小苑門の別名としての宣陽門という呼称が定着していたのではないか。前掲『水経注』の「穀水又東し、宣陽門の南を逕、故の小苑門なり」にしても、「小苑門＝後漢城門」、「宣陽門＝魏晋城門」という厳密な線引きがなされているわけではない。この他『太平寰宇記』巻三に引く華延儁『洛陽記』はこの門を「即ち漢の宮門なり」としている。これは佐川氏の、後漢洛陽城の小苑門が宮門であったとする主張を裏付ける有力な史料であるが、一方で華延儁は、これが魏晋の宮門であったとはいっていない。これら

表二　洛陽南壁門の変遷（外村中説）

後漢	津門	小苑門	平城門	(未開)	開陽門
魏晋	津陽門	宣陽門	平昌門	開陽門	(塞)
北魏	津陽門	宣陽門	(塞)	平昌門	開陽門

のことから、酈道元が「謻門は即ち宣陽門なり」といったからといって、それが必ずしも具体的に魏晋の宣陽門を指すとは限らず、後漢小苑門の別名として宣陽門といった可能性もあることになり、したがって魏晋洛陽城の南宮の位置が後漢洛陽城のそれを踏襲していたとは限らないことにもなる。

ところで、洛陽城南壁の諸城門に関しては、外村中氏が**表二**のような案を提示している。外村氏は、『水経注』巻一六 穀水の、

旧くは平城門の在る所なり、今は塞ぐ。

という記述から、魏晋の平昌門（後漢の平城門）が北魏では東に移されたとし、表二のような案を示したのである。[35]もっとも外村氏は前述の通り一宮説をとっており、魏晋洛陽城で既に中軸線が形成されたとするため、前掲『水経注』穀水「穀水又東し、宣陽門の南を逕、故の小苑門なり。皇都 洛に遷り、移して此に置き、閶闔門に対せしめ、南のかた洛水浮桁に直る」については、『太平御覧』巻六八所引陸機『洛陽記』に、

氷室 宣陽門内に在り。

とあり、さらに『洛陽伽藍記』巻一に、

（閶闔門前）御道の西。……社の南に凌陰里有り。即ち四朝時の蔵氷処なり。

と、北魏の宣陽門に西晉の氷室があったと記されていることから、これを採用せず、小苑門（宣陽門）の位置に変化はなく、魏晉洛陽城に中軸線はあったと主張する。しかし、『水経注』穀水は宣陽門が北魏時代に「移置」されたといっており、魏晉までの宣陽門（小苑門）と北魏の宣陽門については、位置は異なるが、同じ門と見ている。陸機『洛陽記』は氷室が宣陽門の中にあったとしており、宣陽門ごと門内の氷室も移築されたとすれば、移築された後の宣陽門内の氷室を『洛陽伽藍記』の著者である楊衒之が西晉のものと見ても矛盾はないことになる。そのため、宣陽門が北魏時代に移築されたとする『水経注』穀水の記述を否定する外村氏の主張を、そのまま肯定することはできない。

ここまで、宣陽門の位置をめぐる佐川・外村両氏の説を紹介してきた。両氏それぞれの主張は、ともに洛陽城における中軸線がいつ形成されたか、という問題関心が根底にあり、とりわけ佐川氏には、それを二宮説の傍証に使用しようという意図もあった。したがって両氏による宣陽門の位置比定は、一宮説（＝中軸線あり）・二宮説（＝中軸線なし）のそれぞれを前提として進められたのであり、そのために史料分析が徹底さを欠いたとの印象は禁じえない。特に中軸線問題に関しては、仮に将来一宮説が確定的になったとしても、それをもって直ちに、都城に中軸線が導入されたのは魏晉洛陽城から、というように断定できるか否かは、全くの別問題である。それでは、魏晉洛陽城の中軸線問題について、どのような展望が示せるであろうか。筆者は現状でとりうる方針として次の二点を想定している。

ⅰ魏晋洛陽城に中軸線はなかったとする場合…後漢洛陽城の小苑門が南宮宮門であったとする佐川氏の見解は、必ずしも魏晋洛陽城二宮説を補強するものとはなりえないのであるが、後漢洛陽城についての主張としては充分に首肯しうるものであり、そして宣陽門（小苑門）が北魏時代に移築されたのであれば、魏晋洛陽城の宮城が後漢時代の北宮一帯に限られていながらも、この段階では中軸線は形成されていなかった、とすることが可能である。しかしこのように解釈する場合、前掲郭湖生説の①と関連するが、永嘉の乱に際して王弥・呼延晏軍がことさらに太極前殿の真南にない宣陽門を通って太極前殿に侵攻したことの理由が不明瞭となるので、より具体的な検討が必要となる。

ⅱ魏晋洛陽城に中軸線があったとする場合…ⅰとは逆に、魏晋洛陽城に中軸線があったと想定することも現段階では不可能ではない。ただしその場合、北魏洛陽城と同様の太極殿―閶闔門―銅駝街―宣陽門のラインではなく、別の位置に中軸線が形成されていた可能性が高くなる。向井佑介氏は、魏晋洛陽城が西側の太極殿―閶闔門のラインと、東側の朝堂―司馬門のラインの、二軸制をとっていた可能性を指摘するが、[36] 前述のごとく、魏晋時代の宣陽門が太極殿―閶闔門のライン上にあったとは今のところ考えにくく、逆にこれが朝堂―司馬門ラインの上にあったとすれば、魏晋時代において中軸線としてより強く認識されていたのは後者であったことになる。

以上二点のいずれが妥当であるかについては、次章であらためて論じたい。

現在漢魏洛陽城南壁の一帯は洛河の河道が通っており、南壁の遺構が将来的に出土することは考えにくく、したがって文献による考察がほぼ全てとなる。宣陽門の位置問題については、一宮説ないしは二宮説の立場から、それぞれに合わせるように宣陽門関係の史料を読むのではなく、それとは別個の問題として、純粋に文献の読解・批判によって宣陽門の位置を確定するという方針・姿勢が、研究に際しては必要なのである。

おわりに

以上、魏晉洛陽城の宮城配置や中軸線形成時期問題について検討してきた。本章は筆者が今後洛陽城研究を行うにあたっての基礎作業であり、その主目的は一宮説・二宮説のどちらを筆者がとるかという方針確定にあった。それゆえ当初はなるべく一宮説・二宮説のそれぞれの検討の後に判断を下すつもりであったが、結果としては二宮説の検討に多くの紙幅を費やすこととなってしまった。佐川氏をはじめ、諸先学には蕪辞をお許しいただければ幸いである。

特に宮城配置問題において、二宮説をとる佐川氏が提示する諸々の根拠については、『三国志』裴松之注の、「漢の南宮崇徳殿」の跡地に太極殿を建てたとする記述以外は、ほとんど全てに反証・反論ができるのであり、よって筆者の立場・理解も一宮説に傾かざるをえなくなる。今後筆者が具体的に魏晉洛陽城の研究を行うにあたっても、（中軸線問題など、残された課題は多いものの）当面は一宮説に基づいて進めることとなろう。

しかしながら筆者も魏晉洛陽城の宮城配置について、ここまでの整理・検討から確固とした立場・理解をえたとはいい切れない面もある。何よりもまず、肝心の『三国志』裴松之注に対する史料批判は本章では結局果たされてはいないのである。またそもそも、本章の整理においては、二宮説の立場は史料的証拠を軸としつつ、一宮説側が提示する状況証拠の一つ一つに反論・批判を加えなければならなくなるのであるが、それが容易にできるのであれば最初から状況証拠や史料矛盾の指摘に基づく一宮説そのものが主張されなかったことになるのではないか、という意見が出るかもしれず、そういった意味では、本章の整理・検討の手法は、二宮説をあらかじめ不利な立場に立たせた、公正さを欠いたものともいえるかもしれない。これまでの一宮説にも問題がなかったわけでは決してなく、充分な史料批判を経ずに一宮説が唱えられ続けてきたという佐川氏の批判は正しく、今後一宮説に基づいて研究を進めるにしても、史料の分析・批判を綿密に、慎重に行うという心がけは持っておくべきであろう。

加えて、現在に至ってもなおこうした文献の解釈・分析による宮城の位置比定が盛んに行われている、その最大の原因は、王仲殊・銭国祥両氏の後漢洛陽城復元図における南宮部分の発掘調査が、ほとんど行われていないことにある。今後の漢魏洛陽城遺址における発掘調査の進展次第では、本章を含め、これまでの研究史が一挙に覆されるほどの結果が出てくることも充分に考えられる。その可能性・危険性についても常に意識し、研究にのぞんでいく必要があろう。

1向井佑介「曹魏洛陽の宮城をめぐる近年の議論」（『史林』九五―一、二〇一二年）参照。
2今井晃樹「魏晉南北朝隋唐時代の軸線の変遷」（『中国考古学』一一、二〇一一年）はこれまでの研究状況を踏まえ、後漢洛陽城と魏晉洛陽城との間で軸線の移動があったか否かは判断できないとしている。

3本章における研究史整理の大部分は、前掲向井佑介「曹魏洛陽の宮城をめぐる近年の議論」の他、後にも紹介する佐川英治「曹魏太極殿の所在について」(『六朝・唐代の知識人と洛陽文化』岡山大学文学部プロジェクト研究報告書一五、二〇一〇年、一九~四二頁)、村元健一「後漢雒陽城の南宮と北宮の役割について」(『大阪歴史博物館研究紀要』八、二〇一〇年、同氏著『漢魏晋南北朝時代の都城と陵墓の研究』、汲古書院、二〇一六年、一六九~二〇五頁)、外村中「魏晉洛陽都城制度攷」(『人文学報』九九、二〇一〇年)のそれぞれの先行研究整理部分に基づいている。

4中国科学院考古研究所洛陽工作隊「漢魏洛陽城初歩勘査」(『考古』一九七三―四、杜金鵬・銭国祥主編『漢魏洛陽城遺址研究』、科学出版社、二〇〇七年、五〇六~五一九頁)、中国科学院(現社会科学院)考古研究所洛陽工作隊著・塩沢裕仁訳「漢魏洛陽城初期探査(訳)」(塩沢裕仁『千年帝都洛陽 その遺跡と人文・自然環境』、雄山閣、二〇一〇年、二五七~二八〇頁)参照。

5中国社会科学院考古研究所洛陽工作隊「漢魏洛陽城南郊的霊台遺址」(『考古』一九七八―一、前掲『漢魏洛陽城遺址研究』五三〇~五三三頁)参照。

6中国社会科学院考古研究所洛陽工作隊「漢魏洛陽故城太学遺址新出土的漢石経残石」(『考古』一九八二―四、前掲『漢魏洛陽城遺址研究』五三七~五四八頁)参照。

7中国社会科学院考古研究所洛陽漢魏故城隊「漢魏洛陽故城金墉城址発掘簡報」(『考古』一九九九―三、前掲『漢魏洛陽城遺址研究』六六六~六八五頁)参照。

8中国社会科学院考古研究所洛陽工作隊「河南洛陽漢魏故城北魏宮城閶闔門遺址」(『考古』二〇〇三―七、前掲『漢魏洛陽城遺址研究』六七六~七一三頁)参照。二〇〇八年以前の発掘報告については、塩沢裕仁『東漢魏晉南北朝都城境域研究』(洛陽漢昇文化伝播有限公司、二〇〇九年)九二~九三頁に一覧があるので参照されたい。なおこの他、近年の奈良文化財研究所と中国社会科学院考古研究所の共同調査報告として、中国社会科学院考古研究所・日本独立行

政法人国立文化財機構奈良文化財研究所聯合考古隊「河南洛陽市漢魏故城新発現北魏宮城二号建築遺址」（『考古』二〇〇九—五）、「河南洛陽市漢魏故城発現北魏宮城三号建築遺址」（『考古』二〇一〇—六）、「河南洛陽市漢魏故城発現北魏宮城五号建築遺址」（『考古』二〇一二—一）、城倉正祥「漢魏洛陽城・北魏宮城2号門の発掘調査」（『奈良文化財研究所紀要』二〇〇九）、「漢魏洛陽城・北魏宮城3号建築遺構の発掘調査」（『奈良文化財研究所紀要』二〇一〇）などがある。

9城倉正祥「漢魏洛陽城——北魏宮城西南隅の発掘調査——」（『奈良文化財研究所紀要』二〇一一）、今井晃樹「漢魏洛陽城——北魏宮城西南隅の調査結果——」（『奈良文化財研究所紀要』二〇一三）、中国社会科学院考古研究所・日本独立行政法人国立文化財機構奈良文化財研究所聯合考古隊「河南洛陽市漢魏故城魏晉時期宮城西墻与河渠遺跡」（『考古』二〇一三—五）参照。

10Hans Bielenstein, "Lo-yang in Later Han Times", *Bulletin of the Museum of Far Eastern Antiquities*, No.48, 1976、馬先醒「後漢京師南北東宮之位置与其門闕」（同氏著『中国古代城市論集』、簡牘学会、一九八〇年、九八〜一一六頁）参照。

11王仲殊「中国古代都城概説」（『考古』一九八二—五、前掲『漢魏洛陽城遺址研究』七〇〜八四頁）、『漢代考古学概説』（中華書局、一九八四年）一七〜二九頁参照。

12銭国祥「漢魏洛陽故城沿革与形制演変初探」（『二一世紀中国考古学与世界考古学』、社会科学出版社、二〇〇二年、前掲『漢魏洛陽城遺址研究』三九六〜四一一頁）、「由閶闔門談漢魏洛陽城宮城形制」（『考古』二〇〇三—七、前掲『漢魏洛陽城遺址研究』四一二〜四二五頁）参照。

13村元健一「後漢雒陽城の南宮と北宮の役割について」（前掲）は銭氏の図に依拠しつつ、具体的な宮殿の配置を追加した。後漢洛陽城については他に渡邉将智「後漢洛陽城における皇帝・諸官の政治空間」（『史学雑誌』一一九—一二、二〇一〇年、同氏著『後漢政治制度の研究』、早稲田大学出版会、二〇一四年、二四九〜二九二頁）があるが、渡邉氏の復元図は銭国祥氏ではなく王仲殊氏の復元図に基づいている。なおこの前年には渡辺信一郎「六朝隋唐期の大極殿とその構造」(『都城制研究(2)宮中枢部の形成と展開 大極殿の成立をめぐって』奈良女子大学二一世紀ＣＯＥプログラム報告集 vol.23、二〇〇九年、七三〜八九頁)が発表された。ここには後漢末洛陽城の復元図が附され、複道が屈曲するなどの独特の案が提示されているが、その根拠が説明されていないため、にわかにはしたがいがたい。この他、張鳴華「東漢南宮考」(『中国史研究』二〇〇四―二)は、後漢洛陽城の南北宮を魏晉洛陽城宮城の一宮説(後述)とほぼ同じ位置に比定するが、これは蔡質『漢典職儀』の記述が踏まえられておらず、首肯しがたい。

14王仲殊「中国古代都城概説」(前掲)、楊寛著・西嶋定生監訳・尾形勇・高木智見共訳『中国都城の起源と発展』(学生社、一九八七年)参照。

15郭湖生「魏晉南北朝至隋唐宮室制度沿革 兼論日本平城京的宮室制度」(山田慶兒編『中国古代科学史論 続編』、京都大学人文科学研究所、一九九一年、七五三〜八〇五頁)参照。

16羅国威整理『日藏弘仁本文館詞林校証』(中華書局、二〇〇一年)。

17羅国威整理『日藏弘仁本文館詞林校証』(前掲)四二五頁参照。

18趙幼文校注『曹植集校注』(人民文学出版社、一九九八年)二〇五頁参照。

19安田二郎「曹魏明帝の『宮室修治』をめぐって」(『東方学』一一一、二〇〇六年)参照。

20銭国祥「漢魏洛陽故城沿革与形制演変初探」(前掲)、「由閶闔門談漢魏洛陽城宮城形制」(前掲)参照。

21外村中「魏晉洛陽都城制度攷」(前掲)参照。なおこの後、岡部毅史「六朝建康東宮攷」(『東洋史研究』七二―一、二〇一三年)が発表されたが、ここにおける魏晉洛陽城復元図も一宮説に基づいている。この他近年の漢魏洛陽城研究としては、塩沢裕仁「漢魏洛陽城穀水水文考」(『東洋史研究』七一―二、二〇一二年)がある。

22佐川英治「曹魏太極殿の所在について」(前掲)参照。

23酈道元は北朝人であり、一方の裴松之は東晋人であるが、裴松之は劉裕（後の劉宋武帝）の北伐に従軍し、洛陽に赴いている。森鹿三「劉裕の北伐西征とその従軍紀行」（『東洋史研究』三―一、一九三七年、同氏著『東洋学研究 歴史地理篇』、東洋史研究会、一九七〇年、二一〇～二二六頁）参照。

24村元健一「後漢雒陽城の南宮と北宮の役割について」（前掲）、渡邉将智「後漢洛陽城における皇帝・諸官の政治空間」（前掲）、外村中「魏晉洛陽都城制度攷」（前掲）、塩沢裕仁『千年帝都洛陽』（前掲）、「漢魏洛陽城の都市空間」（『史潮』六七、二〇一〇年）、向井佑介「魏の洛陽城建設と文字瓦」（『待兼山考古学論集Ⅱ』、二〇一〇年）など。

25佐川英治「漢魏洛陽城研究の現状と課題」（『洛陽学国際シンポジウム報告論文集――東アジアにおける洛陽の位置――』、汲古書院、二〇一一年、一一五～一三八頁）参照。

26村元健一「後漢雒陽城の南宮と北宮の役割について」（前掲）参照。

27外村中「魏晉洛陽都城制度攷」（前掲）参照。

28段鵬琦『漢魏洛陽故城』（文物出版社、二〇〇九年）六四～六五頁参照。なお、前掲佐川英治「曹魏太極殿の所在について」も段氏著書を引用しており、「段鵬琦氏は曹魏の時代にはまだ漢の旧南宮は機能していたと見る」とするが、段氏著書の原文を確認しても、そうは読めない。

29向井佑介「曹魏洛陽の宮城をめぐる近年の議論」（前掲）第一章注⑯参照。

30向井佑介「曹魏洛陽の宮城をめぐる近年の議論」（前掲）は、安田二郎「曹魏明帝の『宮室修治』をめぐって」（前掲）の主張に基づき、文帝期に徳陽殿跡に太極殿を、朱雀門跡に閶闔門を建設するプランがありながらも、次の明帝期にそれが変更され、結果として崇徳殿跡に太極殿が築かれ、その南に閶闔門が新たに開鑿されたとする。傾聴すべき主張であるが、向井氏が基づく安田氏の『毀鄄城故殿令一首』解釈には、佐川氏が批判するような欠点があるため、本章では佐川氏の解釈にしたがっておきたい。

31佐川英治「曹魏太極殿の所在について」（前掲）参照。

32佐川英治「漢魏洛陽城研究の現状と課題」（前掲）参照。

33佐川英治「漢代の郊祀と都城の空間」（小島毅編『東アジアの王権と宗教』、勉誠出版、二〇一二年、四〇～五一頁、佐川英治『中国古代都城の設計と思想 円丘祭祀の歴史的展開』、勉誠出版、二〇一六年、四九～六九頁）参照。

34ただし、中国社会科学院考古研究所・日本独立行政法人国立文化財機構奈良文化財研究所聯合考古隊「河南洛陽市漢魏故城魏晉時期宮城西墻与河渠遺跡」（前掲）によれば、魏晉期の宮城西壁の外側（西側）に漢～晉代の河渠遺跡が発見されたというから、北宮の東西幅は銭・佐川各氏の図よりも狭かった可能性がある。

35外村中「魏晉洛陽都城制度攷」（前掲）参照。なお水野清一『中国の仏教美術』（平凡社、一九六八年）は、旧平城門の東方に、「おそらく小苑門にシンメトリックに、平門が魏晉の間に開かれた。それを平昌門といって北魏では使用していた」と主張する（三〇三頁）。しかし水野氏の主張は、戦前に発行されたW.C.White, *Tombs of Old Lo-yang: A Record of the Construction and Contents of a Group of Royal Tombs at Chin-ts'un, Honan, Probably Dating 550 B. C.*, Kelly & Walsh, Ltd, 1934所載の漢魏洛陽城遺址の地図を踏まえたものであり、一九六二年以降の発掘調査結果にのっとったものではないため、そのまましたがうことは難しい。

36向井佑介「曹魏洛陽の宮城をめぐる近年の議論」（前掲）参照。なお、内田昌功「魏晉南北朝の宮における東西軸構造」（『史朋』三七、二〇〇四年）は、太極殿と朝堂が東西に連続する構造を「東西軸」と呼び、その成立を曹魏洛陽城としている。

第二章　魏晋洛陽城研究序説補遺

はじめに

筆者は前章において「魏晋洛陽城研究序説」（初出は『立命館史学』三四、二〇一三年）と題し、魏晋洛陽城の宮城配置について論じた。そこでは、後漢洛陽城の北宮部分の位置に、南北に二つの宮城が相接しながら並立していたとする一宮説と、後漢洛陽城の南北宮を継承していたとする二宮説をそれぞれ検討し、一宮説を是とした。しかし研究を進めていくうちに、前章に関わる先行研究や新資料を発見した。そこで本章では前章で未解決のまま残しておいた問題の再検討や新たな知見に基づく補強を行うこととする。

第一節　後漢崇徳殿について

前章の初出論文は二〇一三年に発表したものであるが、その翌年に、朴漢済「後漢 洛陽城의 構造와 都城 布局――正殿 崇德殿의 위치를 중심으로――」（『東洋史学研究』一二九、二〇一四年）が発表された。朴氏は一九九〇年に北魏洛陽城に関する論文を発表しているが、[1] この後、漢魏洛陽城遺址の発掘や研究の進展を踏まえ、あらためて北魏洛陽城の宮城配置に関わる後漢洛陽城（雒陽城）について検討したという。そこにおいて朴氏は、後漢洛陽城の南北宮は、南宮が主、北宮が従であり、徳陽殿と並ぶ中心的宮殿である崇徳殿は、南宮に所在したと主張する。朴氏の論文は後漢洛陽城に対象を限定しているが、氏の主張を、

『三国志』巻二 魏書文帝紀黄初元年一二月条裴松之注の、

臣松之案ずるに、諸書記すらく帝時に北宮に居り、建始殿を以て群臣に朝すと。門を承明と曰い、陳思王植の詩に「帝に承明の廬に謁す」と曰うは、是れなり。明帝の時に至り、漢の南宮崇徳殿の処に於いて太極・昭陽の諸殿を起つ。

という記述内容（後漢洛陽城の南宮崇徳殿のところに太極殿を建設した）とあわせれば、魏晉洛陽城二宮説を補強するものとなり、一宮説を支持した前章とは対立することとなろう。

しかし、朴氏論文には大きく二つの問題点がある。第一に、魏晉洛陽城に関する先行研究が踏まえられていない点である。近年日本において急速に進展した漢魏洛陽城研究、特に後漢・魏晉洛陽城研究においては、それぞれの宮城配置の解明が主要課題であったが、前掲の『三国志』裴松之注に見られるように、後漢・魏晉の各洛陽城の宮城配置の対比という作業が必須となるため、まずは後漢・魏晉洛陽城に関する各先行研究を整理し、充分に踏まえる必要がある。しかし朴氏論文に引用される先行研究は、後漢洛陽城に関するものが大半を占めており、近年の魏晉洛陽城研究の成果があまり踏まえられておらず、魏晉洛陽城の先行研究を踏まえて朴氏論文を見ると、内容や行論に多くの齟齬をきたす。朴氏の主張は魏晉洛陽城の宮城配置にも直接的に関わるだけに、魏晉洛陽城の先行研究をも含めた研究史の整理の上に論を進めるべきではなかったか。

第二に、朴氏の考察・分析に強引な点が多いことである。例えば『文選』巻三 張衡『東京賦』薛綜注には、

崇徳 東に在り、徳陽 西に在り。相去ること五十歩。

とあるが、これによれば「崇徳」と「徳陽」は「五十歩」の間隔を置き、東西に並立していたことになる。「崇徳」と「徳陽」はそれぞれ崇徳殿と徳陽殿を指し、さらに徳陽殿が北宮に所在していたことは、『後漢書』等の史料からも確認できるから、それと「五十歩」の距離を置いて東側に位置していた崇徳殿も北宮にあったとするのが一宮説の立場であり[2]、筆者も前章においてこれを支持した。ところが朴氏は、文中の「崇徳」を崇徳殿ではなく崇徳署と解釈する。崇徳署とは、『後漢書』列伝四四 楊震列伝附楊賜伝に、

光和元年、虹蜺有りて昼に嘉徳殿前に降り、帝 之を悪み、賜及び議郎蔡邕等を引きて金商門崇徳署に入らしめ、中常侍曹節・王甫をして問わしむるに祥異禍福の所在を以てす。

とあるように、金商門附近にあった建築物であったらしい。朴氏は特に、『元河南志』の後漢京城図において、北宮の神虎門・金商門附近に崇徳署があることから、『東京賦』薛綜注の「崇徳」を崇徳署と解釈するが、しかし後漢京城図の崇徳署は徳陽殿の西に位置しており、東に「崇徳」があったとする薛綜注の内容と矛盾する。朴氏は他に、後漢京城図の徳陽殿の東にある含徳殿がこの場合の「崇徳」であった可能性もあるとするが、強引に過ぎよう。そもそも朴氏は行論の根拠として『元河南志』の後漢京城図を多用しているが、これを根拠に文献の内容を批判するという手法は、果たして妥当なのであろうか。『元河南志』は著者不明であり、今日伝わるテキストは清代の徐松が『永楽大典』などから抜き出した輯本である

が、[3]その後漢京城図は後漢洛陽城の宮城や宮殿の配置を写生したものではありえない。恐らくは文献の記述に基づく考証の後に作成された一種の復元図であろうから、都城史研究の参考資料とはなっても根本史料にはなりえないであろう。朴氏論文の問題点は他にもあり、『後漢書』列伝六八 宦者列伝 孫程条に、孫程ら宦官による順帝擁立クーデター時のこととして、

十一月二日、程遂に王康等十八人と聚まりて西鍾の下に謀り、皆な単衣を截りて誓いと為す。四日夜、程等共に崇徳殿の上に会し、因りて章台門に入る。

とあるが、文中の「西鍾」をその下の「崇徳殿」のものと朴氏は主張している。文中の「西鍾」は『後漢書』順帝紀では「徳陽殿西鍾」に作っており、朴氏は順帝紀と宦者列伝とで「西鍾」の所在が異なっているものの、これを崇徳殿の西鍾とし、南宮に所在する崇徳殿でもクーデターは発生したと解釈しているが、ことさらに宦者列伝の「西鍾」を崇徳殿のものと解釈することは、宦者列伝の文脈を考えても成り立たない。宦者列伝の「西鍾」は順帝紀の「徳陽殿西鍾」を踏まえ、徳陽殿に附設されていたと考えるのが自然であろう。[4]

したがって筆者は前章に引き続き、崇徳殿が後漢北宮にあり、その跡地に太極殿が建設された、すなわち魏晉洛陽城の宮城は、後漢北宮の跡地に限られ、後漢南宮の跡地には宮城・宮殿が再建されなかったという立場をとることとしたい。

第二節　『三国志』裴松之注

前章の検討では未解決であった問題の一つに、前掲の『三国志』裴松之注がある。そこには漢（後漢）の南宮崇徳殿の場所に太極殿・昭陽殿等の諸殿が建設されたと書かれており、裴松之のこの証言こそは二宮説の最大の論拠であった。これにのっとって後漢洛陽城の南宮跡地に太極殿が建設され、したがって魏晋の宮城配置は後漢の南北宮制を継承していたとするのが二宮説であり、現在は佐川英治氏がこれを積極的に提唱している[5]（佐川氏の後漢洛陽城復元図を**図六**として掲載しておく）。[6]これに対し魏晋の宮城配置が後漢のそれと同じであったと解釈する場合に、矛盾する内容の諸史料を多数掲げ、それに基づいて魏晋の宮城配置が後漢北宮の跡地（北魏洛陽宮城と同じ位置）のみに建設されたとするのが一宮説である。

佐川氏が提示する史料的根拠のほとんどは前章にて批判し、その結果として筆者は一宮説を支持するに至ったが、唯一この『三国志』裴松之注だけは批判できなかった。裴松之は東晋劉裕（後の劉宋武帝）の北伐に従軍しており、[7]洛陽城を実見しているために、その証言は信用できるとする佐川氏の主張を、前章の初出論文執筆時には突き崩すことはできなかったのである。

しかしながら、洛陽城や中原の地理を実見した東晋・南朝人の著作に対する北朝人の批判があることを、吉川忠夫氏が指摘している。[8]以下、吉川氏の研究に基づきつつ解説していきたい。

まず『水経注』巻一六　穀水に、

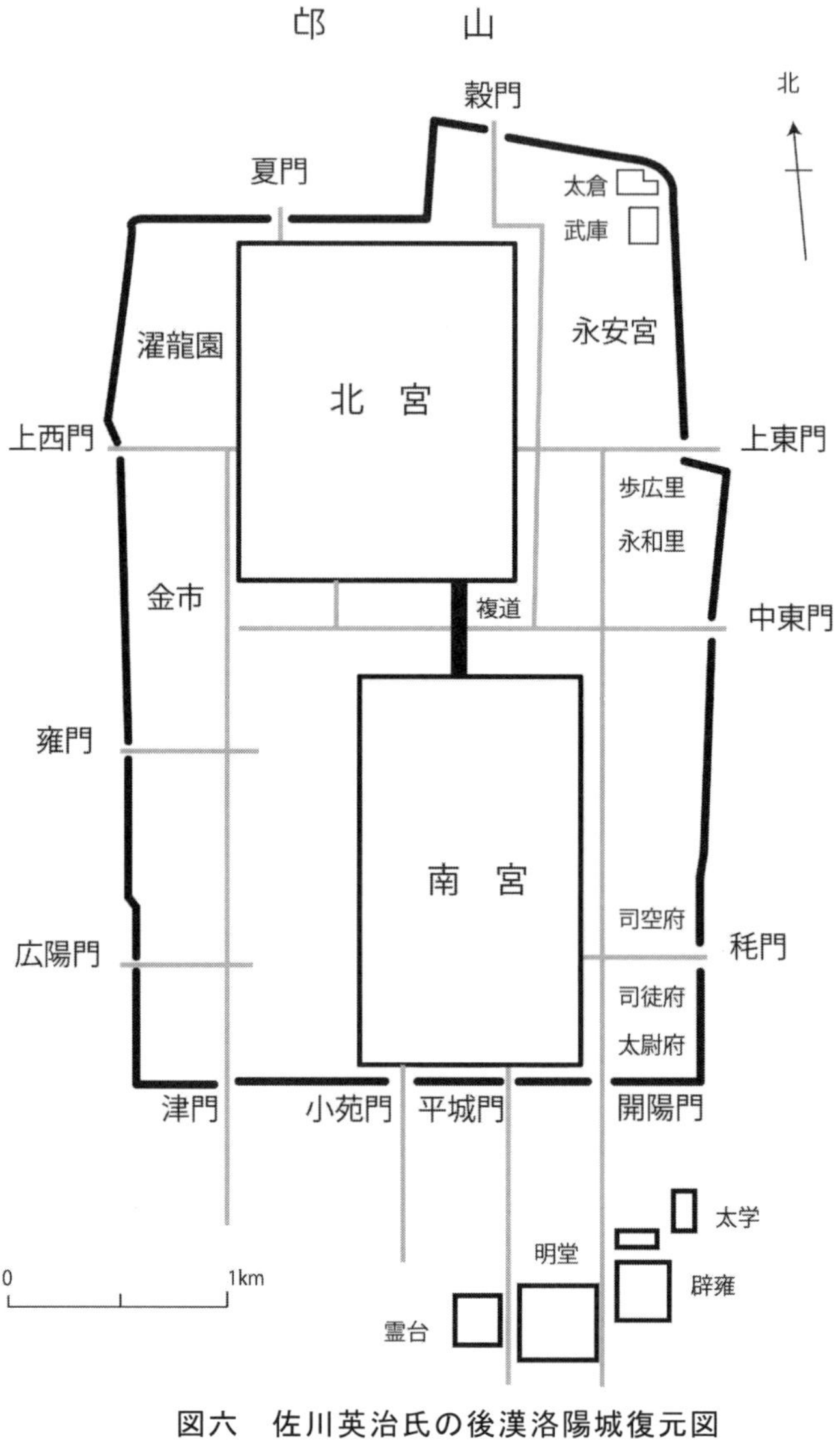

図六　佐川英治氏の後漢洛陽城復元図

潘岳『西征賦』に曰く、「孝水を澡り以て纓を濯い、美名の茲に在るを美す」と、是の水 河南城の西十余里に在り、故に呂忱曰く、「孝水 河南に在り」と。而れども戴延之言えらく「函谷関の西に在り」と。劉澄之又云えらく「檀山より出づ」と。檀山 宜陽県の西に在り、穀水の南に在らば、南入の理無し。茲の説を考尋すれば、当に縁生の『述征』の謬を承けて誌するのみ。縁生 戍に従い行旅し、征途に訊ね訪いたるも、既にして旧土に非ざれば、故より究する所無し。今川瀾北に注ぎ、澄みて泥濘を映し、何ぞ枯涸すと言うを得んや。皆な疏僻為り。

とあり、これは西晋潘岳『西征賦』にある孝水の位置比定に関する部分である。そこでは孝水の位置に関する諸説を列挙し、『水経注』の著者である酈道元がそれらの是非を考察している。酈道元は、孝水の位置が函谷関の西にあったとする劉宋戴延之の説、檀山から流れるとする南斉劉澄之の説を、ともに否定する。その理由について、両説が郭縁生『述征記』の誤りを受けたためと酈道元は主張している。郭縁生は裴松之と同じく劉裕の北伐に従軍しており、その『述征記』とは彼の従軍紀行文に他ならない[9]。すなわち『述征記』の内容は郭縁生が当地を実見した内容が記されていたはずであるが、酈道元はこの内容を否定する理由として、当地が郭縁生にとって「旧土」ではなく、詳しく調べることができなかったためと説明している。同じく『水経注』穀水には、

『述征記』に曰く、「穀・洛二水、本 王城の東北に于いて合流し、所謂穀・洛闘うなり」と。今 城の東南 千歩を缺き、世又之を穀・洛の闘う処と言う。倶に非為るなり。余 史伝を按ずるに、周霊王の時、穀・洛の二水闘い、王宮を毀つ。王 将に之を堨さんとし、太子晋 王を諫むるも、許さず、遺堰三堤尚お存す。『左伝』二十四年、「斉人 郟に城き、穆叔 周に如きて賀す」と。韋昭曰く、「洛水 王城の南に在り、穀水 王城の北に在り、東のかた瀍に入る。霊王の時に至り、穀水 盛んに王城の西に出で、而して南流して洛に合し、両水相格り、闘うに似たる有り、而して王城の西南を毀つなり」と。穎容『春秋条例』を著して言えらく、「西城梁門の枯水の処、世 之を死穀と謂うなり」と。始めて知る、縁生の行中造次、関に入りて経究し、故に事 実と違えり。

とあって、ここも酈道元による郭縁生『述征記』批判の部分である。郭縁生は穀水・洛水が周の王城の北東にて合流すると記しているが、酈道元は『左伝』や『国語』韋昭注、後漢穎容（穎容）『春秋条例（春秋左氏条例）』を列挙してこれを否定し、郭縁生は道中を急ぎ、函谷関入関後に調査したために、その主張は事実と異なっていると主張する。酈道元は『水経注』穀水を見る限りでは、郭縁生『述征記』をはじめとする東晉・南朝人の地理書の内容に対してかなり批判的である。

ここまでに掲げたのは中原の、特に穀水流域に関する『水経注』の記述であるが、洛陽城に関する彼ら東晉・南朝人の記述に関しても同様のことが指摘できる。『洛陽伽藍記』巻二 明懸尼寺に次のような記述がある。

> 穀水 周囲して城を遶り、建春門の外に至り、東のかた陽渠石橋に入る。橋に四柱有り、道南に在る銘に云えらく、「漢陽嘉四年将作大匠馬憲造」と。我が孝昌三年に逮び、大雨もて橋を頽し、柱 始めて埋没す。道北の二柱、今に至るまで猶お存し、銜之按ずるに劉澄之『山川古今記』・戴延之『西征記』並びに「晉太康元年造」と云う。此れ則ち之を失すること遠し。按ずるに澄之等並びに生まれて江表に在り、未だ中土に游ばず、仮に征役に因り、暫く来りて経過するも、旧事に至りては、多く親ら覧るに非ず、諸《これ》を道路に聞き、便ち穿鑿を為し、我が後学を誤らすこと、日月已に甚だし。

これは洛陽城東門の一つである建春門に関する記述である。これによれば、門外の石橋の柱（道南の柱）に「漢陽嘉四年将作大匠馬憲造」との銘文があるものの、劉澄之『山川古今記』・戴延之『西征記』には、この橋の建設年代についてともに「晋太康元年造」とあったという。一つは後漢順帝陽嘉四年（一三五）、一つは西晋武帝太康元年（二八〇）であり、両説には時間的に大きな差がある。劉澄之・戴延之はもとより江南出身であり、北伐に従軍することで中原に赴いたものの、長くとどまることなく通過してしまい、旧事に関しては自らの目で確かめることなく、伝聞に頼り、強引な解釈を行ったと『洛陽伽藍記』の著者楊衒之は批判している。つまり楊衒之は、陽嘉四年説を支持していることとなる。酈道元のみならず、楊衒之も彼らの主張には懐疑的であったらしい。しかし『洛陽伽藍記』巻二　魏昌尼寺には、次のような記述もある。

（牛馬市）嵆康を刑するの所、東石橋に臨み、晋の太康元年造り、中朝の時の南橋なり。澄之等蓋し北橋の銘を見、因りて橋を以て太康の初め造ると為すなり。

ここでは建春門の石橋とは別の東石橋（西晋の南橋）が「晋の太康元年造」（北橋の銘？）であることから、橋（建春門の石橋？）の建設年代を太康初と劉澄之らが判断したのであろうと推測している。『洛陽伽藍記』のこの箇所において、楊衒之は劉澄之らの説と北橋の銘を紹介するだけで、それに対する批判は行っていない。恐らくは楊衒之自身が、それが妥当であると判断したためであろうが、であれば楊衒之は東晋・南朝人の説に対して無原則に批判的であったのではなく、認めるべきところは認めていたことになる。

ここまでに引用した『水経注』・『洛陽伽藍記』は、『三国志』裴松之注について直接的に言及しているわけではないものの、劉裕の北伐に従軍した諸人の中原地理・洛陽城に関する証言が、必ずしも信用できるわけではないことは、以上の分析からも理解できるであろう。ただし東晋・南朝人の地理書に批判的であったはずの酈道元は、魏晋洛陽城の宮城に関して次のようにいっている。

魏明帝 上に太極を洛陽南宮に法り、太極殿を漢崇徳殿の故処に起て、雉門を改めて閶闔門と為す。(『水経注』穀水)

彼は曹魏明帝が「洛陽南宮」にて太極をかたどる形で、漢の崇徳殿の跡地に太極殿を建設し、雉門を閶闔門としたと主張している。これは『三国志』裴松之注の内容とも類似しており、同じく二宮説の論拠として使用されてきたものであった。すなわち『水経注』文中の「洛陽南宮」も、後漢の南宮と理解されてきたのである。しかし前章でも紹介したように、向井祐介氏は『水経注』の「洛陽南宮」には後漢の南宮というニュアンスは含まれておらず、これを二宮説の根拠とするには無理があり、この場合の「洛陽南宮」は魏晋宮城(一宮説)の南半部を指すとしている。[10] つまり『水経注』の記述は、二宮説の論拠たりえないこととなる。

無論ここまでに引用してきた、『水経注』・『洛陽伽藍記』といった諸史料の記述には、北朝人の東晋・南朝に対するバイアスやコンプレックスが反映している可能性があり、彼らの主張が必ずしも客観性をそなえているとは限らない。またさきの楊衒之の例のように、東晋・南朝人の地理書でも北朝人がその内容を是認することはあったのであり、必ずしもその全てが信用に値しないというわけではなく、筆者も洛陽城研究において『述征記』等の東晋・南朝人の著した地理書を使用することは多々ある。しかし一方で東晋・南朝の地理書に対する彼らの批判は一応の説得力を有してもおり、したがって洛陽宮城についての裴松之の主張にも、解釈には同様の注意を要しよう。少なくとも裴松之が洛陽城を実見したからその証言は信用できるという佐川氏の論法に関しては、本節の考察によってその妥当性を否定できたものと思われる。

第三節　東宮と西宮

本節では一宮説の補強要素として、新たに西晋時代の東宮・西宮について言及しておきたい。西晋は皇位継承に異様なこだわりを見せた王朝であり、中国史上、初めて皇太弟・皇太孫が冊立されたのは、実にこの西晋時代である。[11] 本来皇位は嫡長子継承が原則であるにもかかわらず皇太弟が立てられ、またことさらに皇太孫や、『礼記』檀弓の「兄弟の子は猶お子のごとし」に基づいて皇帝の侄を皇太子に冊立するなどといった諸事からは、[12] 当時皇位継承予定者の常設が目指されていたことがうかがわれる[13]（もっともそれには八王の乱という特殊な政治状況も踏まえなければならないが）。そして彼らの住まいである東宮も、西晋においては特殊な存在であった。[14]

ところで西晋には東宮の他に「西宮」と呼ばれる宮が存在した。「西宮」とは、西晋洛陽城においては皇帝の住まう宮城そのものを指す。[15] 無論これは東宮に対する呼称であろうが、ことさらに東宮に対して皇帝やその住まいを「西宮」と呼ぶとなると、皇帝と皇太子が並立関係になり、皇帝の権威が相対化される危険性も生じる。[16] しかしこれに関しては、『文選』巻二六　陸韓卿（陸厥）『報答内兄希叔』李善注に引く東晋卞壼の議に次のようにある。

太子の居る所の宮、東宮と称す。太子宮と言わざる者は、二宮　東西を以て称と為し、是れ天子の離宮にして、太子をして之に居らしむるを明らかにすればなり。

太子宮と呼んだ場合、それが皇太子の所有物ととられかねないため、それぞれを東宮・西宮と呼び、ともに皇帝の所有する宮殿であり、皇太子は東宮においてはいわば仮住まいをしていることを示す、という建前があったらしい[17]。

西晋洛陽城の宮城が「西宮」と呼ばれるようになった所以を考えると、やはり洛陽城における東宮・宮城の位置関係が予想される。では西晋の東宮は洛陽城のどこに位置していたのであろうか。

西晋洛陽城の東宮の位置に関しては岡部毅史氏の研究があり[18]、氏の作成した洛陽城復元図が**図七**である。この図によれば、洛陽城内東側の、やや北よりのところに東宮が存在したことになるが、東宮のおおよその位置としては筆者もこれを支持したい。岡部氏の主張を補強する史料として、『晋書』巻四〇 楊駿伝の次の一文がある。

時に駿 曹爽の故府に居り、武庫の南に在り、内に変有るを聞き、衆官を召して之を議せしむ。太傅主簿朱振 駿に説きて曰く、「今 内に変有り、其の趣知るべし、必ずや是れ閹豎の賈后の為に謀を設ければ、公に利あらず。宜しく雲龍門を焼き以て威を示し、事を造す者の首を索め、万春門を開き、東宮及び外営の兵を引き、公自ら皇太子を擁翼し、宮に入りて姦人を取るべし。殿内震懼し、必ず斬りて之を送り、以て難より免るるべし」と。

これは永平元年（二九一）三月に反楊駿のクーデターが発生したときの楊駿側の動向を伝える史料であり、それによれば太傅主簿（楊駿の府僚）朱振が、楊駿にクーデター勢力への対処として、宮城の雲龍門

を焼いて威を示し、万春門を開いて、東宮や外営の部隊を引き入れ、クーデターの首謀者の殺害すること

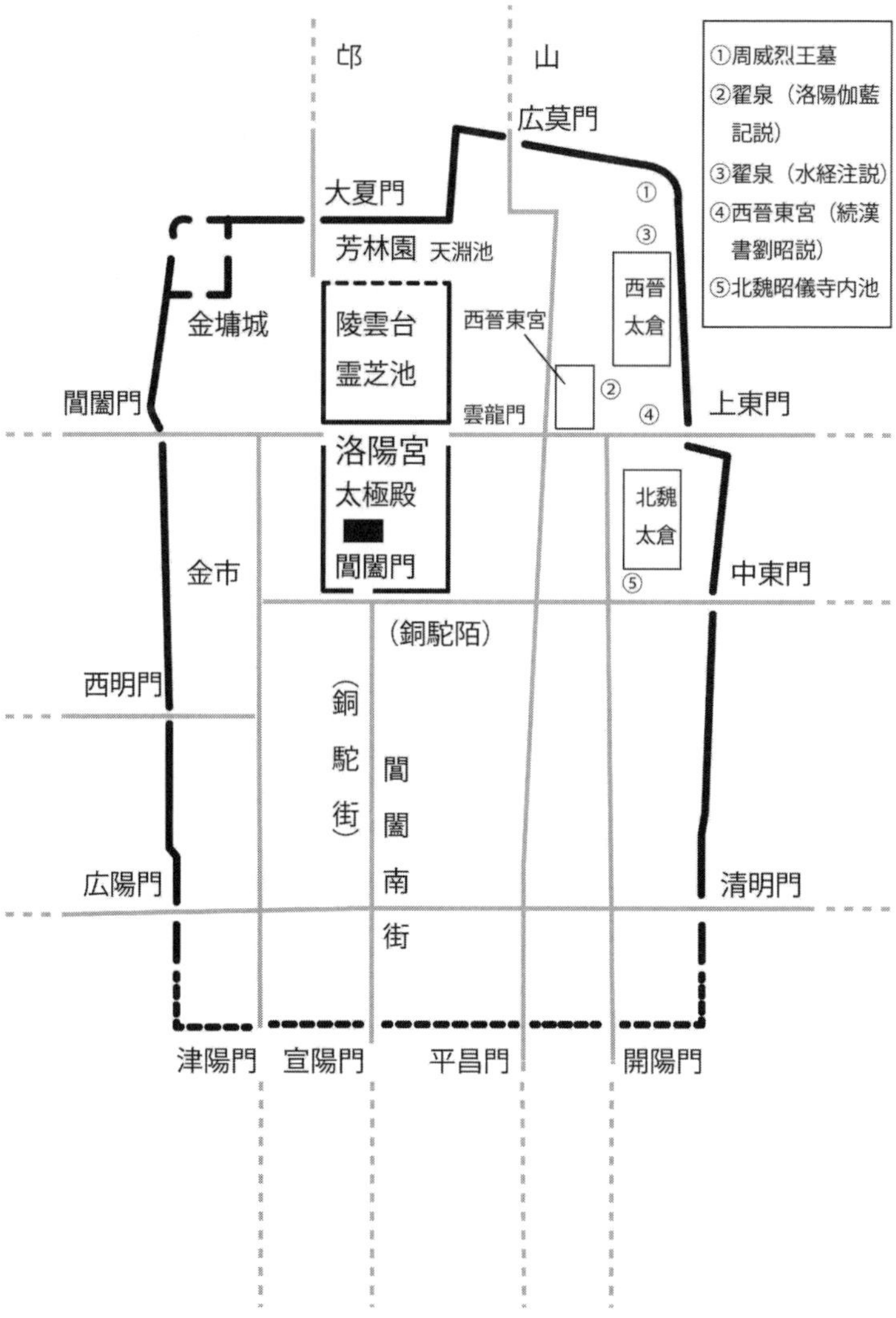

図七　岡部毅史氏の西晋東宮配置図

などが提案されたが、楊駿はこれを断ったという。

まず引用史料冒頭に「時に駿　曹爽の故府に居り、武庫の南に在り」と、当時楊駿が曹魏の曹爽の故府におり、その故府は武庫の南にあったと記されている。これは楊駿の太傅府の位置を示したものであろうが、文中の武庫については、太倉の東に位置していたらしい[19]。つまり楊駿の太傅府はこの南に位置していたことになるのだが、それは同じく武庫の南方にあった東宮と距離が近かったことを意味しており、また当時の政治における楊駿と東宮の密接な関係が、一つにはこの近さに由来していたことをも前掲『晉書』楊駿伝は暗示している。『晉書』楊駿伝に登場する雲龍門・万春門は、一宮説に基づくならば宮城西側の門であり、すなわち朱振の発言は、東側の東宮・太傅府から西側の宮城を攻撃するための戦術の提案であったことになる。このことからも、東宮が宮城の東側にあり、岡部氏の復元図がおおよそ正しいことが確認されるであろう。

一宮説によるならば、東宮と宮城が東西方向に並立していたこと、したがって宮城が東宮に対して「西宮」と呼ばれていたことが容易に理解できる。では二宮説をとった場合にこの問題はどのように解釈できるであろうか。二宮説は魏晉宮城が後漢の南北宮を継承し、そのうちの南宮に太極殿があったとする。しかしこれと東宮の位置関係からは、ことさらに宮城（南北宮）が「西宮」と呼ばれた理由を見いだすことができない。仮に二宮説における南宮が、太極殿が所在したために主たる宮域として同時代人に理解されていたとすると、東宮と南宮とがほぼ南北方向に位置するために、ますます西宮と呼ばれた理由が分からなくなる。この東西宮問題は、現在のところは一宮説の根拠になる一方で、二宮説のそれにはなりえないと判断しなければならないであろう。

第四節　中軸線の有無

ここまでは二宮説への批判・一宮説の補強を行ってきたが、前章にて未解決のまま残した問題の二つ目に中軸線問題がある。まずは、中軸線問題に関する前章の考察結果を簡単に説明しておこう。

佐川氏は『水経注』穀水の、

穀水又東し、宣陽門の南を逕、故の小苑門なり。皇都 洛に遷り、移して此に置き、閶闔門に対せしめ、南のかた洛水浮桁に直《あた》る。

という記述を引き、宣陽門（後漢時代の小苑門）が北魏時代に移築され、これによって太極殿―閶闔門―宣陽門―洛水浮橋―円丘が一直線に並ぶこととなり、したがって洛陽城において中軸線が形成されたのは北魏時代であると主張した[20]。また氏は同じく『水経注』穀水の、

……『洛陽諸宮名』に曰く、「南宮に謻台・臨照台有り」。『東京賦』に曰く、「其の南は則ち謻門曲榭、邪阻城洫有り」と。注に曰く、「謻門、氷室門なり」と。…謻門即ち宣陽門なり。

という記述の「謻門（氷室門）」を後漢南宮門かつ魏晋宣陽門と解釈し、魏晋宣陽門は北魏のそれよりもやや東にあって、南宮に接続する門であったとし、したがって魏晋洛陽城宮城は後漢洛陽城のそれと同じ二

宮制をとっていたとも主張する。[21] 筆者は佐川氏の主張のうち、後漢洛陽城の小苑門が北魏の宣陽門よりもやや東に位置し、南宮に接続する宮門であったとする点に関してはその正確性を認めたが（したがってそれに基づく佐川氏の後漢洛陽城復元図（前掲**図六**）にも筆者はおおむね賛成する）、これを魏晉洛陽城二宮説の根拠に使用する佐川氏の論法に関しては、『水経注』穀水の「宣陽門」が必ずしも厳密に魏晉洛陽城の宣陽門を指すとは限らないため、二宮説の根拠にはなりえないと批判した。つまり筆者の見解によれば、魏晉洛陽城の宮城は後漢北宮の一帯に限られてはいたものの、宣陽門は佐川氏のいうとおり太極殿—閶闔門の真南には存在しなかったこととなる。この上で、筆者は魏晉洛陽城の中軸線について以下二点の展望を示しておいた。

ⅰ魏晉洛陽城に中軸線はなかったとする場合…後漢洛陽城の小苑門が南宮宮門であったとする佐川氏の見解は、必ずしも魏晉洛陽城二宮説を補強するものとはなりえないのであるが、後漢洛陽城についての主張としては充分に首肯しうるものであり、そして宣陽門（小苑門）が北魏時代に移築されたのであれば、魏晉洛陽城の宮城が後漢時代の北宮一帯に限られていながらも、この段階では中軸線は形成されていなかった、とすることが可能である。しかしこのように解釈する場合、例えば永嘉の乱に際して王弥・呼延晏軍が洛陽城に侵攻した際、「宣陽門陷ち、南宮に入り、太極前殿に升る」（『晉書』巻一〇二 劉聡載記）とあるように、ことさらに太極前殿の真南にない宣陽門を通って太極前殿に侵攻したことの理由が不明瞭となるので、より具体的な検討が必要となる。

ⅱ魏晉洛陽城に中軸線があったとする場合…ⅰとは逆に、魏晉洛陽城に中軸線があったと想定することも現段階では不可能ではない。ただしその場合、北魏洛陽城と同様の太極殿—閶闔門—銅駝街—宣陽門のラインではなく、別の位置に中軸線が形成されていた可能性が高くなる。向井佑介氏は、魏晋洛陽城が西側の太極殿―閶闔門のラインと、東側の朝堂―司馬門のラインの、二軸制をとっていた可能性を指摘するが[22]、前述のごとく、魏晋時代の宣陽門が太極殿―閶闔門のライン上にあったとは今のところ考えにくく、逆にこれが朝堂―司馬門ラインの上にあったとすれば、魏晋時代において中軸線としてより強く認識されていたのは後者であったことになる。

前章ではこの二点の可能性を指摘するのみにとどまったが、本節ではこの問題のさらなる掘り下げを行いたい。

まずこのうちのｉの可能性の弱点、すなわち永嘉の乱に際し、王弥・呼延晏軍が太極前殿に攻め込むに先立って、その真南にない宣陽門を通ったことの不自然さの解決を行おう。かつての一宮説においては、魏晋宣陽門が太極殿―閶闔門の延長線上にあったとされ、郭湖生氏は、仮に魏晋宮城が後漢南北宮と同じ配置をとっていたと考えた場合、なぜ（宮門でない）宣陽門を通って南宮に入り、太極殿にのぼったのかが分からなくなるとし、魏晋宮城は北魏宮城と同じ位置にあり、宣陽門が太極殿の真南にあったため、王弥らは宣陽門を通って太極殿にのぼったと主張する[23]。しかし既に述べたように、魏晋時代の宣陽門は、太極殿―閶闔門の延長線上に位置していたとは考えにくく、王弥らの軍は宣陽門↓閶闔門↓太極前殿のルートを一直線に突き進んでいったわけではなかったことになる。ではどのようなルートをたどったのであろうか。

ここで注目すべきは閶闔門の存在である。閶闔門は闕を備えた、宮城の正南門ともいうべきものであったが、銭国祥氏はあくまで皇帝の即位や四方の朝貢者との接見などの重要時に使用される門であって、一般時に通行のために使用されることは極めて少なかったと主張する。[24] 銭氏によれば、閶闔門を経ずとも、宮門である東掖門・西掖門から止車門を通っても太極殿に達することが可能であったという。閶闔門の用途に関する銭氏の主張は、あくまで平時における使用回数の少なさについてのものであるが、闕を備えた門であるだけに、洛陽宮城に軍を率いて侵攻する場合においても、太極殿と閶闔門とが南北直線上に位置するからといって、あえて閶闔門を陥として太極殿に攻め込む必要もなかったのではないか。前掲『晉書』劉聡載記は、王弥・呼延晏軍が宣陽門を破った後の行軍ルートについて、「南宮に入り、太極前殿に升る」というだけで、彼らが南宮に侵入するに際し、どの門を通過したのか明らかにしないが、いずれにしても必ず閶闔門を陥落させ通らなければならなかったというわけではなさそうである。

しかしそれでも王弥・呼延晏の軍が太極前殿にのぼるに先だって、ことさらに宣陽門を陥落させたのはなぜかという疑問は残るが、劉聡ら漢軍は、『晉書』劉聡載記に、

……弥等未だ至らず、晏 輜重を張方の故塁に留め、遂に洛陽に寇し、攻めて平昌門を陥とし、東陽・宣陽諸門及び諸府寺を焚く。懐帝 河南尹劉默を遣わして之を距ましめ、王師 社門に敗る。晏 外継至らざるを以て、東陽門自り出で、王公已下子女二百余人を掠して去る。

とあるように、宣陽門だけではなく、平昌門・東陽門なども攻撃している。またこれに先立つ永嘉三年（三〇九）の漢軍の洛陽攻撃についても、『晉書』巻一〇一 劉元海載記に、

……聡 進みて西明門に屯し、護軍賈胤 夜に之に薄り、大夏門に戦い、聡の将 呼延顥を斬り、其の衆遂に潰す。

聡 軍を廻して南し、洛水に壁し、尋いで進みて宣陽門に屯し、曜 上東門に屯し、弥 広陽門に屯し、景 大夏門を攻め、聡 親ら嵩嶽に祈り、其の将 劉厲・呼延朗等をして留軍を督せしむ。東海王越 参軍孫詢、将軍丘光・楼裒等に命じて張下の勁卒三千を率い、宣陽門自り朗を撃たしめ、之を斬る。聡 聞きて馳せて還る。厲 聡の己を罪せんことを懼るるや、水に赴きて死す。

とあるように、宣陽門の他に西明門や大夏門・上東門・広陽門なども包囲・駐屯や攻撃の対象となっている。洛陽城の包囲攻撃における漢軍の最終目標は、当然太極殿（太極前殿）をはじめとする宮城や洛陽城全体の占領にあった。仮に太極殿が宣陽門の附近にあり、漢軍が太極殿の速やかな占拠をめざして宣陽門を重点的に攻撃したとしても、守備側が同じくそこに兵力を集中させて防いだならばその戦術は無意味となる。事実漢軍はいずれの包囲においても宣陽門以外の門に積極的な攻撃を仕掛けたのであり、結局のところ、王弥・呼延晏軍が太極前殿を占拠するに際し宣陽門を陥落させたことは、彼らにあらかじめ宣陽門→太極前殿という確固とした戦術があったことを意味するものにはならず、あくまで偶然の所産であったと理解しなければならないのではないか。

しかしながらそうと断定するには次の史料を有効に解釈せねばならない。『晉書』巻一〇五 石勒載記下に、後趙石勒と前趙劉曜の決戦直前のこととして、

……勒 顧みて徐光に謂いて曰く、「曜 成皋関を盛んにするは、上計なり。洛水を阻むは、其の次なり。坐して洛陽を守る者は擒と成るなり」と。諸軍 成皋に集い、歩卒六万、騎二万七千。勒 曜に守軍無きを見、大いに悦び、手を挙げ天を指し、又自ら額を指して曰く、「天なり」と。乃ち甲を巻き枚を銜み道を詭り路を兼ね、鞏・

訾の間に出づ。曜の其の軍十余万を城西に陳ぬるを知り、弥いよ悦び、左右を顧みて曰く、「以て我を賀すべし」と。勒 歩騎四万を統べ宣陽門自り入り、故の太極前殿に升る。

とあり、石勒軍側の状況を伝えている。傍点部を一見すれば分かるように、このときの石勒も宣陽門から洛陽城内に進入し、その後に太極前殿にのぼっている。『晉書』の劉聡載記と石勒載記のそれぞれに、宣陽門から太極前殿にのぼったとする記述が共通して見られることは、太極前殿にのぼるに先だって宣陽門を通過せねばならない必然的な理由があったようにも解釈しうるのであるが、実際は恐らくそうではない。石勒は「曜 成皐関を盛んにするは、上計なり。洛水を阻むは、其の次なり。坐して洛陽を守る者は擒と成るなり」といい、劉曜軍の動向に関して三つのケースを想定しているのであるが、それは裏を返せば当時の石勒軍が成皐関↓洛水↓洛陽城のルートで行軍しなければならなかったことを物語っている。ゆえに石勒は洛陽城に至るまでの過程において、劉曜軍に遭遇しなかったことから、「天なり」、「以て我を賀すべし」などと喜んでいたのである。この場合、石勒軍は洛水を渡って洛陽城に到着したことになるが、当時の洛水は洛陽城の南方を流れていた。つまり石勒は洛陽城には南方から進入したことになり、太極前殿にのぼるに先だって南門の一つである宣陽門を通ったとしても、何ら不自然な点はなくなるのである。

以上の考察により、王弥・呼延晏軍が宣陽門を突破し太極前殿にのぼったことは偶然の結果であり、これが宮城や城門の位置比定の根拠たりえないことが明らかとなった。これによってiにおいて提起した疑問は一応解決したことになろう。

では魏晉洛陽城に中軸線はなかったのであろうか。次にこの点について検討を進めたい。既に述べたように、北魏洛陽城中軸線の構成要素の一つとして銅駝街がある。北魏の銅駝街は閶闔門から南に延びる道

路であったが、魏晋においてもそれは同様であったらしい。『水経注』穀水に、

> ……之を銅駝街と謂う。旧くは魏明帝 銅駝諸獣を閶闔南街に置く。陸機云えらく、「駝高きこと九尺、背 太尉坊に出づる者なり」と。

とあって、曹魏明帝が閶闔門の南通りに「銅駝諸獣」を配置したといっており、これが「銅駝街」という名称の由来となったことは容易に推察される。[25] つまり銅駝街は魏晋・北魏ともに同じ位置を通っていたと判断せざるをえないのであるが、前述の通り魏晋の宣陽門は北魏のそれと位置を異にしているため、魏晋時代には銅駝街の延長線上（直線上）に宣陽門が位置していたわけではなくなる。もっとも閶闔門の東に位置する宮城南門であった司馬門の南に、銅駝街に匹敵する通りがあり、それが宣陽門と直結していたならば、前章のⅱの可能性が裏付けられることとなるが、現存する史料からは、その存在を積極的に伝える記述を見いだせない。であれば現状では筆者が前章のⅰにて推測したように、魏晋洛陽城には中軸線がなかったとしなければならなくなる。

ただし中軸線という概念までもがこの時代に絶無であったとは断定できない。既に曹魏鄴城にて中軸線が存在していたことが指摘されており、中軸線の概念は後漢末には存在していたこととなる。ではせっかく誕生した中軸線という概念を、曹魏・西晋の皇帝たちは洛陽城に再現しようとしなかったのであろうか。

その可能性を示唆するものとして宮城南門の司馬門がある。司馬門は前述の通り閶闔門の東にあり、また魏晋の宣陽門も北魏のそれよりやや東にあったから、魏晋洛陽城において司馬門・宣陽門が南北の一直線上に位置していた可能性はそれほど低くはない。そしてもともと司馬門には闕を建設する計画があった。

『水経注』穀水に、

渠水　銅駝街自り東し、司馬門の南を逕。魏明帝始め闕を築き、崩れ、数百人を圧殺し、遂に復た築かず、故に闕無し。

とあるように、司馬門には当初闕が建設されていたが、それが崩落し、数百人の死者をだしてしまったがために、闕はなくなったという。銭国祥氏はこれに基づいて、当初は司馬門に闕を築く予定であったが、『水経注』穀水にあるような事情からそれが中止され、その西側に新たに閶闔門を開鑿・建設することになったと主張する。[26] これによるならば曹魏には司馬門と宣陽門からなる中軸線の形成が志向されていたと判断できなくもない。しかし前述の銭氏の説は高い蓋然性を備えたものではあるものの、向井氏も指摘するように、前掲『水経注』穀水の一文しか根拠が示されておらず[27]、結局は推測の域を出てはいない。したがって現在のところは魏晋洛陽城に中軸線適用の計画があったと明確に判断することはできないのであるが、あくまで可能性としては指摘しておいてもよいであろう。

本節の分析結果を総括するならば、魏晋時代には中軸線という概念が既にありながらもその首都洛陽城には適用されなかった、あるいは適用の意志はあったが様々な事情から結果として適用されなかったと解釈するしかなくなる。その意味で魏晋洛陽城は、中国都城史において過渡期のものであったと評価することができよう。[28]

おわりに

本章はその趣旨が前章の補強ということもあって、全体として魏晋洛陽城に関する個別事例の紹介・検討という構成となり、大変読みづらい論述方式をとってしまった。また特に朴・佐川両氏には蕪辞を謝したいと思う。

本章では朴氏論文と前章で残した未解決問題二点のそれぞれの検討（第一・二・四節）、及び一宮説補強の新たな根拠一点の提示（第三節）を行った。特に第二・四節の検討では、依然として確固とした分析結果はえられなかったが、それでも前章における筆者の理解・立場を補強することには成功したであろう。

現存の文献で行いうる、魏晋洛陽城の宮城配置や中軸線の有無に関する筆者の検討作業は、これで一通りは完了したつもりである。以後再検討の必要が生ずるとすれば、漢魏洛陽城遺址の新たな発掘結果の公表がその契機になろう。

1 朴漢済「北魏 洛陽社会와 胡漢体制──都城区劃과 住民分布를 중심으로──」（『泰東古典研究』六、一九九〇年）。
2 村元健一「後漢雒陽城の南宮と北宮の役割について」（『大阪歴史博物館研究紀要』八、二〇一〇年、同氏著『漢魏晋南北朝時代の都城と陵墓の研究』、汲古書院、二〇一六年、一六九〜二〇五頁）参照。
3 神田信夫・山根幸夫編『中国史籍解題辞典』（燎原書店、一九八九年）七三頁参照。
4 村元健一「後漢雒陽城の南宮と北宮の役割について」（前掲）参照。

5佐川英治「曹魏太極殿の所在について」(『六朝・唐代の知識人と洛陽文化』岡山大学文学部プロジェクト研究報告書一五、二〇一〇年、一九～四二頁)、「漢魏洛陽城研究の現状と課題」(『洛陽学国際シンポジウム報告論文集――東アジアにおける洛陽の位置――』、汲古書院、二〇一一年、一一五～一三八頁)、「漢魏洛陽城」(佐川英治・陳力・小尾孝夫編『漢魏晉南北朝都城復元図の研究』、平成二二～平成二五年度科学研究費補助金基盤研究(B)研究成果報告書、二〇一四年、三七～七〇頁)参照。

6佐川英治「漢代の郊祀と都城の空間」(小島毅編『東アジアの王権と宗教』、勉誠出版、二〇一二年、四〇～五一頁、佐川英治『中国古代都城の設計と思想 円丘祭祀の歴史的空間』、勉誠出版、二〇一六年、四九～六九頁)参照。

7森鹿三「劉裕の北伐西征とその従軍紀行」(『東洋史研究』三―一、一九三七年、同氏著『東洋学研究 歴史地理篇』、東洋史研究会、一九七〇年、二二〇～二三六頁)参照。

8吉川忠夫「島夷と索虜のあいだ――典籍の流伝を中心とした南北朝文化交流史――」(『東方学報』京都七二、二〇〇〇年)参照。

9森鹿三「劉裕の北伐西征とその従軍紀行」(前掲)参照。

10向井佑介「曹魏洛陽の宮城をめぐる近年の議論」(『史林』九五―一、二〇一二年)参照。

11『廿二史劄記』巻一四、三田辰彦「西晉後期の皇位継承問題」(『集刊東洋学』九九、二〇〇八年)、岡部毅史「西晉皇太弟初探」(『東方学』一二九、二〇一五年)参照。

12渡邉将智「後漢安帝の親政と外戚輔政」(『東洋学報』九三―四、二〇一二年)参照。

13三田辰彦「西晉後期の皇位継承問題」(前掲)参照。また岡部毅史「梁簡文帝立太子前夜――南朝皇太子の歴史的位置に関する一考察――」(『史学雑誌』一一八―一、二〇〇九年)は、南朝においても皇太子はほぼ常設状態であったという。

14本書第四章「西晉の東宮と外戚楊氏」参照。

15福原啓郎『西晉の武帝 司馬炎』（白帝社、一九九五年）二四四頁、岡部毅史「漢晉五胡十六国期の東宮と西宮」（大阪市立大学大学院文学研究科東洋史学専修研究室編『中国都市論への挑動』、汲古書院、二〇一六年、一六五～一九五頁）参照。

16現に西晉の陸機は『贈馮文羆遷斥丘令』（『文選』巻二四）にて、「閶闔既闢、承華再建」と、宮城の正門である閶闔門と、東宮の正門である承華門とを、並立的に表現している。外村中「魏晉洛陽都城制度攷」（『人文学報』九九、二〇一〇年）参照。

17周一良『魏晉南北朝史札記』（中華書局、一九八五年）は、『晉書』に見られる「二宮」の語について、「二」が「貳」に通じることから東宮を指すものと、皇帝・皇后（皇太后）・皇太子などのうち二人の総称の、二つの意味があったと指摘している（四五頁）。引用文中の「二宮」は後者のケース、特に皇帝・皇太子の二人がそれぞれ住まう西宮・東宮を呼んだものであろう。

18岡部毅史「六朝建康東宮攷」（『東洋史研究』七二―一、二〇一三年）参照。

19『後漢書』列伝一二 堅鐔列伝注所引『洛陽記』に「建始殿東有太倉、倉東有武庫、蔵兵之所」とあり、建始殿のあった魏晉時代には、太倉の東に武庫があったという。武庫に言及した研究としては、この他に張金龍『八王之乱』与禁衛軍権」（同氏著『魏晉南北朝禁衛武官制度研究』、中華書局、二〇〇四年、上冊二六七～三〇〇頁）、仇鹿鳴「高平陵之変発微――以軍事・地理因素為中心――」（『文史』二〇一〇―四）がある。

20佐川英治「曹魏太極殿の所在について」（前掲）参照。

21佐川英治「漢魏洛陽城研究の現状と課題」（前掲）参照。

22向井佑介「曹魏洛陽の宮城をめぐる近年の議論」（前掲）参照。

23郭湖生「魏晉南北朝至隋唐宮室制度沿革 兼論日本平城京的宮室制度」（山田慶児編『中国古代科学史論 続編』、京都大学人文科学研究所、一九九一年、七五三〜八〇五頁）参照。

24銭国祥「由閶闔門談漢魏洛陽城宮城形制」（『考古』二〇〇三―七、杜金鵬・銭国祥主編『漢魏洛陽城遺址研究』、科学出版社、二〇〇七年、四一二〜四二五頁）参照。

25外村中「魏晉洛陽都城制度攷」（前掲）参照。

26銭国祥「由閶闔門談漢魏洛陽城宮城形制」（前掲）参照。

27向井佑介「曹魏洛陽の宮城をめぐる近年の議論」（前掲）参照。

28前章でも紹介したが、今井晃樹「魏晉南北朝隋唐時代の軸線の変遷」（『中国考古学』一一、二〇一一年）はこれまでの研究状況を踏まえ、後漢洛陽城と魏晉洛陽城との間で軸線の移動があったか否かは判断できないとしている。

第三章　魏晋洛陽城の高層建築

――「高さ」から見た都城と政治――

はじめに

所謂都城史研究が、発掘調査や考古学の成果を基礎として行われることはいうまでもないことであるが、ことに我々文献史学に携わる人間が都城を研究対象とする場合、文献を使用した都城の形状、宮殿の配置の復元・確認や、それらに基づく政治空間の把握などが、主な課題となるであろう。本書が対象とする中国魏晋時代の都城に関するこれまでの研究も、おおむねこの路線で進められてきたといってよかろうが[1]、そうした研究は、都城の平面プランを復元した上での考察というように、二次元的な観点・手法によって進められることが多かった。

しかしながら近年、日本史や日本建築史、中国仏教建築史等の各方面で、建築物の「高さ」に着目した研究が出始めている。まず早島大祐氏は、「高さ」が約一一〇メートルに及んだ室町時代の相国寺大塔に注目し、それが足利義満などの将軍権力と密接に関わっていたことを指摘した[2]。また海野聡氏は奈良時代の「楼」建築に注目し、当時「楼」が上層に登ることのできる建築物であったことを明らかにし、天皇などが「楼」に登り、その姿を見せることで、その権力を誇示する効果があったと主張している[3]。向井佑介氏は、漢代の神仙思想を基礎として建設された台や観といった高層建築を、中国における仏塔の起源とし、仏塔の変容過程を解明した[4]。さらに大澤昭彦氏は、古代から現代にかけての世界各地の高層建築の通史を発表した[5]。筆者が特に注目するのは大澤氏の研究であり、氏は研究目的の一つとして『建物の高さから見た都市の歴史』を考えること」をあげている[6]。本章は特に氏の視点を参考とし、都城を「高さ」という点に着目して考察したい[7]。これまでの（特に古代・中世の）中国都城史研究が、「高さ」に注目してこなかった原因は、当時の建築物がほとんど現存しないことにあろうが[8]、建築物の「高さ」を直接的・間接的にうかがわせる文献の記述がないわけではない。現存する史料を使用し、これまでの都城史研究に「高さ」への着目という視点をとりいれることで、中国都城やそこで行われる政治についての新たな像を提示できるのではないか。本章は「高さ」という観点から、引き続き魏晉時代の洛陽城を観察し、当時の政治におけるその効果や都城史上の意義について考察するものである。

第一節　陵雲台とその「高さ」

曹魏が建国される直前において、洛陽はかつての董卓による放火や、その後の戦乱による被害から復興してはおらず、建国の前後からその再建がはかられたようである。曹操が最晩年の建安二五年（二二〇）に後漢洛陽城（雒陽城）北宮跡に建始殿を築き、また曹魏初代皇帝 文帝の黄初二年（二二一）に、同じく後漢洛陽城の北宮部分にて陵雲台が建設されたのを皮切りに、文帝期・明帝期を通じて再建は続けられた。明帝が死去した景初三年（二三九）までには、洛陽城の再建はおおよそ完了したと見られる。この洛陽城は、曹魏の後の西晋でも都城として利用されたが、西晋時代には大規模な建設・改築は行われなかったようである。

こうして曹魏・西晋の都城となった、所謂魏晋洛陽城は完成したのであるが、あらためて「高さ」という観点からこの都城を観察する場合、まずはその宮城部分（後漢洛陽城の北宮部分）の陵雲台に注目せねばならないであろう。さきに述べたようにこれは文帝黄初二年に建設されたものであるが、この配置について塩沢裕仁氏は、鄴の三台の銅雀・氷井二台に比するものといえると主張する。[9]この塩沢氏の主張内容を補足しつつ説明すると次のようになる。

曹操は建安一五年（二一〇）、当時の本拠地であった鄴に銅雀台を建設し、続いて同一八年（二一三）に金虎台を、同一九年（二一四）に氷井台を、それぞれ完成させた。これら三台は鄴城西壁の中央よりやや北寄りの城壁上に建てられ、それぞれの位置関係は、北から氷井台―銅雀台―金虎台という並びとなる。[10]一方の洛陽城の陵雲台については、『太平御覧』巻六八所引『述征記』に、

氷井　凌雲台の北にあり、古旧の蔵氷処なり。

とあり、陵（凌）雲台の北に氷井があったことがうかがえる。また陵雲台の位置については、『太平寰宇記』巻三所引陸機『洛陽記』に、

臨商・陵雲等の八観、宮の西に在り、唯だ絶頂の一観のみ東に在り、是れ号して九観と曰う。

とあって、九観と呼ばれる建築物群のうちの、陵雲台・臨商観などの八観が宮城の西側に並列していたことが知られる。これらの史料から、宮城西側に並立していた陵雲台をはじめとする諸台の中に（陵雲台の

北に）「氷井」があったことは明白であり、[11]また氷井―陵雲台という配置は、三台の氷井台―銅雀台という位置関係に酷似する。つまりは、氷井―陵雲台の配置が、氷井台―銅雀台にならったものである可能性が極めて高くなるのである。

三台の配列・プランが、魏晉洛陽城において氷井―陵雲台という形で再現される一方で、別の箇所でも三台のプランが再現されたとおぼしき例もある。後漢洛陽城と魏晉洛陽城の相違点の一つに北西角の金墉城がある。金墉城は曹魏明帝期に建設されたが、都城の北西部分にこうした建築物を付設するプランも鄴の三台に由来することが、王仲殊・賀業鉅・朱海仁等の諸氏によって指摘されている。[12]

鄴の三台の配置は、魏晉洛陽城において、宮城の陵雲台（八観）、外城の金墉城というように、二重にわたって再現されたのであるが、前者の落成は曹魏文帝黄初二年、後者のそれは明帝期であるから、文帝・明帝のそれぞれが、父・祖父である曹操の都城プランを後漢洛陽城のベースの上に復元しようとした姿勢がうかがえよう。このように、曹魏における洛陽城の再建に際し、鄴の三台のプランが積極的に継承されていたことが、ここまでの論述からうかがえようが、ではそうして完成した洛陽城における、建築物の「高さ」はどれほどのものであったのだろうか（銅雀台の「高さ」は「十丈（約二四メートル）」[13]、金虎台・氷井台の「高さ」は「八丈（約一九メートル）」）。「高さ」が史料に明記されている建築物としてはまず陵雲台があげられるが、これに関しては銭国祥氏の研究が史料を豊富に引用して詳細に論述している。[14]本節では氏の研究の引用史料を活用しつつ、陵雲台の「高さ」とその効果について検討したい。[15]

陵雲台の「高さ」に関しては史料上に諸説見える。以下に数例をあげておこう。

凌雲台、高さ二十三丈（約五五メートル）、之に登りて孟津を見る。（『太平御覧』巻一七七所引楊龍驤（楊佺期）

『洛陽記』

凌雲台、高さ十三丈（約三一メートル）、五龍を鋳、鳳凰を飛ばす。（『編珠』巻二所引『洛陽記』[16]）

陵雲台、明光殿の西に在り、高さ八丈（約一九メートル）。塼を累ねて道と作し、通りて台上に至る……。（『太平御覧』巻一七八所引『述征記』）

「雲をも陵（凌）ぐ台」という陵雲台の名称そのものが、「高さ」への志向を直接的にあらわしてはいるが、[17]具体的な数値に関して史料間でかくも差が出た原因としては、伝写の訛など、様々な可能性が考えられる。建築物としての陵雲台に関しては服部克彦氏の研究に詳しいが、それによれば、曹魏明帝期に陵雲台は補強工事がなされており、またそれによる倒壊などがあったという。[18]もしかしたら前掲の諸史料の相違は、陵雲台の時期ごとの「高さ」の変化をあらわしているのかもしれない。[19]

では、その陵雲台はどのように利用されたのであろうか。例えば『三国志』巻四 魏書三少帝紀 嘉平六年九月条注『魏書』に引用される、司馬師らが郭太后にあてた斉王芳廃位要請の上奏文に、

……（斉王芳）又広望観上に於いて（郭）懐・（袁）信等をして観下に於いて遼東の妖婦を作さしめ、嬉褻すること度を過ぎ、道路の行人 目を掩い、帝 観上に於いて以て讌笑を為す。陵雲台の曲中に於いて帷を施し、九親の婦女を見、帝 宣曲観に臨み、懐・信を呼びて帷に入れて共に飲酒す……。

とあり、皇帝在位時の斉王芳は、広望観・陵雲台・宣曲観において皇帝としてあるまじき行為をしたとされる。[20]もっともこれは芳を廃位するために作られた司馬師らの上奏文であるから、その内容の信憑性・客

観性には疑うべきところもあるのだが、現実に存在している建築物の形状や用途まで偽る必要はなく、陵雲台などの用途確認の史料としてはひとまず信用できよう。また『晉書』巻二 文帝紀 曹魏景元元年五月条に、高貴郷公の司馬昭に対するクーデター時のこととして、

五月戊子夜、冗従僕射李昭等をして甲を陵雲台に発せしめ、侍中王沈・散騎常侍王業・尚書王経を召し、懐中の黄素詔を出して之に示し、戒厳して旦を俟つ。

とあり、クーデターに先立って、高貴郷公は陵雲台にて「甲」を発したとされる。[21] 同じく『晉書』巻五九 汝南王亮伝には、

太妃嘗て小疾有り、洛水に祓し、亮兄弟三人侍従し、並びに節を持し鼓吹し、洛浜を震耀す。武帝 陵雲台に登り、望見して曰く、「伏妃富貴と謂うべし」と。

とあり、汝南王亮の母（伏太妃）が病に罹患し、洛水にてその恢復のための祓が行われた際、武帝（司馬炎）は陵雲台に登り、これを望見している。さらに巻四四 華表伝附華廙伝には、

帝後に又陵雲台に登り、廙の苜蓿園を望見するに、陌阡甚だ整い、依然として旧を感ず。

とあり、ここでも武帝は陵雲台に登って華廙のいる苜蓿園を望見している。[22] 以上の諸史料から分かること

は、主として皇帝が陵雲台に登ったこと、そしてそこから皇帝が外界を望見したことである。

　ここで陵雲台の「高さ」に話を戻そう。「高さ」に関していうならば、陵雲台の「高さ」をはるかに凌ぐ北魏洛陽城永寧寺塔に、当時の胡太后や孝明帝が登ったとする史料もあり[23]、日常的に昇降する「高さ」としては、最高の「二十三丈」でも非現実的というわけではない。また前掲『晉書』汝南王亮伝には、武帝が洛水沿岸を望見する様が描かれているが、洛水と洛陽宮城の間に、洛陽城の城壁（南壁）が立ちはだかっていたことを考慮すると、陵雲台には城壁の「高さ」をこえて洛水沿岸が望める程の「高さ」がなければならないこととなる[24]。とすれば「二十三丈」の説も、あながち誇張ではなかったかもしれず、またこの「高さ」によって、皇帝たちは城壁内にとどまらず、城壁の外まで直接見渡す手段を手に入れたのである[25]。

第二節　高層建築の「高さ」と政治の関係

　陵雲台の用途に関しては、現存する史料から確認する限りでは、皇帝がその上に登り、望見するといったものが非常に多いことがわかり、陵雲台が当初より皇帝の専有物として建設されたと判断される[26]。陵雲台や、その「高さ」の持つ意義が、当時の皇帝と密接に結びついていたこともあわせて想像されよう。仮に魏晉の皇帝が「高さ」に執着し、それが陵雲台などの高層建築として具現化したとするならば、彼らが「高さ」に期待した効果とはいったい何であったのだろうか。その疑問を解決するため、本節では高層建築の用途やそれと政治の関係に目を転じることとしたい。

陵雲台のモデルとなった銅雀台の「高さ」が「十丈」であり、金虎台・氷井台の「高さ」が「八丈」であったことは既述したが、銅雀台をはじめとする曹魏鄴城の三台について、『河朔訪古記』巻中所引『鄴中記』に、

三台崇挙にして、其の高きこと山の若しと云う。

とあるように、当時の三台程度の「高さ」でも、少なくとも『鄴中記』の著者にとっては「其の高きこと山の若し」と感嘆するほどの「高さ」と認識されていたのである。仮に陵雲台が「二十三丈」もの「高さ」を備えていたとした場合、それは当時の人々に強烈なインパクトを与えたことであろう。日常的に高層建築に見慣れている現代の我々とは異なり、そうした建築物の少なかった当時の中国の人々にとっては、陵雲台の「高さ」は荘厳に見えたと思われる[27]。

魏晉洛陽城においては、史料上に明確に「高さ」が記載されている建築物は、前節でとりあげた陵雲台や、金墉城北東角の百尺楼[28]、また『芸文類聚』巻六三所引陸機『洛陽地記』に、

宮中に臨高（商?）・陵雲・宣曲・広望・閬風・万世・修齢・総章・聴訟の凡そ九観有り、皆な高さ十六七丈、雲母を以て窓裏に著け、日 之を曜かせ、煒煒として光輝有り。

とあるような、「高さ」が「十六七丈（約三九〜四一メートル）」であった前述の九観などがある。しかし特に九観のうちの陵雲台の「高さ」に関していえば、その「高さ」には変動があったであろうし、また総章

観の「高さ」については別史料に「十余丈」とある。[29]『洛陽地記』の数字は九観のおおよその平均値を示したものであろうか。『洛陽地記』は九観それぞれの名称をも伝えており、その中には前掲『三国志』三少帝紀注所引『魏書』にも登場した広望観・宣曲観なども含まれている。

九観それぞれの「高さ」が平均「十六七丈」であり、うち八観が宮城西側にて南北方向に列置されていたことはここまでに引用した諸史料から分かろうが、鄴の銅雀台の「十丈」で「其の高きこと山の若し」と認識されるほどの、当時の「高さ」をめぐる価値観からいうならば、平均「十六七丈」の（しかも雲母が窓につけられている）諸観が宮城内を南北方向に立ち並ぶ風景は、人々の目に異様に映ったであろうし、それらを所有する皇帝に対する畏怖心を植え付けたと考えられる。

ところで、これらの諸観はそれぞれどのように使用されたのであろうか。ここで九観のうちの、既に言及した陵雲台・広望観・宣曲観を除くいくつかの高層建築の用途に触れておこう。

九観の一つである臨商観について、『太平御覧』巻一九一所引『洛陽記』に、

按ずるに金市　臨商観の西に在り。兌　金為り、故に金市と曰う。馬市　東に在り、旧くは丞を焉に置く。

とあり、金市は臨商観の西にあったとされる。文中の「兌」とは易の八卦の一つであり、金行（秋・西方など）に配されるものであるから、宮城の西に所在する市ということで、金市と名づけられたという。臨商観は前述の通り、宮城の西側にて陵雲台等の七観と並列していたから、これは金市と宮城とが隣接していたことを意味するであろう。[30]換言すれば金市に隣接する宮城西側に臨商観があったことになる。とすれば、この臨商観の役割は、金市を上方から監視することにあったのではないか。[31]漢代の市において、商業

活動を監視・監督する高層の亭（旗亭）が置かれたことが、画像磚などから確認できることは周知のことであるが、[32]あるいはこの臨商観（及び金市との位置関係）は、そうした市における亭の機能をもった建築物が、この時代では宮城に建設されたことを意味するのではないか。臨商観における金市の監督役を誰が担っていたかは、史料に記されていないため、遺憾ながら不明である。

また聴訟観も見逃せない。曹魏太和三年（二二九）一〇月、明帝は芳林園（後に華林園と改称）内の平望観を聴訟観と改称した後、本来廷尉が担当していた司法の職権をとりあげ、ここにおいて自ら大獄を裁決するようになった。[33]辻正博氏は聴訟観（平望観）を「がんらい宮城から周囲を見晴るかすために造られた高層の建物」とした上で、「（西晉）武帝時代、とりわけ、彼が政治に熱心であった泰始年間についていえば、聴訟観で録囚を行なった例が目立って多い。空高く聳える聴訟観から囚人に放免を知らせるさまは、魏の聴訟と同様に、やはり皇帝大権の偉大さを人々に強く印象づけたに違いない」と主張する。[34]辻氏が主張するように、聴訟観で行われた聴訟・録囚には、舞台である聴訟観の「高さ」もあり、それをつかさどる皇帝の権力を誇示する目的があったと考えられる。

聴訟観と同様の要素を有していた（と思われる）建築物は、宮城（及び華林園）内の九観のみにとどまらない。この他に宣武観があげられる。『太平寰宇記』巻三所引『晉宮闕簿』に、

宣武観、大夏門内東北上に在り、故に南のかた天淵池を望み、北のかた宣武場を矚すと云う。[35]

とある。これによれば、宣武観は洛陽城北壁の大夏門（内？）にあったとされるが、その大夏門については、『文選』巻二六 潘安仁『河陽県作二首』李善注所引陸機『洛陽記』に、

大夏門、魏明帝の造る所なり。三層有り、高さ百尺。

とあって、門に「高さ」が「百尺（十丈）」の三層楼があったとされる。この三層楼が、宣武観を指すのかは定かではないが、宣武観が高所から宣武場を見下ろすための、大夏門附近の建造物であったことは疑いない（また『洛陽記』によれば、大夏門の三層楼は曹魏の明帝によって建設されたことが分かる）。宣武観とは皇帝の宣武場における閲兵のための施設であり、恐らく皇帝がこれに登り、観上から宣武場を見下ろす形で閲兵が行われたのであろう。宣武場における閲兵は、聴訟観の録囚と同様に、特に西晋武帝期に頻繁に実施された[36]。閲兵には無論参加した将兵に皇帝の姿を見せることが一つの目的としてあったであろう。

この他、洛陽城内の高層建築に直接関わるものではないが、『三国志』巻二五 魏書辛毗伝に次のようなエピソードがある。

帝（明帝）又北芒を平らかにし、其の上に於いて台観を作らしめ、則ち孟津を見んと欲す。毗諫めて曰く、「天地の性、高きを高しとし下《ひく》きを下しとす。今にして之に反するは、既に其の理に非ず、加うるに人功を損費するを以て、民 役に堪えず。且つ若し九河盈溢して、洪水 害を為し、而して丘陵皆な夷らかなれば、将に何を以てか之を禦がんとす」と。帝乃ち止む。

曹魏明帝は洛陽城北郊の芒山（北芒・邙山）を平らにならし、黄河の孟津を眺められるように、台観を築こうとしたのである。辛毗の諫言にあって実現はしなかったものの、このエピソードは、明帝の、台観の「高さ」とそこから孟津を眺めるという行為に対する執着ぶりを示していよう。

ここまで魏晉洛陽城の高層建築の用途や機能を中心に見てきたが、以上の高層建築の用途に関しては二種類に区分できるように思われる。第一に、皇帝が「見る」ことへの執着の反映である。陵雲台の用途は、そこに登っての望遠というように、皇帝が「見る」という点に重点が置かれたのであり、また明帝は芒山を平地にして台観を築き、その上から孟津を眺めようとしたのである。この他臨商観なども、金市を「見る」という用途のために作られた点では、（それを行ったのが皇帝であったかどうかは不明ではあるが）陵雲台と共通するといえ、九観の中からは、他に広望観・平望観（後の聴訟観）のように、「見る」ことを目的としたと思われるものが確認される。第二には皇帝が「見られる」ことへの期待である。[37]聴訟観・宣武観などの諸観は、「見る」点に加え、「見られる」要素が加わった建築物であった。これらに関しては、聴訟観についての辻氏の指摘からうかがえるように、「高さ」を備えたそれぞれの建築物において閲兵・録囚などを行うことを通じて、皇帝の万能性を最大限にアピールする狙いがあったのではないか。

魏晉洛陽城の高層建築やそれをめぐる諸要素は、そのほとんどが皇帝に直結している。これは力のある、特定の朝臣による演出の結果という可能性もあろうが、皇帝個人が自らのために作り上げ、利用したと考えた方がよさそうである。特にここまでに度々とりあげた曹魏明帝は、都城建設や皇帝専制の強化で有名な皇帝であり、近年この皇帝についての研究が盛んに行われている。[38]また同じくここまでに数回登場した西晉武帝も、即位当初は年長の宗室が朝廷内外に数多く存在していたため、早い段階から自らの専制化を目論んでいたことが、安田二郎氏によって指摘されている。[39]そして曹魏明帝・西晉武帝はともに、闕・公車府を通じて上呈された膨大な上書を自ら決裁したともいわれている。[40]曹魏明帝が廷尉の司法権限をとりあげ、聴訟観での録囚を行ったことが直接的にあらわしているように、魏晉洛陽城の高層建築やその用途が、専制化を目論む彼ら皇帝たちの志向の反映されたものであった可能性は非常に高い。

しかしながら、魏晉の皇帝たちはなぜ「広さ」や「大きさ」ではなく、「高さ」にこだわったのかという疑問が残る。魏晉洛陽城に集中的な修築を加え、完成させたのは前述の通り曹魏明帝であるが、その修築の際には、高堂隆などの朝臣からの諫言・批判が続出した。結果として完成した洛陽宮城は、面積的には後漢洛陽城の北宮部分に限られたのであり、南宮部分が宮城として利用されることは遂になかった。[41]それには蜀漢・孫呉との戦争から国力を都城建設に集中できなかったという要因も作用している。少なくとも都城・宮城を面積的に拡大し、「広さ」・「大きさ」に「見られる」効果を体現できなかったのには、そうした理由があろう。要は莫大なコストがかかるためである。

「広さ」・「大きさ」を実現できなかった皇帝たちの意志が具体的に「高さ」に向かった理由の一つには、恐らく前漢武帝への憧憬や神仙思想がある。佐川英治氏によれば、明帝の宮殿造営には前漢の長安への傾斜が見られるという。[42]前漢長安城の、特に西郊では、『史記』巻二八　封禅書に、

> 是に於いて建章宮を作り、度は千門万戸為り。前殿の度は未央より高し、其の東は則ち鳳闕たり、高さ二十余丈。……其の北　大池を治め、漸台高さ二十余丈、命じて太液池と曰い、中に蓬莱・方丈・瀛洲・壺梁有り、海中の神山亀魚の属を象る。……乃ち神明台・井幹楼を立て、度は五十丈、輦道もて相属す。

とあるように、蓬莱・方丈・瀛洲・壺梁といった神仙の住まう山（島）が中にある太液池や、鳳闕・漸台・神明台・井幹楼などの高層建築が立ち並ぶ建章宮があり、中でも神明台・井幹楼の「高さ」は「五十丈（約一一六メートル）」に達していた。[43]明帝が宮殿造営にあたりこの長安城を強く意識していた例として、（恐ら

くは神明台上の）承露盤の洛陽への運搬があげられる。この承露盤は運搬の途中で折れてしまい、それを洛陽に移すことはかなわなかったのであるが、その代わりとして『芸文類聚』巻九八所引曹植『露盤頌』に、

明帝 承露盤を鋳る。茎長十二丈、大いさ十囲、上盤は径四尺、下盤は茎五尺あり。銅龍 其の根を繞り、龍身の長一丈、背に両子を負う。

とあるように、「十二丈（約二九メートル）」の「高さ」の承露盤を新たに鋳造したらしい。[44] 承露盤をめぐる明帝の一連の行為からは、建章宮やそれを建設した前漢武帝への憧憬を直接的に看取することができる。一方で明帝やその父文帝は、前述の通り曹操が建設した鄴の三台のプランを、九観（八観）の建設という形で洛陽城にて再現していた。[45] とすれば、魏晋洛陽城とは、後漢洛陽城の遺構を基礎として、前漢長安城建章宮や曹魏鄴城のプランを、積極的に取り入れて建設された都城と見ることができ、[46] そこにおける建築物の「高さ」は、皇帝の「見る」・「見られる」ことへの欲求と相俟って発生した特徴と考えられるのである。

むすびにかえて

魏晋洛陽城高層建築の源流は二つある。第一に、専制化を目指した皇帝たちの、「見る」・「見られる」

ことへの欲求であり、第二には、前漢長安城建章宮や曹魏鄴城の各高層建築である。政治史における前者と、都城史における後者とが、後漢洛陽城を土台として結びつき、群臣の諫言や蜀漢・孫呉との戦争という形の、「広さ」・「大きさ」に対する制約を受けつつ誕生したのが、九観に代表される魏晋洛陽城の高層建築であった、というのが本章の一応の結論である。なお本章ではここまで専ら高層建築に着目してきたが、「見る」・「見られる」要素にあらわれている皇帝の専制化という傾向を踏まえ、あらためて魏晋洛陽城全体を観察すると、その本質が見えてくる。

例えば渡辺信一郎氏は、魏晋期における朝政について、宮城内の朝堂を「貴族の集団的結集の場」と位置づけた上で、「魏晋期の朝政構造にあっては、太極前殿・東堂・西堂と朝堂とは、それぞれの皇帝の聴政機構と高級官僚・貴族の集団的議政機構であり、相対的な独自性をもっていた。……太極前殿・東堂・西堂と朝堂との関係、換言すれば国家意志決定における皇帝と貴族の関係は、皇帝─太極前殿・東堂・西堂に最終的な重心があるとはいえ、相対的な独自性をもつ二つのモメントの相互関係に構造化されていたのである」と主張する。[47] 氏の所説は洛陽城再建やそこにおける政治運営の結果としてそうなったと解釈するならば納得はいくが、それが当初からの目的であったと仮定すると疑問が生ずる。渡辺氏はこれに先だって後漢洛陽城の政治空間に言及しているが、そこでは宮城内（内朝）の朝堂（公卿議）と宮城外（外朝）の司徒府百官朝会殿（百官議）という二つの中心があったとし、さらに各々の議場で行われた会議について、「意志決定は究極的には皇帝の独裁である」と主張した。[48] 氏は漢と魏晋の都城構造と議政形態の相違を、漢＝皇帝独裁、魏晋＝貴族制という構図に当てはめて解釈しているように思われるが、そうした構図を取り外してこの相違を観察すると、議政の中心が内朝と外朝に二分され、外朝での会議の際には自らそこに赴かなければならなかった漢代の皇帝の方が、自らの居住する宮城内の太極殿─朝堂に朝政の場を一本化した魏晋の皇帝よりも、権力行使には不便であったように見える。太極殿―朝堂への一本化が魏晋の皇帝の意志によるものであったとするならば、専制・独裁や自己の権力貫徹への欲求は、漢の皇帝よりも魏晋の皇帝の方が強かったこととなる。[49]

所謂貴族制の形成されつつあった魏晋時代における皇帝が、自らの権力の強化や専制化を目論んだ場合、当然人事権行使や政治制度改革によってそれを果たそうとすることがまずは考えられ、議政空間の一本化はそうした試みの一つであったのかもしれない。しかしその結果として貴族側が朝堂にてその独自性を発揮することとなったのであり、皇帝たちの試みは必ずしも狙い通りに成功したわけではなく、むしろ貴族側に利するケースもあったのである。このように、専制化が容易に（ないしは短期間に）達成されず、また彼ら自身がそう判断せざるをえなくなった際に、着手するべき次善の施策（あるいは専制化がうまくいかなかった場合を想定しての保険的施策）とは、さしあたっては視覚面での専制化であったのではないか。その一例として服制改革があげられる。緒言でも紹介したように曹魏・西晋において、「公」の位にある高官（「位公者」）と自らがともに袞服を着用し、地位の差を明らかにできないことを嫌った皇帝により、「位公者」に侍中・散騎常侍等の「侍官」が加官されたことが、閻歩克氏によって指摘されている。[50] 閻氏によれば、魏晋において朝臣は本官ではなく加官の冠服を着用し、また「侍官」は本来皇帝の側近の官であり、武冠を着用していたという。つまり魏晋の皇帝は、「位公者」に「侍官」を加官し、「侍官」の冠服を着用させることで、大臣級の高官までもが皇帝とは本質的に異なること、彼らが皇帝の側近に過ぎないことを視覚的に表現しようとしたのである。さらに曹魏明帝の宮殿造営には、王朝・皇帝の威信を目に見える形で表現する意図があったことが、福原啓郎氏によって指摘されている。[51] そして本章で論じたような魏晋皇帝の「高さ」への執着も、同様の観点から解釈できないだろうか。それまで廷尉の管轄であった録囚・聴訟の権限を取り上げ、「高さ」を備えた聴訟観にて皇帝自らが行い、「見られる」要素を利用することでその権力を誇示するなどといったことには、服制改革と同様の背景があったことをうかがわせる。またこれとは逆に、皇帝たちは自らが「見る」ことにも熱心であり、城外が見渡せるほどの「高さ」を備えた陵雲台の建設や、曹魏明帝が芒山を平地化し、台観を建ててまで、孟津を見ようとしたことは、そうした欲求のあらわれであろう。「見る」ことの意味・目的は、より広く、遠くを見渡す手段の確保・独占であったかもしれず、また市の監視のための高層建築を宮城内に建設したことは、そうした政治上の機能をも、皇帝の目の届く範囲に配置しようとする心理のあらわれであると解釈することができ、それも彼らなりの「専制化」の一環であったのであろう。そうした営為は、日常的なものであったかは不明であるが、北魏時代にも同様に行われたらしい。孝明帝・胡太后が永寧寺塔に登ったことは前述の通りであるが、それを伝える『洛陽伽藍記』巻一　永寧寺に、

明帝　太后と共に之に登る。宮内を視ること掌中の如く、京師に臨むこと家庭の若し。其の目　宮中を見るを以て、人に禁じて升るを聴さず。

とある。[52]

総じていえば、魏晋洛陽城は、それ自体が魏晋皇帝の専制化への欲求を、直接的に反映する都城であった。緒言にて述べたように、本書では皇帝たちのこうした試みから生まれる要素を彼らの権威と解釈しておくが、西晋時代において、こうした権威や、彼らの権力が、以後政治においてどのような役割を担うに至ったか。その解明は、次章からの課題となる。

1代表的な研究としては、渡辺信一郎『天空の玉座 中国古代帝国の朝政と儀礼』（柏書房、一九九五年）、「宮闕と園林――三～六世紀における皇帝権力の空間構成――」（『考古学研究』四七―二、二〇〇〇年、同氏著『中国古代の王権と天下秩序――日中比較史の視点から』、校倉書房、二〇〇三年、一四六～一八〇頁）、吉田歓『日中宮城の比較研究』（吉川弘文館、二〇〇二年）、佐川英治『中国古代都城の設計と思想 円丘祭祀の歴史的展開』（勉誠出版、二〇一六年）など。この他都城周辺の水利などに注目した研究として、塩沢裕仁『千年帝都洛陽 その遺跡と人文・自然環境』（雄山閣、二〇一〇年）、「漢魏洛陽城穀水水文考」（『東洋史研究』七一―二、二〇一二年）、『後漢魏晋南北朝都城境域研究』（雄山閣、二〇一三年）がある。

2早島大祐『室町幕府論』（講談社、二〇一〇年）参照。

3海野聡「『楼』建築の『見られる』『登れる』要素――奈良時代における重層建築に関する考察（その一）――」（『日本建築学会計画系論文集』七六、二〇一一年）参照。

4向井佑介「仏塔の中国的変容」（『東方学報』京都八八、二〇一三年）参照。

5大澤昭彦『高層建築物の世界史』（講談社、二〇一五年）参照。

6大澤昭彦『高層建築物の世界史』（前掲）七頁参照。

7この他、例えば中国文学研究の分野では「高さ」と詩の関係がしばしば論じられた（登高詩）。松田稔「唐の登高詩起源考」（『漢文学会会報』二一、一九七五年）、佐藤保「高楼のうた――詩的イメージとしての楼 唐以前の場合――」（『東方学』五八、一九七九年）、ジャン‐ピエール・ディエニィ（興膳宏訳）「清台に登りて以て志を蕩う――

曹植を読む――」（興膳宏・川合康三『鑑賞中国の古典 文選』、角川書店、一九八八年、三九八～四一四頁）、宇野直人「登高詩の変遷 その一――『詩経』と『楚辞』――」（同氏著『中国古典詩歌の手法と言語 柳永を中心として』、研文出版、一九九一年、三六六～三九一頁）、「登高詩の変遷 その二――「古詩十九首」から王粲まで――」（前掲『中国古典詩歌の手法と言語』三九二～四二四頁）、加藤敏「詩語としての『登高』」（『千葉大学教育学部研究紀要Ⅱ人文・社会科学編』四六、一九九八年）、森田浩一「銅雀台――高台悲風多し」（『甲南女子大学研究紀要 文学・文化編』三八、二〇〇二年）、孫久富「漢賦の『都城・宮殿賛美』と長歌の『国見・国褒め』比較研究」（『相愛大学研究論集』二〇、二〇〇四年）など。

8ただし、先秦・秦漢の都城において、その宮殿区が都城内の他の区域より（若干）高いということは、既に考古学方面からの指摘がある。石璋如『小屯第一本 遺址的発現与発掘乙編 殷墟建築遺存』（中央研究院歴史語言研究所、一九五九年）第一章三～四頁、中国社会科学院考古研究所編著『中国考古学 秦漢巻』（中国社会科学出版社、二〇一〇年）五二頁などを参照。なおこれは鈴木舞氏のご教示によるものである。謹んで感謝申し上げたい。

9塩沢裕仁「漢魏洛陽の変遷と金墉城――建康との比較において」（前掲『後漢魏晋南北朝都城境域研究』一五一～一六三頁）参照。

10曹魏鄴城の研究史については、塩沢裕仁「鄴城が有する都市空間」（前掲『後漢魏晋南北朝都城境域研究』二〇九～二二五八頁）参照。

11銭国祥「漢魏洛陽故城円形建築遺址殿名考辨」（『中原文物』一九九八―一、杜金鵬・銭国祥主編『漢魏洛陽城遺址研究』、科学出版社、二〇〇七年、二八六～二九五頁）は、一九六五年に漢魏洛陽城宮城遺址内の「羊塚」で発見された円形建築遺址を「氷井」に比定している。

12王仲殊「中国古代都城概説」（『考古』一九八二―五）、賀業鉅『中国古代城市規劃史』（中国建築工業出版社、一九九九六年）四五一頁、朱海仁「略論曹魏鄴城、北魏洛陽城、東魏北斉鄴南城平面布局的幾個特点」（蕭亢達主編『広州文物考古集』、文物出版社、一九九五年、前掲『漢魏洛陽城遺址研究』三一六〜三四二頁）参照。

13長さのメートル法換算にあたっては丘光明編著『中国歴代度量衡考』（科学出版社、一九九二年）五四〜五五、六八〜六九頁を参照した。以下も同じである。

14銭国祥「漢魏洛陽故城円形建築遺址殿名考辨」（前掲）、「魏晉洛陽都城対東晉南朝建康都城的影響」（『考古学集刊』一八、二〇一〇年）参照。

15史料検索にあたっては、この他に中村圭爾編『魏晉南北朝都城史料輯佚』（大阪市立大学都市文化研究センター、二〇〇四年）を参照した。

16『世説新語』巧芸篇注所引『洛陽宮殿簿』もこれと似た数値を示す。「陵雲台、上壁方十三丈、高九尺（顧炎武『歴代宅京記』はこれを「九丈」の誤りと疑う）。楼方四丈、高五丈。棟去地十三丈五尺七寸五分也」。

17川合康三「阮籍の飛翔」（『中国文学報』二九、一九七八年）参照。

18服部克彦『続 北魏洛陽の社会と文化』（ミネルヴァ書房、一九六八年）八〜一一頁参照。

19例えば三例目の『述征記』に関しては、東晉劉裕（後の劉宋武帝）の北伐の従軍紀行文であり、このとき残っていた陵雲台の遺構の「高さ」が「八丈」という意味か。

20引用した上奏文中の「宣曲觀」について、『三国志』標点本は専名線を引いておらず、固有名詞と認識していないようであるが、宣曲観は後掲の『芸文類聚』巻六三注所引陸機『洛陽地記』にもあるとおり、九観の一つである。

21塩沢裕仁「漢魏洛陽の変遷と金墉城」（前掲）はこの記述から、陵雲台に軍事的機能があったとする。

22魏晉洛陽城における苜蓿園の位置は不明であるが、『洛陽伽藍記』巻五 禅虚寺に、「中朝時、宣武場在大夏門内東北、今為光風園、苜蓿生焉」とあり、北魏洛陽城宣武観附近の光風園では苜蓿が生えたというから、ここを「苜蓿園」と呼んでいた可能性がある。

23『魏書』巻六七 崔光伝、『洛陽伽藍記』巻一永寧寺参照。なお永寧寺塔の「高さ」に関しては、『魏書』巻一一四 釈老志の「四十余丈（約一一八メートル以上。ここでは後尺で換算した。以下同じ）」から、『続高僧伝』巻一・『釈教録』巻六の「九十余丈（約二六六メートル以上）」に至るまで諸説あるが（楊勇『洛陽伽藍記校箋』、正文書局、一九八二年、一九頁参照）、最低の「四十余丈」をとっても魏晋の陵雲台よりはるかに高い。楊鴻勛「関于北魏洛陽永寧寺塔復原草図的説明」（『文物』一九九二―九、前掲『漢魏洛陽城遺址研究』二〇三～二一〇頁）は、「四十九丈」（『水経注』巻一六 穀水）の説をとる。

24『洛陽伽藍記』巻一 瑶光寺に、「千秋門内道北有西游園、園中有凌雲台、即是魏文帝所築者。台上有八角井、高祖於井造涼風観、登之遠望、目極洛川」とあり、北魏洛陽城の陵（凌）雲台からでも、洛川（洛水）が直接眺められたとする。

25漢魏洛陽故城からの可視領域についての研究として、茶谷満「後漢洛陽城の可視領域と皇帝陵との空間関係――洛陽都城圏の様相に関する基礎的考察――」（『年報人類学研究』三、二〇一三年）がある。これによれば漢魏洛陽故城からは、洛水（洛河）を含む洛陽盆地一帯を見渡すことができたという（同論文図八）。氏は調査・考察にあたって「CORONA 衛星画像と Google Earth を併用して、墳丘墓の位置および城壁の形状等を確認した」とするが、恐らく城壁や洛陽城内建造物の「高さ」までは考慮されておらず、漢魏洛陽故城の標高地点からの可視領域計測であったと考えられるため、例えば陵雲台からの可視領域は氏の考察結果よりはやや広くなろう。なお、前掲楊佺期『洛陽記』には「之に登りて孟津を見る」とあるが、塩沢裕仁『千年帝都洛陽』（前掲）によれば、邙山（芒山）の相対高度は五〇～一八〇メートルであるといい（三八頁）、陵雲台の「高さ」が「二十三丈」であったとしても、その頂上から邙山越しに孟津が見えたとは考えにくい。本章では「高さ」の判断に際して、孟津が見えたとするこの記述は、ひとまずはとらないでおきたい。

26『世説新語』規箴篇に、「晉武帝既不悟太子之愚、必有伝後意。諸名臣亦多献直言。帝嘗在陵雲台上坐、衛瓘在側、欲申其懐、因如酔跪帝前、以手撫牀曰、『此坐可惜』。帝雖悟、因笑曰、『公酔邪』」とあるが、このエピソードからは、陵雲台が皇帝・朝臣の宴会場として使用されたことと、台上に皇帝専用の「坐」があったことがうかがえる。

27高層建築の「高さ」が前近代の人々と現代の我々のそれぞれに与えるインパクトの差については、早島大祐『室町幕府論』(前掲)六頁を参照。

28銭国祥「漢魏洛陽城金墉城形制布局研究」(『新世紀的中国考古学――王仲殊先生八十華誕紀念論文集』、科学出版社、二〇〇五年、五九八〜六〇六頁、前掲『漢魏洛陽城遺址研究』四六〇〜四六七頁)参照。

29『三国志』巻三 魏書明帝紀 青龍三年三月条によれば、この年に総章観が建設されたといい、また注に引く『魏書』によれば、総章観の「高さ」は「十余丈」であったとされる。なお総章観については、この他『太平御覧』巻一八四に引く『洛陽宮殿簿』に、「太極殿前南行仰閣三百二十八間、南上総章観閣十三間」とあり、太極殿の南にあったとされ、銭国祥「由閶闔門談漢魏洛陽城宮城形態」(『考古』二〇〇三—七、前掲『漢魏洛陽城遺址研究』四一二〜四二五頁)もこれに基づき、魏晉洛陽城復元図において太極殿の南に総章観を配置している。

30従来、金市の位置は後漢・魏晉の各洛陽城ともに西側城壁沿い、閶闔門(後漢の上西門)・西明門(後漢の雍門)の間の区画に所在すると考えられてきたが(前掲銭国祥「由閶闔門談漢魏洛陽城宮城形態」など)、これは後漢洛陽城北宮が現在の宮城遺址よりも東西幅が広く、北宮と西側城壁の間に金市があり、それを魏晉洛陽城の金市が継承したと考えられていたためである。しかし二〇一一年に行われた宮城南西部壁の断割(トレンチ)調査の報告である「河南洛陽市漢魏故城魏晉時期宮城西墻与河渠遺跡」(『考古』二〇一三—五)によれば、魏晉期の宮城西壁の外側に漢〜晉代の河渠遺跡が見つかったというから、後漢洛陽城の北宮(魏晉洛陽城の宮城)は現在の宮城遺址とほぼ同じ面積であり、したがって後漢以来、金市は北宮（宮城）に隣接して存在していたと考えられる。ちなみに銭国祥「漢魏洛陽城金墉城形制布局研究」（前掲）は、『水経注』穀水所引『洛陽記』に「陵雲台西有金市、金市北対洛陽壘」とあることから、金市の位置・範囲を本章後掲図八のように変更している。

31 加藤敏「詩語としての『登高』」（前掲）は、唐詩中の「登臨」について、高所に登り、低所を眺めわたすことをいい、「登高」にさらに眺望することを付加した語彙と考えられると主張する。

32 渡部武「漢代の画像に見える市」（『東海史学』一八、一九八三年）、越智重明「漢時代の市をめぐって」（『史淵』一二三、一九八六年）、李祖徳（林英樹訳）「漢代の市」（五井直弘編『中国の古代都市』、汲古書院、一九九五年、二二三～二四三頁）、堀敏一「中国古代の市」（同氏著『中国古代の家と集落』、汲古書院、一九九六年、二〇九～二五二頁）、佐原康夫「漢代の市」（同氏著『漢代都市機構の研究』、汲古書院、二〇〇二年、二八一～三二三頁）等を参照。ちなみに魏晉洛陽城東郊には旗亭があったらしいが（『洛陽伽藍記』巻二 龍華寺）、金市における旗亭の存在は、現存する史料からは確認できない。

33 聴訟観・華林園における皇帝による裁判は、その後の諸王朝にも受け継がれることとなった。渡辺信一郎「宮闕と園林」（前掲）、戸川貴行「東晋南朝の建康における華林園について」（『東洋文化研究』一五、二〇一三年、同氏著『東晋南朝における伝統の創造』、汲古書院、二〇一五年、九一～一一三頁）参照。

34 辻正博「魏晉南北朝時代の聴訟と録囚」（『法制史研究』五五、二〇〇五年）参照。なお『元河南志』巻二に引く陸機『洛陽記』に「八観在宮之西、惟聴訟一観在東」とあり、九観のうち唯一宮城の東にあったのは聴訟観であったことが分かる。

35 テキストは王文楚点校『太平寰宇記』（中華書局、二〇〇七年）によった。

36 『晉書』巻三 武帝紀によれば、武帝は泰始九年（二七三）一一月、一〇年（二七四）一一月、咸寧元年（二七五）

一一月、三年（二七七）一一月、太康四年（二八三）一二月、六年（二八五）一二月に宣武観で閲兵を行ったという。

37海野聡『『楼』建築の『見られる』『登れる』要素」（前掲）参照。

38福原啓郎「三国魏の明帝——奢靡の皇帝の実像」（『古代文化』五二—八、二〇〇〇年、同氏著『魏晋政治社会史研究』、京都大学学術出版会、二〇一二年、五五〜七二頁（第二章 曹魏の明帝——奢靡の皇帝の実像——））参照。以後の研究としては、安田二郎「曹魏明帝の『宮室修治』をめぐって」（『東方学』一一一、二〇〇六年）、津田資久「符瑞『張掖郡玄石図』の出現と司馬懿の政治的立場」（『九州大学東洋史論集』三五、二〇〇七年）、大原信正「曹魏明帝政権史研究序説」（『中央大学アジア史研究』三四、二〇一〇年）、王惟貞『魏明帝曹叡之朝政研究』（花木蘭文化出版社、二〇一〇年）、佐川英治「『奢靡』と『狂直』——洛陽建設をめぐる魏の明帝と高堂隆——」（『中国文史論叢』六、二〇一〇年、前掲『中国古代都城の設計と思想』七一〜一〇六頁）、落合悠紀「曹魏明帝による宗室重視政策の実態」（『東方学』一二六、二〇一三年）などがある。

39安田二郎「西晋武帝好色攷」（同氏著『六朝政治史の研究』、京都大学学術出版会、二〇〇三年、四三〜一六一頁）参照。

40渡辺信一郎「宮闕と園林」（前掲）参照。また曹魏明帝と西晋武帝の類似性に関しては、福原啓郎「曹魏の明帝」（前掲）でも指摘されている。

41本書第一章「魏晋洛陽城研究序説」・第二章「魏晋洛陽城研究序説補遺」参照。

42佐川英治「『奢靡』と『狂直』」（前掲）参照。佐川氏は特に、青龍二年（二三四）に後漢最後の皇帝であった山陽公劉協が亡くなり、後漢皇帝の末路を目の当たりにし、新しい皇帝像を模索する必要に迫られ、さらに五丈原での諸葛亮の病死によって、対外戦争において守勢から攻勢に転ずる契機をつかんだ明帝の心をとらえたのが、前漢武帝に代表される強い皇帝への憧憬とそれに結びついた長安への傾倒であったとする。

43大室幹雄『劇場都市　古代中国の世界像』（三省堂、一九八一年）二八六～二九一頁参照。

44向井佑介「仏塔の中国的変容」（前掲）参照。

45福原啓郎「曹魏の明帝」（前掲）は、特に明帝の、祖父曹操に対する憧憬について、「こうした明帝の王朝の建設に対する意欲の底には、自身が帝室の直系であることの自負、個人的な父祖に対する思い、とりわけ祖父曹操に対する敬愛が窺われる」と主張する。明帝は前漢武帝への憧憬と同様に、強い帝王の理想像として、祖父曹操を目指していたのかもしれない。

46そもそも鄴の三台にしてからが、前漢建章宮をモデルにして建設されたと見られるふしもある。『三輔黄図』巻二に、「古歌云、『長安城西有双闕、上有双銅雀、一鳴五穀生、再鳴五穀熟』。按銅雀、即銅鳳凰也」とあり、長安城の西（建章宮内？）には上に銅雀（銅鳳凰）を乗せた双闕があったという（吉川忠夫『侯景の乱始末記　南朝貴族社会の命運』、中央公論社、一九七四年、九八頁参照）。鄴の三台の中にも銅雀台があり、しかも三台は鄴城の西に位置する。

47渡辺信一郎『天空の玉座』（前掲）七一頁参照。

48渡辺信一郎『天空の玉座』（前掲）三〇～三四、五八～六四頁参照。

49近年は安田二郎「曹魏明帝の『宮室修治』をめぐって」（『東方学』一〇一、二〇〇六年）のように、明帝の宮殿建設を評価する傾向もある。

50閻歩克「魏明帝『損略黼黻』考」（同氏著『服周之冕――『周礼』六冕礼制的興衰変異』、中華書局、二〇〇九年、二〇三～二五一頁）参照。

51福原啓郎「曹魏の明帝」（前掲）参照。

52文中に「人に禁じて升るを聴さず」とあるが、同じく『洛陽伽藍記』永寧寺には楊衒之が河南尹の胡孝世とともに永寧寺塔に登ったとする記述もあるので、この禁令は後には緩和されていたと考えられる。

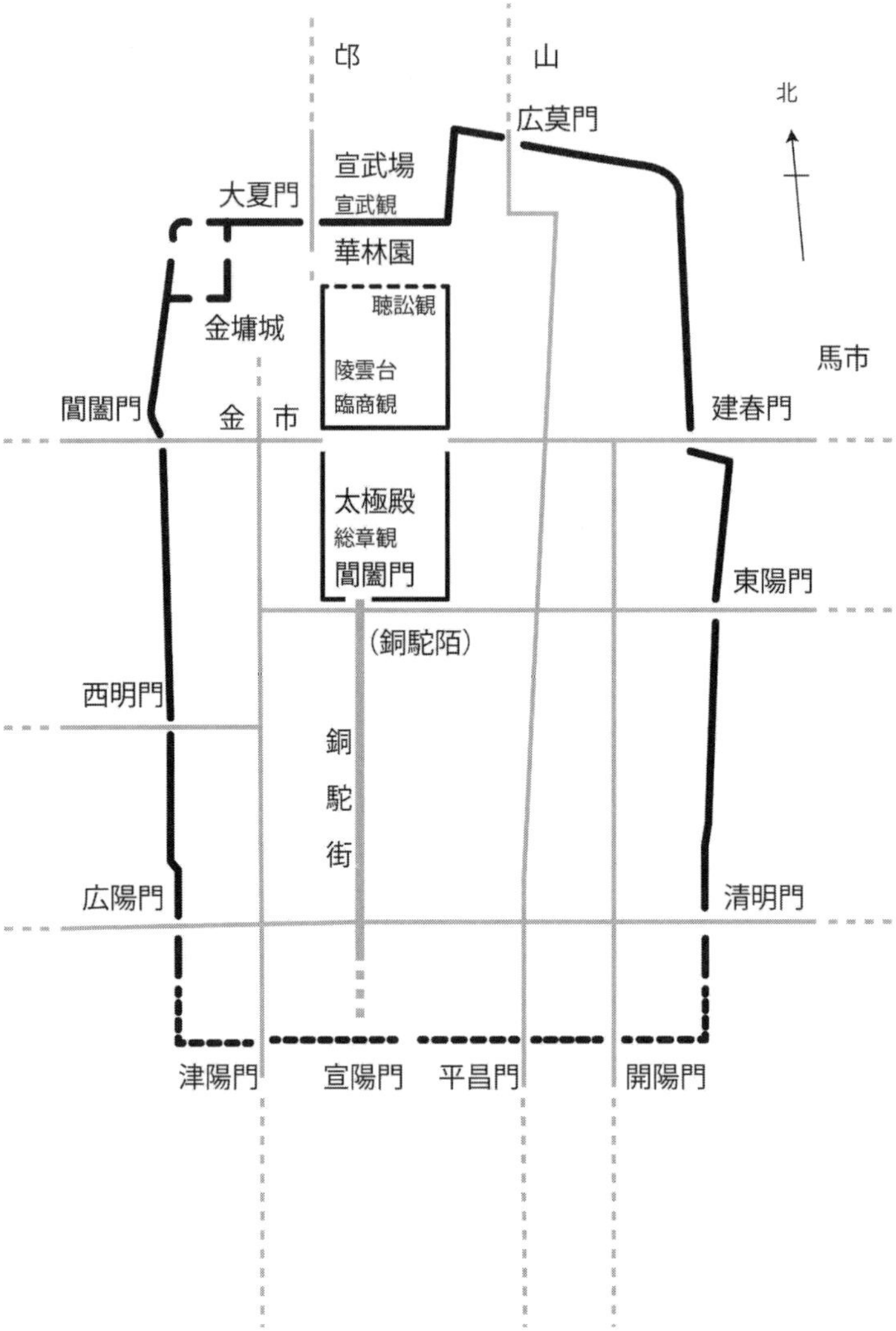

邙
山
北
広莫門
宣武場
大夏門
宣武観
華林園
聴訟観
金墉城
馬市
陵雲台
臨商観
閶闔門
金
市
建春門
太極殿
総章観
閶闔門
東陽門
（銅駝陌）
西明門
銅
駝
街
広陽門
清明門
津陽門
宣陽門
平昌門
開陽門

図八　魏晋洛陽城図

第四章　西晋の東宮と外戚楊氏

はじめに

西晋は八王の乱・永嘉の乱により弱体化し、短命のうちに滅亡した王朝であるが、その最初のきっかけとなったのは、楊駿ら外戚楊氏一派の台頭とその誅滅である。楊駿は恵帝の即位の前後に政敵を排除し、専権体制を樹立したが、わずか一年後の永平元年（二九一）三月に、恵帝の皇后賈后（賈南風）によるクーデターを受け、政権は崩壊、楊駿一派は誅殺される。楊駿専権体制の出現とその崩壊は、広義の八王の乱の開始を意味するものであり、西晋王朝の崩壊はこれに始まったといっても過言ではない。

当時の貴族制の政治・社会にあって、楊駿が台頭しえた理由としては、そもそも楊駿が後漢代における「四世三公」の名家である弘農楊氏の本流出身であったことがまず挙げられるが[1]、もう一つには、西晋における皇帝と貴族の姻戚関係の強化がある。

西晋の初代皇帝である武帝は好色で有名な人物であるが、安田二郎氏は、武帝の後宮拡大は身分的内婚制の拡充を意味し、有力世族との個別的・直接的な関係の樹立を目的として行われたと指摘する[2]。後宮の女官の親族は、女官の後宮入りによって官界での地位を向上させていったのであり、武帝は後宮の拡大と、それによる広義の「外戚」の大量創出を、支配体制の強化に繋げたのである。武帝の「外戚」重視の姿勢が、後の楊駿の台頭の根本的な要因であったといえよう。

しかしながら、楊駿台頭の具体的な経緯については、不明な点が数多く存在する。西晋史研究の中心的史料である『晉書』のうち、武帝期の楊駿の動向に関する記述は非常に少なく、それが楊駿台頭の経緯を不明瞭にさせている最大の原因である。よってその解明にあたっては、楊駿ら外戚楊氏の事跡を把握するだけでなく、彼らが台頭した政治的要因を明らかにする必要がある。

そこでまず外戚楊氏の列伝である『晉書』巻四〇の内容を確認すると、武帝期に「三楊」と呼ばれた外戚の楊駿・楊珧・楊済の三兄弟の官歴のなかに、太子太傅・太子詹事等の東宮官属が含まれていることに気づく。さらに晉代の東宮の変遷を記した『晉書』巻二四 職官志 太子太傅・少傅条を一読すると、西晉武帝期を通して東宮が度々の改組を被りながら拡大し、楊駿専権体制成立時である恵帝の即位直後には、東宮官属の規模が最大に達していることが判明する。こうした東宮の変容・拡大は、当該期間の東宮の重要性を示しており、また西晉において重点化された東宮が、外戚楊氏の台頭に何らかの作用を及ぼしていたことが考えられる。

西晉武帝期の東宮について、安田氏は咸寧元年（二七五）の武帝の一時危篤の際、群臣の期待が当時の皇太子衷（後の恵帝）ではなく、武帝の実弟 斉王攸へ集まったことを契機とし、皇太子の擁護のため、東宮を拡張したと主張する。[3] この他下倉渉氏は、同時期に太子詹事（後に領太子少傅）として東宮に入った楊珧について、楊珧を皇太子衷の後ろ楯になさんとする武帝の作為が読み取れるという。[4] このように、武帝期の東宮拡大の原因が武帝の皇太子擁護方針であること、またその際、皇太子擁護を直接的に行う人物として外戚の楊珧が選ばれたことが、先行研究により解明されているのであるが、楊珧ら外戚楊氏の台頭と東宮の直接的な関連については、なお不明な点が多い。

そこで本章では、武帝期〜恵帝初期の東宮組織、東宮と外戚楊氏の関係を分析し、外戚楊氏台頭の過程と恵帝初期の楊駿専権体制の基本構造、及び楊氏台頭の原因を解明する。なお本章が分析対象とする東宮官属は、外戚楊氏と直接的に関係する幹部級官属（太子太傅・少傅、太子詹事など）に限定し、太子中庶子・太子舎人などの下位の東宮官属の考察には及ばないことをあらかじめお断りしておく。

第一節　武帝による東宮改革

まずは、西晋泰始年間（二六五〜二七四）の武帝による皇太子擁護の実態と、それに伴う東宮の変化を、多く安田氏の研究[5]に基づき検討する。

西晋初の立太子は、建国から約一年間が経過した泰始三年（二六七）正月に行われた。西晋では立太子が比較的早い時期に行われているのであるが[6]、この立太子については、安田氏が指摘するように、同時に発せられた詔の内容が立太子に対する武帝の消極性を示し、その儀式も極端に簡素化されていた[7]。ここからは、当時の武帝が立太子について特に積極的ではなかったことを朝廷の内外にうったえていたことが確認される。

しかしそれはあくまで形式に過ぎず、いかに消極性をアピールしようとも、立太子自体はこの年に行われている。立太子の本来の目的について、安田氏は、武帝の弟、景帝司馬師の後嗣であり、朝臣の声望を集めていた斉王攸が、親弟であれ一藩王・一臣下に過ぎないことを宣示するためであったと主張する[8]。皇太子が既に冊立された以上、文帝司馬昭の実子であり、伯父の司馬師を嗣いだ斉王攸でも、将来帝位に即くことは不可能となった。武帝は泰始三年の立太子により、斉王攸の将来における帝位継承の可能性を奪ったのである。

斉王攸に限らず、当時の武帝は宗室の待遇に関しては苦慮していたらしい。周知の通り、西晉は宗室を厚遇した王朝であるが、安田氏は建国年の泰始元年に行われた宗室一斉封建について、司馬氏の長老格である司馬孚（宣帝司馬懿の弟）への破格の封邑（安平王・封邑四〇〇〇〇戸）を与える一方、宗室の疏族である司馬順に対しては廃黜を行っていることから、この封建には宗室の懐柔・統制という側面があったと指摘する。[9]この封建により王となった宗室は、安平王孚の他、司馬懿の侄、景帝司馬師・文帝司馬昭の諸弟など、武帝の上の世代の者ばかりであり、即位当初の武帝の宗室内部における立場は必ずしも高くなく、皇帝ではあっても、彼らへの配慮を欠かすことはできなかったのである。そのような状況の中で、敢えて立太子を挙行することは、将来の皇位継承資格を、自己の直系子孫に限定することを宗室諸王に示すことにもなり、武帝の皇帝権力確立の一環であったともいえる。後に衷の「不慧」発覚により、一時は廃太子を考えながらも、[10]武帝が基本的に皇太子尊重の姿勢を崩さなかったのは、立太子時のこうした状況が原因であったと思われる。そして武帝のこのような姿勢は、以後の東宮改革の根本要因となる。

立太子を済ませた武帝は、続いて東宮官属の設置・整備に取りかかる。

太子太傅・少傅、皆な古の官なり。泰始三年、武帝始めて官（「宮」の誤りか）[11]を建て、各おの一人を置き、尚お未だ詹事を置かず、官事（「宮事」の誤りか）大小と無く、皆な二傅に由り、並びに功曹・主簿・五官有り。太傅は中二千石、少傅は二千石。其の訓導する者は、太傅 前に在り、少傅 後に在り。皇太子先に拝し、諸傅然る後に之に答う。武帝 後に儲副の体の尊きを以て、遂に諸公に命じて之に居らしむ。本位の重きを以て、故に或いは行し或いは領す。時に侍中任愷、武帝の親敬する所にして、復た之を領せしむるは、蓋し一時の制なり。

（『晉書』巻二四 職官志 太子太傅・少傅）

東宮官属の長官である太子太傅・少傅は、漢代以来、独立した官職であり、その地位も特に高くはなかったが、[12]『晉書』職官志にある通り、西晉の太子太傅・少傅（東宮二傅）は後に皇太子の「体の尊き」を理由として、「諸公（三公・八公等の宰相職）」による兼任が原則となったとする。西晉初代の太子太傅李憙は、[13]『晉書』巻四一　李憙伝に、

憙　二代の司隷と為り、朝野　之を称す。公事を以て免ぜらる。其の年、皇太子立ち、憙を以て太子太傅と為す。

とあるように、「公事」を理由に司隷校尉を免職となった泰始三年の三月、[14]新たに太子太傅に任命されたのであり、他に官職を兼任していたわけではなかった。彼の後任と思われる荀顗は、以前には太尉・侍中・都督城外牙門諸軍事であり、その後太子太傅を領したのであって、職官志のいう「諸公」の太子太傅領任はこれが最初の例となる[15]（ただし、泰始年間には後述の李胤のように、太子太傅・少傅を本官とする者がまれに存在した）。

この他に、西晉では太子太傅・少傅が他官を兼任する例もあった。泰始末年、太子少傅に就任した李胤は、『晉書』巻四四の本伝に、

……吏部尚書・僕射に遷り、尋いで太子少傅に転ず。詔して胤の忠允高亮にして、匪躬の節有るを以て、司隷校尉を領せしむ。胤屡《しば》しば自ら表して譲り、忝《かたじけ》なくも儲宮に傅たれば、宜しく監司の官を兼ぬべからずと。武帝二職並びに忠賢を須つを以て、故に毎《つね》に許さず。

とあるように、太子少傅を本官とし、その上で監察官である司隷校尉を領任したのである。李胤は「忝なくも儲宮に傅たれば、宜しく監司の官を兼ぬべからず」と、東宮官属が監察官を領任する自身の人事に対して批判的であったが、それにもかかわらず武帝は李胤の司隷校尉領任を強行したのである。

以上のように、泰始年間の東宮官属は、他官を兼任する例が多かった。特にこのうちの「諸公」の東宮官属領任は、東宮が政府中枢と結合する契機となる。しかしこの段階の東宮官属からは外戚楊氏との直接的な関係をうかがうことはできない。外戚と東宮が本格的に結びつくのは、泰始末年に武帝の外戚重視方針が打ち出されて以降のことである。その詳細は次節において論じたい。

第二節　賈充・楊珧の東宮入り

泰始の末年、武帝は皇太子擁護・崇重の方針に加え、外戚重用による体制強化を志すようになる。そもそも武帝は即位後、景帝司馬師の后 羊徽瑜の一族である羊琇・羊祜等に中央軍を管理させるなど[16]、外戚を重用する方針を即位当初よりとっていたが、泰始九年（二七三）以降、武帝と直接的に姻戚関係にある朝臣（外戚）の重用という形に変化する。

泰始九年、有名な「采女」――公卿以下の子女を後宮に入れる――が実施されたが、これについて安田氏は、将来皇太子衷が皇帝に即位する際、その「藩屏」たるべき衷の弟を数多く生むための施策であり、また後宮に子女を納めた官僚は、これにより地位を上昇させたと指摘する[17]。泰始九年の「采女」は皇太子擁護策であると同時に、朝臣の「(広義の) 外戚」化とそれによる体制強化でもあった。

そして咸寧元年 (二七五) ごろ、武帝は外戚重視の方針をさらに強め、外戚楊氏台頭の直接的なきっかけを作ることとなる。咸寧元年、武帝は洛陽で猛威をふるった疫病に感染し、翌二年 (二七六) 正月には一時危篤状態に陥った。このとき群臣は、武帝死後の後継者としての期待を皇太子衷ではなく、実弟の斉王攸 (当時侍中・鎮軍大将軍・領太子太傅) に寄せた。[18] 安田氏はこの事件に対する武帝の反省を動機とし、咸寧二年の太子舎人から独立する形での太子中舎人の設置や、[19] 同年八月の太尉賈充 (恵帝の皇后 賈后の父。当時太尉・尚書令) の太子太保領任とそれによる東宮三傅制の確立、一〇月の楊芷 (初代皇后 楊艶の従妹) の皇后冊立といった一連の施策を衷護持―攸黜損策と解釈する。[20] また下倉渉氏は、咸寧元年六月の太子詹事官設立と外戚楊珧 (楊芷の叔父) の任命に着目し、一時的な太子詹事任命により楊珧を東宮に送り込み、咸寧三年 (二七七) ごろに領太子少傅に昇格させ、外戚を皇太子衷の後ろ盾に据えることで、皇太子擁護の強化をはかったと主張する。[21]

安田・下倉両氏の考察により、このときの武帝の政治的課題が外戚の重用と、斉王攸の名声への対抗策としての皇太子擁護にあり、それが東宮に大きな変化をもたらしたことが明らかにされたのであるが、賈充・楊珧の東宮入りの実態やその効果についての具体的な分析は行われておらず、必ずしも明確ではない。本節ではその解明を中心に行うが、まずは楊珧の東宮入りの実態・効果の分析から始めたい。

前述の通り、下倉氏は咸寧元年に楊珧を太子詹事に任命し、二年後に太子詹事から領太子少傅に昇任させることで、外戚による皇太子擁護を試みたと主張するが、楊珧に関する人事の目的・効果は、果たしてそれだけにとどまるのだろうか。ここで注目すべきは、武帝に敵視されながら、依然として太子太傅を領任していた斉王攸の存在である。[22]

斉王攸が武帝の不興を買いながらもなおもその地位を守り続け、また武帝がこの時期に攸を排斥できなかった理由については後述するが、泰始三年の立太子以来、武帝の皇太子擁護の目的の一つに、斉王攸の声望への対抗があったことは、安田氏の主張の通りであろう。ならば楊珧の東宮官属任命の主目的は、東宮における斉王攸の抑圧にあったのではないか。『晉書』巻二四 職官志 太子太傅・少傅の条に、

咸寧元年、給事黄門侍郎楊珧を以て詹事と為し、宮事を掌らしめ、二傅復た官属を領せず。楊珧の衛将軍と為るに及び、少傅を領し、詹事を省く。

とあるように、咸寧元年に楊珧が太子詹事に着任して以降、衛将軍となり太子少傅を領任（太子詹事を辞任）するまで、「二傅（太子太傅・少傅）」の下級官属への監督権は停止されていたのであり、また咸寧元年当時、太子太傅は斉王攸が領任していたから、楊珧の太子詹事任命は、具体的に斉王攸の東宮における職権の侵奪を目的としていたと考えられる。斉王攸は太子太傅を領任したまま咸寧二年に賈充の後任として司空に任命されているが、当時の太尉・司徒・司空の三公には、議政権や百官の監督権等、所謂「宰相」としての権限は既にない[23]。また斉王攸は他に加官の侍中を有していたが、この侍中には恐らく具体的な職権はない[24]。さらに『晉書』巻四四 李胤伝には、

咸寧の初、皇太子出でて東宮に居り、帝 司隷の事任峻重にして、少傅に旦夕輔導の務有り、胤素より羸にして、宜しく久しく之を労すべからざるを以て、転じて侍中を拝し、特進を加う。

とあるが、このうちの「皇太子出でて東宮に居り……少傅に旦夕輔導の務有り」は、皇太子が東宮に常時滞在することとなり、それに伴い太子少傅も東宮に常駐することが求められ、太子少傅職がにわかに劇職化したと解釈でき（そのため李胤は太子少傅と司隷校尉の兼務が不可能となり、ともに辞任することとなった）、同時期に領太子太傅であった斉王攸も、東宮に常駐していたと考えられる。しかしそのときには、東宮は実質的に太子詹事楊珧の管理下にあったから、斉王攸は東宮の下級官属への監督権も行使できず、東宮に封じ込められたことになる[25]。

ただしこのような解釈を行うにあたり問題となるのが、楊珧の太子少傅領任（太子詹事離任）時期である。『晋書』にはその正確な年代が記されていないが、咸寧三年に楊珧が衛将軍であったとする記述は見られるのであり[26]、ゆえに下倉氏も、楊珧の太子少傅領任を咸寧三年のこととし、楊珧の太子詹事任命を「一時的」「楊珧を東宮府へ送り込むための便法」と解釈せざるをえなかったのであろう。

しかし、実際の楊珧の太子少傅領任（太子詹事辞任）は、咸寧三年よりも後のことである。それを示すのが、一九三一年に洛陽にて出土した「大晋龍興皇帝三臨辟雍皇太子又再莅之成徳隆熙之頌」の題額をもつ石碑（以下、『晋辟雍碑』と略称。咸寧四年（二七八）立碑）の碑陽の記述である。

（咸寧）四年二月、大射礼を辟雍に行う。……大保侍中大尉魯公充、大傅侍中司空斉王攸、詹事給事中光禄大夫関内侯珧、及び百辟卿士と、同に辟雍に升り、親しく礼楽に臨み、儲尊の貴を降し、歯譲の制を敦くす[27]。

『晋辟雍碑』の記述によれば、咸寧四年の楊珧の官名は、依然として「(太子)詹事」であったのであり、楊珧の太子少傅領任は、咸寧五年（二七八）以降のこととせねばならない。したがって、楊珧は咸寧元年以降の数年間は太子詹事であったことになり、咸寧三年に楊珧が衛将軍（領太子少傅）であったとする『晉書』の記述はこれにより否定される。また余嘉錫氏は、『晉辟雍碑』とその他の史料の分析により、楊珧の太子少傅領任（太子詹事辞任）年代を太康三年（二八二）とした。[28] 楊珧の太子詹事在任時の役割が斉王攸の抑圧であったことを踏まえるならば、楊珧が太子詹事であった期間を、（攸の出鎮（後述）が決定する）太康三年まであったとする余氏の指摘は妥当であろう。楊珧を太子詹事に任命したこの人事は、下倉氏のいうように単に楊珧を東宮に送り込むための便法であったのではなく、事実上の斉王攸の職務停止を目的としたものであったのである。[29] そもそも斉王攸が東宮官属となったことについて、安田氏は斉王攸が保傅以外の何者でもないことを標示する措置であったと主張するが、[30] 楊珧の太子詹事就任は、それをさらに徹底させたものであった。楊珧自身、斉王攸の排斥には積極的であったらしく、咸寧三年には攸の封国（斉国）出鎮という形での排斥を企てている。[31]

楊珧の太子詹事任命が武帝による斉王攸抑圧の一環であったことは判明したが、一方の咸寧二年の賈充の太子太保領任はどのように解釈すべきであろうか。賈充は泰始年間に皇太子衷（恵帝）に嫁ぎ、[32] 後にその皇后となる賈南風の父であり、咸寧二年以前は司空・尚書令の地位にあった。また当時の賈充の朝廷における立場は、『晉書』巻四五　任愷伝に、

充既に帝の遇する所と為り、名勢を専らにせんと欲し、而して庾純・張華・温顒・向秀・和嶠の徒は皆な愷と善く、楊珧・王恂・華廙等は充の親敬する所にして、是に于いて朋党紛然たり。

とあるように、西晉朝廷を二分する派閥の領袖であり、楊珧は賈充派の一員であった。

賈充を領袖とする派閥に楊珧が属していたことを踏まえるならば、楊珧と賈充が東宮内において斉王攸の抑圧に荷担したことがまずは考えられるのであるが、賈充は皇太子衷の他に、斉王攸にも娘を嫁がせているのであって[33]、皇太子衷を擁護する一方で斉王攸の抑圧に荷担したとは考えにくい。またこの時期に斉王攸が武帝からの抑圧を受けながらも、失脚を免れた理由について、安田氏は、賈充は斉王攸の失脚が武帝の専制化につながることを恐れたため、武帝の意志とは逆に、その斉王攸排斥を抑制したと指摘する[34]。するとこの時期の武帝と斉王攸の対立状況にあって、賈充の立場は政治的利害という意味では比較的中立に近く、賈充の東宮入りが、斉王攸抑圧を目的としたものではなかったことになる。

そもそも太子太保領任は、賈充の意志に沿った人事であったのだろうか。賈充は武帝危篤の際、斉王攸を推戴する朝臣の動きを黙認したことから武帝の懐疑を招き、それまで保持していた都督城外諸軍事を剥奪されているが[35]、賈充の太子太保領任はこの直後のことであるため、東宮入り自体、賈充への懲罰的措置という側面を持っていた可能性もある。また咸寧二年の賈充の官職について、『晋書』巻四〇 賈充伝には、

尋いで太尉・行太子太保・録尚書事に転ず。

とあり、賈充は咸寧二年の太尉昇任・太子太保領任と同時に、録尚書事となっており、それに伴い、尚書令の地位を手放している。録尚書事とは後漢より始まる尚書の職号であり、曹魏時代には陳群・曹爽・司馬懿・司馬師・司馬昭など、当時の重臣がこれに就いた。その職権については、『宋書』巻三九 百官志上尚書条に「録尚書の職は總べざる無し」とあるように、曹魏では政府中枢であった尚書を総領する官として強力な権限を有していた[36]。しかし西晋の録尚書事について、祝総斌氏は、侍中（前述の加官侍中とは異

なる）のように類似の権限を有した官職が同時に存在し、また録尚書事をえた大臣が朝政を壟断するといった例は見られないため、その権限はさほど大きくなかったと主張する。[37]

武帝期には、建国年の泰始元年に驃騎将軍の王沈が「佐命の勲」を理由に録尚書事となったが、[38]翌二年（二六六）に沈が死去して以降の一〇年間は録尚書事はなかった。録尚書事は曹魏時代、司馬氏専権の中核的官職であり、専制化を目指していた武帝にとって、録尚書事の存在は、自らの権勢の伸張の阻害要因となるため、王沈死後の録尚書事配置を見合わせたのであろう。咸寧二年の賈充への録尚書事任命は、王沈の死後実に一〇年ぶりのことであるが、祝氏のいうとおり、西晉の録尚書事が巨大な権限を有していたとは考えにくく、また武帝がことさらこの時期に録尚書事の復活や、賈充の権威強化の必要を感じたとも思えない。咸寧二年前後の賈充をめぐる状況変化を踏まえると、尚書令→録尚書事の人事は、賈充の政務の拠点が、尚書省から東宮に移行したことを意味するものであったと考えられる。

賈充の録尚書事任命は、彼の権威強化を目的としたものではなく、またこのときの録尚書事にそれほど強力な権限はなかったと判断せざるをえないのであるが、しかし尚書令を辞任した後、録尚書事となったことで、賈充は咸寧二年以後も尚書省との関係を維持することにはなった。賈充の録尚書事任命は、その権限の削減を意味するものではあったが、当時の武帝が尚書省における賈充の権限を完全に剥奪することには至らなかったことも同時に示している。

しかも、かえって賈充はこの人事により、東宮内で行われている斉王攸と楊珧の対立の調停を行い、斉王攸の排斥を防止することができた。さきに咸寧元年以降の武帝・楊珧らによる斉王攸排斥を賈充が抑制したため、この時期に斉王攸は失脚を免れたとする安田氏の説を紹介したが、賈充はその現場である東宮に乗り込んだことにより、自派の構成員である楊珧の動きを直接的に牽制することが可能となったのである。

本節では楊珧・賈充それぞれの東宮入りについて考察した。楊珧の太子詹事就任は外戚楊氏と東宮の結合の端緒であり、また賈充が太子太保を領任すると同時に録尚書事となったことは、東宮幹部の尚書関連職兼任の端緒となる。こうした東宮の変化は、以後の西晋政治に大きな影響を与えることとなる。

第三節　太康三年以降の東宮三傅

太康三年一二月、斉王攸に大司馬・都督青州諸軍事任命の詔が下り、翌四年（二八三）、斉王攸は青州に出鎮（就国）し、途上で死去する。周知の通り、これらは斉王攸の中央からの排斥を意味する。出鎮とは具体的には州都督任命を指すが、咸寧三年、宗室都督の封国と出鎮州との一致・近接化がはかられた[39]。攸の斉王国は青州にあるので、咸寧三年の規定が太康三年にようやく斉王攸に適用されたこととなる。

咸寧元年に武帝は斉王攸の太子太傅としての職権を封じるために楊珧を太子詹事に任命し、またその楊珧は咸寧三年に斉王攸の排斥を武帝に提案するなど、武帝・楊珧による斉王攸への抑圧や排斥のための活動が恒常的に行われていたのであるが、にもかかわらず斉王攸の出鎮（事実上の失脚）が太康三年まで引き延ばされたのは、前述の通り、賈充が武帝の斉王攸排斥を抑制していたためであろう。しかし太康三年四月の賈充の死により、斉王攸排斥の障害がなくなった武帝は、同年一二月に斉王攸出鎮の詔を発することになる。斉王攸は詔を受けた太康三年一二月、太子太傅も解任されることとなった。

これに先立ち、朝臣から斉王攸出鎮への反対意見が続出したが、そのうちの王渾の上奏の中に、注目すべき一文がある。

> 会たま朝臣立ちて斉王攸の当に藩に之くべきやを議し、渾上書して諫めて曰く、「……愚以為えらく太子太保缺し、宜しく攸を留めて之に居り、太尉汝南王亮・衛将軍楊珧と共に保傅と為し、朝事を幹理せしむるべし。三人位を斉しくすれば、相《あい》持正するに足り、進みては輔納し義を広うするの益有り、退きては偏重して相傾くの勢無し。陛下をして親親の恩を篤くする有らしめ、攸をして仁覆の恵を蒙らしめん……」と。(『晋書』巻四二 王渾伝)

この上奏は、賈充の死による太子太保の欠員が記されていること、また「会たま朝臣立ちて斉王攸の当に藩に之くべきやを議し、渾上書して諫めて曰く……」とあるように、上奏がまだ攸の出鎮が決定していない段階のものであったことなどから、賈充が死去した三月以降、攸出鎮の詔が出された一二月までに行われたと考えられる。王渾は、賈充の後任の太子太保に斉王攸を推薦し、それによって斉王攸の出鎮を防止しようとしたのであるが、他の二傅について、王渾は宗室の汝南王亮（武帝の叔父）と楊珧を推薦している。結局斉王攸の出鎮は強行されたのであって、王渾の上奏はしりぞけられたことになるのだが、斉王攸出鎮後の太子太傅については、『晋書』巻三 武帝紀 太康三年一二月の条に、

> 十二月甲申、司空斉王攸を以て大司馬・督青州諸軍事と為し、鎮東大将軍琅邪王伷を撫軍大将軍と為し、汝南王亮を大尉と為し、光禄大夫山涛を司徒と為し、尚書令衛瓘を司空と為す。

とあり、また『晉書』巻五九 汝南王亮伝に、

太尉・録尚書事・領太子太傅に遷り、侍中は故の如し。

とあることから、汝南王亮が領任したことが判明し、また太子少傅については、前章にて太康三年に楊珧が領任したとする余嘉錫氏の説を紹介したが、既に楊珧が太子少傅を領任していたのであれば、王渾があらためて楊珧を東宮の「保傅」に推薦する必要はないため、やはり太康三年に楊珧が領任したと見られる[40]。太子太傅・少傅のそれぞれを汝南王亮・楊珧が領任したことは、奇しくも王渾の上奏の内容と一致しており、武帝が太子太傅・少傅の人選に限り、王渾の上奏を参考にした可能性もある。賈充の後任の太子太保は、外戚であり楊珧の実兄である車騎将軍楊駿が領任した（行太子太保）。つまり太康三年末の東宮三傅は、領太子太傅汝南王亮・行太子太保楊駿・領太子少傅楊珧であったのであり、三傅のうち二傅を外戚楊氏が占めていたことになる。このとき賈充の後任の太子太保に楊駿が選ばれた具体的な経緯については、史料上にそれを明確に示す記述がないため、不明とせざるをえない。

しかし三傅のうち二傅を楊駿・楊珧の兄弟が占めるというこの状況は長くは続かなかった。この後間もなくして、司空・侍中・尚書令の衛瓘が、楊珧に代わって太子少傅を領任し、東宮幹部は領太子太傅汝南王亮・行太子太保楊駿・領太子少傅衛瓘の三者体制に移行する（この体制は太康一〇年（二八九）まで続くこととなる）。ここで楊珧は東宮から完全に離脱したのであるが、楊駿が太子太保を領したことにより、東宮と外戚楊氏の関係は維持されることとなった。

以上、太康三～一〇年の東宮三傅の推移を確認したが、この時期の東宮三傅（汝南王亮・楊駿・楊珧・衛

瓘）について、楊駿・楊珧は外戚であり、領太子太傅汝南王亮は、前述の通り武帝の叔父であり、咸寧三年には「宗師」の号を与えられ[41]、宗室の長老格として武帝の信頼をえていた人物である。また衛瓘は、「為政清簡」をもって朝野の声望を集めていた人物で、第四子の衛宣は武帝の娘である繁昌公主の婿であった[42]。おそらくは、宗室の長老格や、武帝と姻戚関係にある大臣による皇太子の擁護・訓導が、ここで本格的に志向されたのであろう。

また楊珧を除く東宮三傅（汝南王亮・楊駿・衛瓘）には、尚書省関連職を兼任しているという共通点がある。汝南王亮は太康三年の太子太傅領任とともに録尚書事となっており（前掲『晉書』汝南王亮伝）、衛瓘は咸寧四年に尚書令に就任し、太康年間（二八〇～二八九）に太子少傅を領任して以降も尚書令の地位は手放さなかった[43]。また楊駿も、正確な年代は不明であるが、行太子太保時代に録尚書事に任命されている[44]。このように、当時（衛瓘の太子少傅領任以後）の東宮三傅の全員が、何らかの形で尚書省の運営に携わっていたのである。もっともこのうちの衛瓘の場合、劇職であった尚書令を本官としており、太子少傅としての職務を十分に果たしえたかについては疑問である。衛瓘は太康八年（二八七）ごろに尚書令を辞任しているが[45]、これは太子少傅と尚書令の兼任に無理が生じたことが原因であったと思われる。そのような無理を押し通してまで、敢えて衛瓘に太子少傅と尚書令を兼任させた点に、東宮三傅に尚書省を管理させようとする武帝の意志が看取されるのである。

前節で述べたように、賈充は咸寧二年の太子太保領任の際、同時に録尚書事となり、太康三年までのおよそ六年間、その地位を保っていた（ただし、孫呉の討伐の際、大都督に任命され、洛陽を離れていた咸寧五年から太康元年（二八〇）までの一年間は中断期間となる）。当初は懲罰という性格を有していた賈充の太子太保領任であるが、この間に東宮幹部の尚書省管理はこの間に定着・慣例化したと思われる。おそらくはこうした現状を踏まえたのであろう、前掲の太康三年の王渾の上奏には、「愚以為えらく太子太保缺し、宜しく攸を留めて之に居り、太尉汝南王亮・衛将軍楊珧と共に保傅と為し、朝事を幹理せしむるべし」とあり、王渾は東宮三傅に「朝事を幹理」させることを提案している。「朝事を幹理」させるとは、具体的には賈充のように東宮幹部に尚書省関連の官職を兼任させることを示すと思われる。前述の通り、太康三年以後の東宮三傅の人選については王渾の上奏が参照されたと考えられ、東宮三傅に尚書省関連職を兼任させたことに関しても、原案はこの王渾の上奏であった可能性がある。

さらに王渾の上奏には、「三人　位を斉しくすれば、相持正するに足り、進みては輔納し義を広うするの益有り、退きては偏重して相傾くの勢無し」とあり、同格の三傅に「朝事を幹理」させることの利点として、一傅への権力の偏りの防止を挙げている。具体的には、三傅に尚書省の運営を担当させながらも、三傅を並立させることで、うち一人の独裁化を抑制することができる、という意味になろう。既に咸寧二年より、斉王攸とその排斥をはかる楊珧、楊珧の動きを抑制する賈充というように、東宮幹部の間では相互牽制が行われていた。衛瓘が尚書令を辞任し、尚書省との関係を絶った後は、汝南王亮と楊駿の二傅の間でこの効果がはたらき、一方への権力の集中を防いだと思われる。事実、武帝はその晩年まで、あくまで汝南王亮と楊駿の二者による輔政を望んでいたのである[46]。

要するに、太康三年以後、東宮三傅に録尚書事・尚書令を兼任させる一方、三傅を並立させることにより、その独裁化を防ぐという支配体制が構築され、楊駿はその最高幹部の一人となったのである。ただし三傅の相互牽制効果がはたらいていたとはいえ、最終的に三傅のバランスを維持するのは武帝個人の力量であったのであり、武帝が死去すれば、三傅間のバランスが崩壊し、そのうちの一人が独裁化する危険性を有していた。そしてそれは武帝が危篤状態に陥る太康一〇年に現実のものとなる。

第四節　楊駿の奪権

太康一〇年、武帝は危篤状態に陥り、翌太熙元年（二九〇）四月に死去する。この間に、専権体制構築に向け、楊駿の動きが活発化する。

まず太康一〇年一一月、宗室の一斉封建・出鎮が行われる。

> 甲申、汝南王亮を以て大司馬・大都督と為し、黄鉞を仮す。南陽王柬を改封して秦王と為し、始平王瑋を楚王と為し、濮陽王允を淮南王と為し、並びに節を仮して国に之き、各おの方州の軍事を統べしむ。皇子乂を立てて長沙王と為し、穎を成都王と為し、晏を呉王と為し、熾を予章王と為し、演を代王と為し、皇孫遹を広陵王と為す。濮陽王の子 迪を立てて漢王と為し、始平王の子 儀を毘陵王と為し、汝南王の次子羕を西陽公と為す。扶風王暢を徙して順陽王と為し、暢の弟 歆を新野公と為し、琅邪王覲の弟 澹を東武公と為し、繇を東安公と為し、漼を広陵公と為し、巻を東莞公と為す。（『晋書』巻三 武帝紀）

この一斉封建は、一般的に武帝が自らの死後の体制安定化のために行った措置と解釈されているが[47]、このうちの汝南王亮の出鎮に関しては事情が異なる。

> 武帝の疾に寝ぬるに及び、楊駿の排する所と為り、乃ち亮を以て侍中・大司馬・仮黄鉞・大都督・督予州諸軍事

と為し、許昌に出鎮せしめ、軒懸の楽・六佾の舞を加う。子の羕を封じて西陽公と為す。未だ発せずして、帝大いに漸み、詔して亮を留めて委ぬるに後事を以てす。楊駿之を聞き、中書監華廙に従い詔を索して視、遂に還さず。（『晋書』巻五九　汝南王亮伝）

汝南王亮の出鎮は、楊駿による排斥の結果であった[48]。実際に汝南王亮が許昌に赴任したのは、武帝が死去する太熙元年四月以降であるが、汝南王亮が領任していた太子太傅や録尚書事は、出鎮が決定した太康一〇年一一月に剥奪されたと考えてよい。また楊駿は太熙元年正月、領太子少傅であった衛瓘の失脚をも画策する。

宣（衛瓘の第四子）公主を尚るも、数しば酒色の過有り。楊駿素より瓘と平らかならず、駿復た自ら権重を専らにせんと欲し、宣若し離婚せば、瓘必ず位を遜れば、是に於いて遂に黄門等と之を毀《こぼ》ち、帝に諷して宣の公主を奪わしむ。瓘慚懼れ、老を告げ位を遜る。乃ち詔を下して曰く、「司空瓘の年未だ致仕ならず、而れども遜譲すること歴年、神志の未だ衰えざるに及び、以て本情を果たさんと欲し、至真の風、実に吾が心に感ず。今其の執る所を聴し、位を太保に進め、公を以て第に就かしめん。親兵百人を給し、長史・司馬・従事中郎の掾属を置き、及び大車・官騎・麾蓋・鼓吹の諸威儀は、一に旧典の如し……」と。（『晋書』巻三六　衛瓘伝）

楊駿は衛瓘の子の宣の「酒色の過」につけ込み、衛瓘を引退に追い込むことをはかった。その後の詔には、衛瓘の太保昇進・親兵一〇〇人以下の官属の配置など、かえって衛瓘を優遇する内容が盛り込まれており、また領太子少傅については言及されていないが、「公を以て第に就かしめん（以公就第）」とあり、衛瓘が就第（私邸にもどること）を命ぜられたことから、少なくとも東宮にはいなかったことが確認され、楊駿の謀略は成功したと見てよかろう。[49] ひとまず楊駿は、汝南王亮・衛瓘を東宮から追放し、東宮を独占することに成功したのである。

ところがこの二か月後の太熙元年三月に、右光禄大夫の石鑒が司空・領太子太傅に任命されている。[50] 石鑒の太子太傅領任は汝南王亮の後任としての人事であろうが、石鑒は特に楊駿派であったとは思われず、したがって石鑒の太子太傅領任が楊駿の意向を反映した人事であったとは考えにくい。石鑒の太子太傅領任は、楊駿の東宮独占・政敵排斥に対する、武帝の牽制であったのではないか。[51]

そのような事情もあり、楊駿の活動は一時的に鈍化するのであるが、結果として楊駿は実権掌握に成功する。

信宿の間、上の疾遂に篤く、后（楊皇后）乃ち帝に駿を以て輔政せしめんことを奏し、帝之に頷く。便ち中書監華廙・令何劭を召し、宣帝の旨を口にし遺詔を作らしめ、曰く、「昔伊・望 佐を作し、勲 不朽に垂る。周・霍命を拝し、名 往代に冠たり。侍中・車騎将軍・行太子太保・領前将軍楊駿、徳を経《つね》にし喆を履み、鑑識明遠、二宮を毘翼し、忠粛茂著たり、宜しく位を上台に正し、跡を阿衡に擬すべし。其れ駿を以て太尉・太子太傅・仮節・都督中外諸軍事と為し、侍中・録尚書・領前将軍は故の如し。参軍六人・歩兵三千人・騎千人を置き、移りて前の衛将軍珧の故府に止まれ。若し殿中に止宿すれば宜しく翼衛有るべし。其れ左右衛三部司馬各おの二十人・殿中司馬十人を差して駿に給し、兵仗を持して出入するを得しめん」と。（『晉書』巻四〇 楊駿伝）

再び病状が悪化した武帝に、楊皇后が父親の楊駿に「輔政」させることを要求し、さらに中書監の華廙・

中書令の何劭を抱き込み、楊駿の太尉・太子太傅（領太子太傅？）・都督中外諸軍事任命などの内容を盛り込んだ「遺詔」を作成させた。この前月に司空の石鑒が領任した太子太傅職は、「遺詔」により楊駿の手に移り、石鑒は東宮から追放されたのである。

以上は太康一〇年～太熙元年の楊駿の政敵排除・専権体制構築のあらましであるが、楊駿の一連の政敵排除が、東宮独占を目的としたものであったことが理解されよう。東宮の同僚であった汝南王亮・衛瓘を排除し、また武帝が楊駿への牽制として東宮に送り込んだと思われる領太子太傅石鑒も、一か月後の「遺詔」発令という強行策をもって東宮から追放した。これにより、楊駿は実質的に単独の東宮幹部（太子太傅）・録尚書事となり、さらに「遺詔」にある都督中外諸軍事なども加えられた。楊駿は武帝の死に先立ち東宮を押さえておくことで、武帝死後に皇帝となる皇太子衷の身辺警護の権利を独占し、その即位後の専権体制構築の布石としたのであろう。

第五節　恵帝即位後の東宮

「遺詔」が発せられた二日後、武帝は死去し、皇太子衷が即位する（恵帝）。そして恵帝の即位とほぼ同時に、東宮は急激に拡大する。

> 恵帝元康元年、復た詹事を置き、二傅　菜田六頃、田騶六人を給され、立夏の後に田に及ばざる者は、奉一年を食む。丞一人を置き、秩千石。主簿・五官掾・功曹史・主記門下史・録事・戸曹法曹倉曹賊曹功曹書佐・門下亭

長・門下書佐・省事各一人、赤耳安車一乘を給す。愍懐（太子）の官を建つるに及び、乃ち六傅を置き、三太・三少、景帝の諱の師たるを以て、故に太師を以て太保と為す。[52]尚書の事を通省し、詹事の文書は六傅を関由す。
（『晉書』巻二四　職官志　太子太傅・少傅条）

元康元年、（愍懐太子）出でて東宮に就く。……是に於いて太保衛瓘の息庭・司空泰の息略・太子太傅（太保）楊済の息毖・太子少師（少帥）裴楷の息憲・太子少傅張華の息禕・尚書令華廙の息恒をして太子と游処し、以て相輔導せしむ。（『晉書』巻五三　愍懐太子伝）

引用した『晉書』職官志　太子太傅・少傅条冒頭に「恵帝元康元年（二九一）」とあるが、この文の直後に「愍懐の官を建つるに及び」と、恵帝永熙元年（二九〇）八月の愍懐太子（遹）の東宮入りの記述が続くので、文中の「元康元年」は単に恵帝即位の初年（永熙元年）という意味であろう。恵帝即位直後に太子詹事が復活し、[53]二傅・詹事のそれぞれに属官である丞が置かれ[54]（主簿以下の官属の配置については、東宮に限らず、同時期に三公・特進・光禄大夫などにも行われているので、[55]東宮の組織拡大や機能強化を目的としたものではなく、恵帝即位に伴う恩賜的措置であったと思われる）、同年八月の愍懐太子冊立の際には、東宮六傅制が施行された。さらに愍懐太子の訓導のため、高官子弟から選抜した太子賓友が設置された（この中には、楊駿の政敵であった衛瓘の子　衛庭も含まれていた）。こうした拡大の目的について、詳しいことはわからないが、『北堂書鈔』巻六五　太子太師条原注に引く王隠『晉書』に、

初め、楊駿　世祖（武帝）の毎に意を広陵王遹に注ぎ、而して賈后に子無きを以て、終に遹を立てて太子と為す。

とあるように、そもそも愍懐太子の冊立が楊駿の意志によるものであり、また恵帝の即位からわずか四か月後に冊立された（これについては、賈后に子が生まれ、それが立太子されれば実権が賈后一派に移行するおそれがあったため、その防止が主目的であったと思われる）ことから、楊駿が皇太子の冊立とその擁護に積極的であったことが確認され、当時の東宮の拡大は、楊駿による皇太子擁護の一環であったと推察される。

このとき復活した太子詹事について、その職掌が咸寧年間の楊珧就任時と変わらないのであれば、このときも太子太傅・少傅に代わって「宮事を掌」ったことになろう。『唐六典』巻二六 太子詹事府条原注に引く『晋令』に、

詹事、品第三、銀章・青綬、絳朝服、両梁冠。局事は尚書令に擬し、位は領・護将軍、中書令に視す。三令・四率・中庶子・庶子・洗馬・舎人に長たり。

とあるが、このうちの「四率」とは東宮の警備兵である衛率のことであり、これが前後左右の「四率」に整備されたのは元康年間（二九一～二九九）のことであるので、[56]『晋令』の内容は、これ以後の太子詹事の規定であったことになる。[57]基本的に西晋における太子詹事は、太子中庶子・太子舎人といった東宮官属の直接の上官であったことがこれで判明する（ただし太子詹事復活の理由は不明）。前掲『晋書』職官志には「詹事の文書は六傅を関由す」とあり、これは東宮六傅制の施行後、太子詹事―皇帝間の（東宮運営に関する）文書の通達には、東宮六傅を経由していたことを示し、通達に際し六傅による文書の取捨選択が行われていたことをうかがわせる。東宮の事務に関しても、太子詹事に対する六傅の干渉があったかもしれない。

そして新設の東宮六傅については『晋書』巻五三 愍懐太子伝に、

恵帝即位するや、立ちて皇太子と為る。盛んに徳望を選び以て師傅と為し、何劭を以て太師（太帥）と為し、王戎を太傅と為し、楊済を太保と為し、[58] 裴楷を少師（少帥）と為し、張華を少傅と為し、和嶠を少保と為す。

とあるように、「徳望」を選考条件として、太子太帥には何劭が、太子太傅には王戎、太子太保に楊済（楊駿・楊珧の弟）、太子少帥に裴楷、太子少傅に張華、太子少保に和嶠が、それぞれ選ばれ、就任した（この六人は東宮職を本官としていた）。またこのとき太子太傅に王戎が就任したことにより、楊駿は太子太傅を辞任し、正式に東宮を離れることとなった。楊駿は恵帝即位後に太傅・大都督となっている[59]。

　このうちの二傅に代わり東宮を管理する太子詹事の復活や、楊駿自身の東宮離脱などの諸点を一見すると、あたかも楊駿が東宮を放棄したかのような印象を受ける。しかし、本書第二章でも引用したように、『晉書』巻四〇 楊駿伝に、楊駿専権体制が恵帝の皇后である賈后のクーデターにより崩壊する直前のこととして、

時に駿 曹爽の故府に居り、武庫の南に在り、内に変有るを聞き、衆官を召して之を議せしむ。太傅主簿朱振 駿に説きて曰く、「今 内に変有り、其の趣知るべし、必ずや是れ閹豎の賈后の為に謀を設ければ、公に利あらず。宜しく雲龍門を焼き以て威を示し、事を造す者の首を索め、万春門を開き、東宮及び外営の兵を引き、公自ら皇太子を擁翼し、宮に入りて姦人を取るべし。殿内震懼し、必ず斬りて之を送り、以て難より免るべし」と。

と、太傅主簿の朱振がクーデター部隊に対抗するため、「東宮及び外営の兵」を率い、楊駿自ら皇太子を

擁し、宮中に進攻をかけることを提案したことが記されているが、これにより楊駿が体制崩壊時まで皇太子を擁し、東宮の兵（衛率配下の部隊）を動員しうる手段を有していたことが判明する。以上から、楊駿と東宮の関係はこの時点においても継続していたと判断できる。

また武帝期に見られた東宮と尚書省の関係については、前掲『晉書』職官志の「乃ち六傅を置き、三太・三少、景帝の諱の師たるを以て、故に太師を以て太保と為す。尚書の事を通省し（通省尚書事）、詹事の文書は六傅を関由す」という記述に注目される。東宮六傅には太子詹事の扱う文書の経由の他に、「尚書の事を通省（通省尚書事）」する権限が認められていたのであるが、この「通省尚書事」は、録尚書事とほぼ同義の語と思われ、咸寧二年の行太子太保・録尚書事賈充以来の、東宮幹部の尚書関連職の兼任が、ここでも継続していたことが確認される。

楊駿―東宮、東宮―尚書省のそれぞれの関係に根本的な変化がなかったとすれば、この時期においても、この三者の結合は維持されていたと考えられる。ただし楊駿自身は東宮を離れているため、楊駿の尚書省管理は、楊駿が東宮六傅に自らの腹心を送り込み、「通省尚書事」によって尚書省を間接的に支配するという形態をとっていたことが、まずは予想される。しかしそのように判断するには、楊駿と東宮六傅の関係について、若干の問題がある。

まず太子少師の裴楷と楊駿の関係について、『晉書』巻三五の裴楷伝には、

楷の子瓚は楊駿の女を娶り、然れども楷素より駿を軽んじ、之と平らかならず。

とあり、楊駿と裴楷は姻戚関係であったが、裴楷と楊駿の仲は決して良好ではなかった。また『晉書』巻

三六　張華伝には、

恵帝即位するや、華（張華）を以て太子少傅と為すも、王戎・裴楷・和嶠と倶に徳望を以て楊駿の忌む所と為り、皆な朝政に預からず。

とあり、太子太傅王戎・太子少師裴楷・太子少傅張華・太子少保和嶠は、楊駿に忌避されたため、東宮六傅でありながらも、朝政に参与することができなかったのである。当然、この四名には「通省尚書事」の権限が与えられなかったことになろう。楊駿が彼ら四人と不仲でありながら、東宮六傅の地位に据えたのは、単に愍懐太子崇重のため、彼らの「徳望」を必要としたからに過ぎない。

このように、東宮六傅に「通省尚書事」を認めたとする『晉書』職官志の記述は必ずしも正確ではなく、王戎・裴楷・張華・和嶠の四名には「通省尚書事」権は与えられなかったと見るべきである。では『晉書』張華伝に名の挙がらなかった、太子太帥何劭・太子太保楊済の二名についてはどうであったか。

まず太子太帥の何劭については、『晉書』巻三三の本伝に、

恵帝即位するや、初めて東宮を建て、太子の年幼きも、万機を親らせしめんと欲し、故に盛んに六傅を選び、劭を以て太子太師（太帥）と為し、尚書の事を通省せしむ（通省尚書事）[60]。

とあり、皇太子による万機総覧のため、という理念のもと、「通省尚書事」が認められていた。一方太子太保楊済の「通省尚書事」については史料に記述がなく、逆に『晉書』巻四〇の本伝には兄の楊駿との不

仲を伝える記述があるため、[61]楊済も「通省尚書事」権を有していなかったと思われる。結局、当時の東宮六傅のうち、確実に「通省尚書事」権を有していたと判断できるのは、太子太師何劭ただ一人となる。すると楊駿は、何劭を太子太師に任命し、「通省尚書事」権を与えることで、楊駿―東宮（何劭）―尚書省の指令系統を形成したことになる。

何劭一人に「通省尚書事」が認められた背景には太熙元年（二九〇）の「遺詔」があったのではないか。何劭は太子太師就任以前は中書令であり、太熙元年の「遺詔」作成の当事者であった。その功績を楊駿に評価されたため、何劭は東宮六傅の首席である太子太師に任命され、さらに「通省尚書事」権を与えられたのであろう。何劭と同じく「遺詔」作成にあたっていた中書監華廙は、『晋書』巻四四の本伝に、

　恵帝即位するや、侍中・光禄大夫・尚書令を加えられ、爵を進めて公と為る。

とあるように、恵帝即位後に尚書令となっている。おそらく華廙も何劭と同様の理由から尚書令に任命されたのであろう。つまり、「遺詔」作成に関与した中書監華廙と中書令何劭は、楊駿の腹心として、それぞれ尚書令・太子太師（通省尚書事）に就任し、尚書省を管理したのである。楊駿専権体制においては、『晋書』巻四〇　楊駿伝に、

　凡そ詔命有らば、帝省訖わり、入りて太后（楊太后）に呈し、然る後に乃ち出づ。

とあるように、詔令の発布に際しては、楊太后を経由させたのであり、このことから、楊駿らが特に詔令

の作成・伝達に注意を払っていたことが確認される。楊駿が文書行政の中枢である尚書省に腹心を送り込んだのは、その機能の独占が目的であったのであろう。よって尚書省は楊駿専権体制の中核を担っていたといってよい。一方の東宮に関しては、前述の通り、この時期の楊駿は皇太子の擁護と、それを行う東宮の存続にも積極的であったため、恵帝即位後も東宮の管理を継続したのである。

尚書省の管理、東宮の存続と皇太子の擁護は、いずれも当時の楊駿にとって同等に重要な政治的課題であった。尚書省には華廙を送り込み、東宮には何劭を送り込んだが、前掲『晉書』何劭伝に「太子の年幼きも、万機を親らせしめんと欲し……」とあるように、皇太子による万機の総覧という理念を根拠として、何劭は「通省尚書事」権をも有し、尚書省の運営に参与した。太子太師何劭は楊駿・東宮・尚書省の三者をつなぎとめる役割を与えられたのである。

おわりに

以上、外戚楊氏台頭の過程を見てきた。楊駿の台頭には、武帝によって重点化された東宮の存在が大きく作用していたこと、本章の分析で解明できたものと思う。

既に安田氏が主張したように、武帝は即位当初、年長の宗室・大臣に囲まれていたことから、自らの皇帝権力の強化を目指していた。また多数の宗室諸王が存在するなかでは皇位の直系継承の保持も重要な課題であったのであり、外戚・宗室による皇太子衷の擁護・東宮の充実化がはかられた。その方針のもとで外戚の楊珧・楊駿が東宮職を領任して東宮に入り、さらに賈充に始まる東宮官属の尚書省関連職兼任という慣例が結びつき、太康年間には、車騎将軍・行太子太保・録尚書事として、汝南王亮・衛瓘とともに尚書を管理するまでに、その地位を向上させたのである。

しかし、このような武帝の組織構築と宗室・外戚の登用による体制強化は、ほとんど武帝個人の意志によってなされたものであり、また東宮三傅のバランスなど、体制の維持にも武帝の力量が必要とされた。この体制構築には、皇帝の政治能力が欠如した場合の対処法などがほとんど考慮されていなかったのであり、それゆえ、太康一〇年の武帝の危篤や、武帝死後の恵帝の即位にあたり、運営と維持に関して皇帝の能力に依存していた体制は瞬間的に変容し、楊駿の専権体制を生み出したのである。そもそも東宮に宰相級の高官を配置したのは、皇太子であった衷（恵帝）が即位した際も、東宮に配置された高官が引き続いて衷を補佐するよう仕向けるための、武帝なりの配慮であったとも考えられるのであるが、結果としてそれは楊駿の専権体制構築の要因となってしまったのである。

武帝が死去し、暗君恵帝が即位した後の西晋政治においては、外戚・皇后（賈后）・宗室による政務代行が常態化するようになる。恵帝期における外戚・宗室の専権は、政治能力を著しく欠く皇帝のもとでの体制維持のためには、むしろ次善の策であったといえるのかもしれない（現に賈后が政治において大きな影響力を及ぼしていた元康年間には内乱は発生しなかった）。しかし実際には恵帝即位以後の八王の乱により西晋王朝は弱体化するのであって、そこには重大な欠陥があったといわざるをえない。その解明には、恵帝期の政治史を分析することが必須となるのであるが、それは次章において行うこととしよう。

1 石井仁・渡邉義浩「西晋墓誌二題」（『駒沢史学』六六、二〇〇六年）参照。

2安田二郎「西晋武帝好色攷」(『東北大学東洋史論集』七、一九九八年、同氏著『六朝政治史の研究』、京都大学学術出版会、二〇〇三年、四三～一六一頁)参照。

3安田二郎「西晋初期政治史試論――斉王攸問題と賈充の伐呉反対を中心に――」(『東北大学東洋史論集』六、一九九五年、九五～一二四頁、前掲『六朝政治史の研究』五～四一頁)。

4下倉渉「散騎省の成立――曹魏・西晋における外戚について――」(『歴史』八六、一九九六年)参照。

5安田二郎「西晋初期政治史試論」(前掲)参照。

6三田辰彦「西晋後期の皇位継承問題」(『集刊東洋学』九九、二〇〇八年)参照。

7安田二郎「西晋初期政治史試論」(前掲)参照。

8安田二郎「西晋初期政治史試論」(前掲)参照。

9安田二郎「西晋初期政治史試論」(前掲)参照。

10『晋書』巻三一 后妃伝上 武元楊皇后条参照。

11括弧内は中華書局標点本『晋書』校勘記によった。以下同じ。

12『漢書』巻一九上 百官公卿表上 太子太傅・少傅条、同詹事条、『続漢書』百官志四 太子太傅条、同太子少傅条参照。

13『晋書』巻三 武帝紀 泰始三年三月丁未「以李憙為太子太傅」。

14李憙の「免官」については、小池直子「賈充出鎮――西晋・泰始年間の派閥抗争に関する一試論」(『集刊東洋学』八五、二〇〇一年)を参照。

15『晋書』巻三九 荀顗伝に「又詔曰、侍中太尉顗、温恭忠允、至行純備、博古治聞、耆艾不殆。其以公行太子太傅、侍中太尉如故」とあり、厳可均『全晋文』巻三はこれを泰始五年(二六九)のものとする。

16『晋書』巻三四 羊祜伝、巻九三 外戚羊琇伝、張金龍『魏晋南北朝禁衛武官制度研究』(中華書局、二〇〇四年)上冊一九三～二三二頁参照。

17安田二郎「西晉武帝好色攷」（前掲）参照。

18『晉書』巻三 武帝紀、巻三八 文六王伝斉王攸条、巻三九 馮紞伝参照。

19『唐六典』巻二六 太子右春坊条原注「晉恵帝在儲宮、以舎人四人有文学才美者、与中庶子共理文書、至咸寧二年、斉王攸為太傅、遂加名為中舎人、位敍同尚書郎」。なおここでは斉王攸の太子太傅領任年代を咸寧二年（二七六）とするが、実際は泰始末であろう。

20安田二郎「西晉初期政治史試論」（前掲）参照。

21下倉渉「散騎省の成立」（前掲）参照。

22万斯同『晉将相大臣年表』は泰始九年（二七三）に斉王攸が太子太傅を領任したとし、安田二郎「西晉初期政治史試論」（前掲）は泰始一〇年（二七四）領太子太傅荀顗の死去をもって、後任として領太子少傅斉王攸が太子太傅を領任したとする。

23祝総斌『両漢魏晉南北朝宰相制度研究』（中国社会科学出版社、一九九〇年）一六九～一七一頁参照。

24『宋書』巻一八 礼志五の宋泰始六年（四七〇）尚書左丞陸澄の議には、「自魏晉以来、宗廟行礼之外、不欲令臣下服袞冕、故位公者、毎加侍官」とあり、魏晉においては「位公者」には袞冕を着せないために、「侍官（侍中・散騎常侍など）」が加官されたが（詳細は閻歩克「魏明帝『損略黼黻』考」、同氏著『服周之冕――『周礼』六冕礼制的興衰変異』、中華書局、二〇〇九年、二〇三～二五一頁参照）、この「侍官」はその加官の目的が袞冕を着用の防止であったことからも、具体的な職権はなく、単に儀礼上の特権を有するだけの官であった可能性がある（藤井律之「魏晉南朝の遷官制度に関する二、三の問題――侍中領衛を中心として――」（『東方学報』京都七八、二〇〇六年）注25参照）。

25ちなみに咸寧四年（二七八）の羊太后（景帝司馬師の后）の死去に伴い、養子である攸は三年喪のため太康元年（二八〇）まで政治活動を停止しているが、これは賈充が攸の呉討伐への参与を防止するために三年喪を適用させたものである（前掲安田二郎「西晉初期政治史試論」参照）。

26『晉書』巻二四 職官志「咸寧三年、衛将軍楊珧与中書監荀勖以斉王攸有時望、懼恵帝有後難、因追故司空裴秀立五等封建之旨、従容共陳時宜於武帝……」。

27碑文の書き下しは、井波陵一編『魏晉石刻資料選注』（京都大学人文科学研究所、二〇〇五年）によった（二一四頁）。

28余嘉錫「晉辟雍碑考証」（『余嘉錫論学雑著』、中華書局、一九六三年、上冊一三三～一七三頁、杜金鵬・銭国祥編『漢魏洛陽城遺祉研究』、科学出版社、二〇〇七年、一四～三六頁）参照。また万斯同も楊珧の太子太傅領任時期を太康三年とする（『晉将相大臣年表』）。

29ここで使用した『晉辟雍碑』について、福原啓郎「晉辟雍碑に関する一試論」（『研究論叢』五一、一九九八年、同氏著『魏晉政治社会史研究』、京都大学学術出版会、二〇一二年、一〇九～一六二頁（第四章「晉辟雍碑に関する考察」））は、景帝司馬師の功業に『晉辟雍碑』が一言も触れていないことについて、当時の武帝と斉王攸（景帝の嗣子）の対立が反映された可能性を指摘する。

30安田二郎「西晉初期政治史試論」（前掲）参照。

31『晉書』巻二四 職官志は、「咸寧三年、衛将軍楊珧与中書監荀勖以斉王攸有時望、懼恵帝有後難、因追故司空裴秀立五等封建之旨、従容共陳時宜於武帝、以為、古者建侯、所以藩衛王室。今呉寇未殄、方岳任大、而諸王為帥、都督封国、既各不臣其統内、於事重非宜。又異姓諸将居辺、宜参以親戚、而諸王公皆在京都、非扞城之義・万世之固。帝初未之察、於是下詔議其制。……既行、所増徙各如本奏遣就国、而諸公皆恋京師、涕泣而去。及呉平後、斉王攸遂之国」と、楊珧・荀勖が斉王攸の存在を危険視し、宗室諸王の就国・出鎮（州都督任命）を武帝にうながしたとするが、

これについて『資治通鑑』は、斉王攸の出鎮決定が咸寧三年ではなく太康三年（二八二）であること、また『晉書』巻三九 荀勖伝に、職官志の記述とは全く逆の内容の荀勖の上奏が掲載されていることをもってこれを否定した上で（『資治通鑑考異』）、「衛将軍楊珧等建議以為、古者封建諸侯、所以藩衛王室。今諸王公皆在京師、非扞城之義。又異姓諸将居辺、宜参以親戚……」と記し、荀勖の名と、斉王攸排斥を建議の目的とする職官志の記述を削除した。唐長孺「西晉分封与宗王出鎮」（同氏著『魏晉南北朝史論拾遺』、中華書局、一九八三年、一二三～一四〇頁）も『資治通鑑』を支持する。しかし、『晉書』巻四〇 楊珧伝に、「珧初以退讓称、晚乃合朋党、搆出斉王攸。中護軍羊琇与北軍中候成粲謀欲因見珧而手刃之。珧知而辞疾不出、諷有司奏琇、転為太僕」とあることから、楊珧が斉王攸排斥の首謀者であった事実は否定できない。斉王攸の出鎮が太康三年まで延期された理由については、賈充による抑制が作用したためであり、咸寧三年に楊珧が斉王攸排斥を武帝に提言したことと矛盾しない。したがって本章では、『晉書』職官志の記述に基づき、咸寧三年に楊珧が斉王攸排斥を試みたと解釈する（これについては前掲下倉渉「散騎省の成立」も同様の解釈を行っている）。

32皇太子衷と賈南風の婚姻時期について、『晉書』巻三一 后妃伝 恵賈皇后条は泰始八年（二七二）二月とするが、『晉賈皇后乳母美人徐氏銘（徐義墓誌）』は泰始六年（二七〇）とする。小池直子「賈南風婚姻」（『名古屋大学東洋史研究報告』二七、二〇〇三年）参照。

33斉王妃の名は賈荃。『晉書』巻四〇 賈充伝参照。

34安田二郎「西晉初期政治史試論」（前掲）参照。

35安田二郎「西晉初期政治史試論」（前掲）参照。

36宮崎市定『九品官人法の研究――科挙前史――』（東洋史研究会、一九五六年）一〇四頁参照。

37祝総斌『両漢魏晉南北朝宰相制度研究』（前掲）一八八～一九〇頁参照。

38『晋書』巻三九 王沈伝参照。

39安田二郎「西晋武帝好色攷」（前掲）参照。

40『晋書』巻三九 荀勖伝に「時太尉賈充・司徒李胤並薨、太子太傅又缺。勖表陳、三公保傅、宜得其人。若使楊珧参輔東宮、必当仰称聖意。尚書令衛瓘・吏部尚書山涛皆可爲司徒。若以瓘新爲令未出者、涛即其人。帝並従之」とあり、荀勖が楊珧を太子太傅に推薦したと伝えるが、楊珧は太子少傅を領任したのであって、太子太傅ではない。よってこの記述はとらないが、楊珧と荀勖はともに賈充党であるから、荀勖が楊珧を東宮幹部に推薦した可能性ある。前掲余嘉錫「晋辟雍碑考証」参照。

41『晋書』巻三 武帝紀 咸寧三年正月丙子朔「詔曰、宗室戚属、国之枝葉、欲令奉率徳義、為天下式。然処富貴而能慎行者寡、召穆公糾合兄弟而賦唐棣之詩、此姫氏所以本枝百世也。今衛将軍扶風王亮為宗師、所当施行、皆諮之於宗師也」。

42『晋書』巻三六 衛瓘伝参照。

43『晋書』巻三六 衛瓘伝参照。

44『晋書』巻三 武帝紀 太熙元年（二九〇）四月の条は、「夏四月辛丑、以侍中・車騎将軍楊駿為太尉・都督中外諸軍事・録尚書事」と、楊駿が録尚書事を授与された時期を太熙元年四月とするが、後掲の『晋書』巻四〇 楊駿伝の「遺詔」には、既に楊駿が太熙元年以前に録尚書事を有していたことが明記されている。ここでは楊駿伝に従う。

45万斯同『晋将相大臣年表』は、太康八年（二八七）に衛瓘は尚書令を辞し、後任には荀勖が就任した（守尚書令）とする。

46『晋書』巻四〇 楊駿伝「及帝疾篤、未有顧命、佐命功臣、皆已惶惑、計無所従。而駿尽斥群公、親侍左右、因輒改易公卿、樹其心腹。会帝小間、見所用者非、乃正色謂駿曰、何得便爾。乃詔中書、以汝南王亮与駿夾輔王室」。また福原啓郎『西晋の武帝　司馬炎』（白帝社、一九九五年）一八八頁参照。

47安田二郎「西晋武帝好色攷」（前掲）、辻正博「西晋における諸王の封建と出鎮」（笠谷和比古編『公家と武家Ⅳ―官僚制と封建制の比較文明史的考察』、京都、思文閣出版、二〇〇八年、二七五～二九二頁）参照。

48楊駿が汝南王亮を排斥したとする記述は、『晋書』巻四〇　楊済伝、巻七五　王嶠伝にも見られ、また巻四四　石鑒伝にも「時大司馬汝南王亮為太傅楊駿所疑……」とある。

49福原啓郎『西晋の武帝　司馬炎』（前掲）一八六～一八七頁参照。

50『晋書』巻三　武帝紀　太熙元年三月条、巻四四　石鑒伝参照。

51太康一〇年封建から武帝の死までの間に、武帝は一時的に危篤状態から回復しており、石鑒の人事はこのときになされたものと思われる。武帝の意識回復については、『晋書』巻三　武帝紀、巻四〇　楊駿伝を参照。

52職官志には、「乃ち六傅を置き、三太・三少、景帝の諱の師たるを以て、故に太師を以て太保と為す（乃置六傅、三太・三少、以景帝諱師、故以太師為太保）」とあるが、この記述を信用するならば、「三太（三少）」とは一人の太子太傅（少傅）と二人の太子太保（少保）のことをさすことになり、不自然である。また太子太保はこれ以前に賈充・楊駿が領任しており、職官志の恵帝即位以後に太師を太保に改称したとする記述はこの事実に反している。中華書局標点本『晋書』校勘記は『通典』巻一二　太子六傅条、『唐六典』巻二六　太子太師・太傅・太保条の原注に基づき、太師は「太帥」に改称されたと指摘する。筆者もこれに従うが、『晋書』の各所には「太師」「少師」の語が散見する。これらも本来は「太帥」「少帥」であったと解釈しておきたい。

53このときの太子詹事には『晋書』巻六〇　孫旂伝に、「永熙中（二九〇）、徴拝太子詹事、転衛尉、坐武庫火、免官」とあるように、孫旂が就任した。ただし楊駿との関係は不明。

54『通典』巻三七の晋官品の第七品に「太子保傅詹事丞」とあり、丞が「太子保傅」と太子詹事のそれぞれの属官として設置されたことがわかる。

55『晉書』巻二四 職官志参照。

56『晉書』巻二四 職官志 左右衛率条に、「左右衛率……泰始五年、分為左右、各領一軍。恵帝時、愍懐太子在東宮、又加前後二率」とあり、このうちの後衛率に関しては、『晉書』巻三五 裴頠伝に、「頠以賈后不悦太子、抗表請増崇太子所生謝淑妃位号、仍啓増置後衛率吏、給三千兵、於是東宮宿衛万人」とあって、愍懐太子と賈后の対立が深刻化した元康年間に後衛率が増設されていることが判明する。

57『晉令』とは泰始三年（二六七）成立、四年（二六八）頒布の『泰始令』であろうが、仁井田陞『唐令拾遺』（東方文化学院東京研究所、一九三三年）は、『泰始令』は恵帝元康年間（二九一～二九九）に一度刊定されているとする（五～六頁）。

58楊済の官名について、前掲の『晉書』愍懐太子伝の太子賓友の記述には「太子太傅楊済」とあり、また『晉書』巻四〇 楊済伝も太子太傅とするが、このときの太子太傅は王戎であるため、ここでは楊済は太子太保に就任したと解釈しておく。

59『晉書』巻四〇 楊駿伝参照。

60『北堂書鈔』巻六五 太子太師条に「何劭領太師、通省尚書事」とあり、その原注に引く王隠『晉書』には「何劭字敬祖、以本官領太子太師」とあって、何劭の太子太師（太帥）を領任としている。王隠『晉書』の「本官」とは、おそらく中書令のことであろうが、中書令には同年に蒋俊が就任しているから（万斯同『晉将相大臣年表』）、それに従って何劭は中書令を辞任したことになり、その後は太子太帥を本官としたと思われる。ここでは便宜上『晉書』何劭伝を掲載する。

61『晉書』巻四〇 楊済伝参照。

第五章　西晉恵帝期の政治における賈后と詔

はじめに

太熙元年（二九〇）四月、西晉の初代皇帝　武帝（司馬炎）が死去し、皇太子衷が即位する（恵帝）。恵帝の治世は光熙元年（三〇六）六月に死去するまでの一六年間に及ぶが、この間には、統治能力を欠く恵帝のもとで、皇后・外戚・宗室諸王らによる紛争・内乱が続発したのであり、これらは八王の乱と総称される。

八王の乱は、恵帝の即位とほぼ同時に発生し、しかも乱の主体となったのが、皇后・外戚や、皇帝と血縁関係にある宗室諸王であったという特徴を有するために、長らくその発生原因の解明が、特に中国において、主要な課題となっていた。その結果、宗室諸王の封国の軍事力や都督制といった軍事制度などの制度的要因[1]、貴族制や政治の腐敗、寒人の権力追求志向といった政治・社会的要因[2]などが、これまでに八王の乱発生の根本原因として主張されてきた。その一方で、八王の乱は単一の原因から発生したのではなく、複数の要因が重なって発生したとする研究もある[3]。

日本においては、八王の乱の発生原因の他に、その特質・本質を把握しようという試みがなされてきた。まず岡崎文夫氏は、八王の乱を「利慾を主とする家族群の争闘」と理解し[4]、これを受け谷川道雄氏は、宗室諸王の持つ軍事力が西晉王朝の公権を支えるのではなく、これを私権化する方向に働いた結果が八王の乱であったとする[5]。さらに安田二郎氏は、個人のもつ利欲性を肯定し、それにより自己実現を追求する傾向が、「浮競」の風潮を現出し、それがより露骨に突出した社会現象として具現化した結果が八王の乱であったとする。[6] こうした成果を受け、八王の乱の本質をさらに究明したのが福原啓郎氏である。氏は、乱を主導した皇后・外戚・宗室諸王の原動力となった要素を、実権を掌握した皇后・外戚・宗室諸王による公権の私権化に対する、公権の回復を望む輿論とした。[7] このように、日本においては主に当時の社会情勢から八王の乱の本質を捉える試みがなされてきたのである。[8]

　これらの研究は、八王の乱を理解する上で非常に有益であるが、一般的に西晋の恵帝期については、先行研究の関心が八王の乱に集中していることからもわかるように、政治・社会が混乱していた時代と理解されている。またその研究手法にも問題がある。八王の乱は当初洛陽城内のクーデターや武力衝突であったが、斉王冏の挙兵（三王起義、三〇一）以後、地方に出鎮した宗室諸王と洛陽の宗室諸王の対立という形をとることが多くなる。しかし先行研究は、こうした武力衝突の規模や時期などの差をあまり重視せずに進められてきたのである。[9] そして最大の問題は、先行研究の多くが八王の乱を考察対象とし、個々のクーデターや武力衝突の分析に固執したため、恵帝期の政治史研究がおろそかにされてきたことである。「乱」を自明の前提として個々のクーデターや武力衝突のみをとりあげ、それらを材料として発生原因や特質を解明するのではなく、あくまで政治史の一要素として扱い、恵帝期の政治の実態を捉えようとする試みは、これまでにほとんどなされていなかった。したがって本章では、恵帝期の政治史を考察対象とする。具体的には、恵帝期のうちでも、賈后が政治において大きな影響力を有していた前半期（二九〇〜三〇〇）に注目したい。

　賈后（賈南風）は恵帝の皇后である。武帝泰始八年（二七二）に皇太子妃となり、[10] 恵帝即位直後の永熙元年（二九〇）に皇后に冊立される。その翌年の政変の後に実権を掌握し、その体制は以後一〇年間続くこととなる。永康元年（三〇〇）四月、宗室の趙王倫の起こしたクーデターにより庶人におとされ、やがて死を賜る。福原啓郎氏は著書において、この時期の政治について、これに先立つ楊氏体制における太傅楊駿のような輔政の任に就きうる人物が賈后にはなく、張華・裴頠・王戎のような朝臣や、外戚の賈模らを任用し、彼らの献身的な政治の結果、政局が安定したとする[11]。しかし、賈后の政治の特徴は、こうした人材の任用のみにとどまるのであろうか。

筆者が注目するのは、当時の詔や恵帝自身の持つ権威との関係である。これについては、祝総斌・福原啓郎の諸氏の研究により、八王の乱において、詔が頻繁に利用されたことや、「矯詔」が行われたこと、また宗室諸王が恵帝の擁護を口実に挙兵したことなどを根拠として、恵帝の有する強大な権威が、八王の乱の各局面において大きく作用していたことが明らかにされている[12]。しかし、それらが恵帝の治世前半において政治にどのように作用したのか、また賈后とどのように関係したのか、こうした問題を解明した研究はいまだにない。よって本章では、主にこの時期における詔の使用状況を確認しながら、賈后の政治の特色やその意義などを解明したい。

なお、「矯詔」の語義については、本来は「詔に仮託すること[13]」であるが、後述するように、史料には本物の詔の使用でも「矯詔」と表現されるケースがある。本章では、特に史料に「矯詔」とあるものや、先行研究が「矯詔」と述べているもの以外は、極力「矯詔」の語を使用しないことをあらかじめお断りしておく。

第一節　恵帝即位直後の政変

八王の乱は、恵帝即位の翌年である永平元年（二九一）三月の、恵帝の皇后賈后（賈南風）による楊駿専権体制の打倒より始まる。楊太后（楊芷）の父親である楊駿は、恵帝の即位とともに太傅・大都督となり、専権体制を構築したが、賈后は早くもその翌年に楊駿の打倒を志す。中央軍の殿中中郎の孟観・李肇は、以前より楊駿に礼遇されなかったため、密かに楊駿が社稷を危うくしていると誣告した。また賈后はかつて寺人監として東宮にて自身に給事していた宦官の董猛と密かに結託し、楊太后の廃位をはかる。董猛は孟観・李肇と結託し、さらに李肇をして当時大司馬・督予州諸軍事として許昌に出鎮していた汝南王亮にクーデターへの参加を要請させた。しかし汝南王亮に拒絶されたため、李肇は同じ要請を鎮南将軍・都督荊州諸軍事の楚王瑋に行い、楚王瑋はこれに同意する。楚王瑋は楊駿に入朝を求め、永平元年二月、洛陽に到着する。楚王瑋の到着後、孟観・李肇は恵帝に「啓」し、夜中に詔を作らせ、戒厳令を敷き、使者を派遣して楊駿の官位を剥奪し、就第を命じた。また宗室の東安公繇は殿中兵（中央軍）四〇〇人を率いてこれに続き、楊駿への攻撃を開始する。楊駿は厩舎へ逃れるが、その途上で殺害された[14]。その後、賈后は楊太后の失脚を画策する。楊太后は楊駿がクーデター軍の攻撃を被っている間に、「太傅（楊駿）を救う者は賞有らん」と記した帛書をとりつけた矢を城外に放ち、楊駿の救援をはかったが、これを知った賈后は楊太后が反逆に荷担したと宣言する。その後、詔により楊太后は永寧宮に送られるが、賈后は有司に働きかけ、恵帝に対し楊太后を廃するよう要請させた。恵帝は再度の審議を命じたが、有司は楊太后を庶人におとすよう要請する。恵帝は逡巡したものの、遂にこれを許可した。楊太后は金墉城に送られ、餓死する[15]。

楊氏一党が排除された後も、政治的混乱はなおも続くこととなる。楊駿の死後、許昌から召還された汝南王亮が太宰に、隠棲していた衛瓘が太保に、それぞれ就任し、ともに録尚書事となって輔政の任についた[16]。彼らは楚王瑋の権限の剥奪を試みたが、その計画を知った楚王瑋の舎人の岐盛は、長史の公孫宏とともに、当時積弩将軍となっていた李肇を通じ、楚王瑋の命と偽って賈后に汝南王亮・衛瓘を讒訴した。元康元年（二九一、楊駿殺害の直後に改元）六月、賈后はこれを受けて恵帝に詔を作らせ、それによって淮南王允・長沙王乂・成都王穎を宮門に駐屯させ、汝南王亮・衛瓘を廃するよう、楚王瑋に命じた。詔を受け取った楚王瑋は、『晉書』巻五九 楚王瑋伝に、

（楚王瑋）遂に本軍を勒し、復た詔を矯めて三十六軍を召し、手令もて諸軍に告げて曰く、「……今輒ち詔を奉じ、二公の官を免ず。吾今詔を受けて中外の諸軍を都督す。諸もろの直衛に在る者、皆な厳しく警備を加え、其の外営に在る者、便ち相率領し、径ちに行府に詣れ……」と。又詔を矯めて亮・瓘をして太宰・太保の印綬・侍中の貂蝉を上り、国に之かしめ、官属皆な罷めて之を遣わす。又詔を矯めて亮・瓘の官属を赦して曰く、「二公潜かに謀り、社稷を危うくせんと欲し、今免じて第に還らしむ。官属以下、一に問う所無し。若し詔を奉ぜざれば、便ち軍法もて事に従え。能く領する所を率い先んじて出降する者は、侯に封ぜられ賞を受けん。朕食言せず」と。遂に亮・瓘を収め、これを殺す。

とあるように、「詔を矯め（矯詔）」て「三十六軍」の召集、汝南王亮・衛瓘の太宰・太保の印綬、侍中の貂蝉冠の没収などを立て続けに実施し、最後には汝南王亮・衛瓘を収監し、処刑する。しかしながら楚王

瑋も、同月に「矯詔」の罪によって処刑されることとなる。岐盛は楚王瑋に、軍をもって賈后の外戚である賈模・郭彰を誅殺するよう進言したが、楚王瑋は決行をためらった。事態を憂慮した恵帝は、張華の提案に従い、騶虞幡（白虎幡）[17]によって楚王瑋に率いられた中央軍を撤退させ、楚王瑋を捕縛した。処刑に先立ち楚王瑋は、懐から青紙を取り出し、「此れ詔書なり。此れを受けて行い、社稷の為と謂《おも》うも、今更らに罪と為る」と、監刑尚書の劉頌にうったえたが、結局処刑されてしまう[18]。楚王瑋の処刑により政変は終結する。

以上は永平元年三月〜元康元年六月における、賈后によるクーデターの経緯であるが、賈后が事を進めるにあたり、特に詔を利用していることに注目される。最初の楊駿打倒の際、賈后に協力的な中央軍の孟観・李肇が「啓」によって詔を入手しており[19]、楚王瑋の幕僚であった岐盛・公孫宏のうったえを受けたときも、恵帝に詔を作らせることで、これに応えている。また楊太后を庶人におとしたときも、有司に働きかけて上奏させ、恵帝の裁可をもってこれを行っている。ただし楚王瑋が軍の召還、汝南王亮・衛瓘の印綬・冠の没収などを実施したときのことについて、前掲の『晉書』楚王瑋伝はこれらを「矯詔」としているが、いずれも賈后の意志ではなく、楚王瑋の独断によるものであろう。楚王瑋が処刑直前に懐から出した青紙の詔は、最初に岐盛・公孫宏の主張を入れ、賈后が恵帝に作らせたものであったと考えられる（もっとも、楚王瑋の「矯詔」は青紙の詔を受けた後に行われており、またその「矯詔」による行動は、必ずしも青紙の詔の主旨から逸脱したものではなく、あるいは、青紙の詔の内容を敷衍・拡大解釈し、それを命令として発したことが、ここで「矯詔」とされたのかも知れない[20]）。

前述の通り、八王の乱における詔や「矯詔」の重要性については、既に祝総斌・福原啓郎の両氏の指摘がある。祝氏は八王の乱において恵帝の擁護や宗室諸王による皇位の簒奪（趙王倫）への反対を名目にし、あるいは「矯詔」によってクーデターや挙兵がなされたことなどから、西晉における強大な「皇権」を見出した。[21] 福原氏も、詔・「矯詔」・騶虞幡などが頻繁に利用されたことから、これらが有する無形の皇帝の権威が八王の乱の局面に大きな作用を及ぼしたことを指摘する。[22] ただし福原氏は、賈后の詔利用について、『晉書』の本紀などにおいて「矯詔」と記されていることや、『晉書』において「矯詔」と表現されないケースにおいても恵帝の意思にかかわりなく詔が利用されていることなどを重視し、賈后のこれらの行為をも実質的な「矯詔」と解釈するが、こうした福原氏の理解は妥当なのであろうか。そこで、一連の政変における詔の使用について検討したい。

賈后の行為は、確かに恵帝の意思を半ば無視した行為ではあったが、クーデターに際しては、常に恵帝から詔を引き出している。最初の楊駿誅殺において、賈后の意を受けた孟観・李肇は恵帝に「啓」することによって詔を手に入れている。中村圭爾氏は、西晉代（特に武帝前期）における「啓」による意志上達は、通常の行政組織とその運営における正常の意志伝達経路によらない臣下の私的な意向の上申の場合が多いと主張する。[23] 孟観・李肇が夜中のうちに私的に恵帝に詔を要請したとなると、この詔は、恵帝直筆の手詔であったと考えられる。汝南王亮・衛瓘の免官・処刑の際に楚王瑋に渡された詔が青紙の詔であったことは既に述べたが、これについては、

六月、賈后 詔を矯め楚王瑋をして太宰汝南王亮・太保菑陽公衛瓘を殺さしむ。（『晉書』巻四　恵帝紀　永平元年六月条）

（賈后）又瓘の瑋と隙有るを聞き、遂に瓘 亮と伊・霍の事を為さんと欲すと謗り、帝に啓して手詔を作らしめ、瑋をして瓘等の官を免ぜしむ。（『晉書』巻三六　衛瓘伝）

……而れども后　之を察せず、恵帝をして詔を為らしめて曰く、「太宰・太保　伊・霍の事を為さんと欲し、王宜しく詔を宣し、淮南・長沙・成都王をして宮の諸門に屯せしめ、二公を廃せよ」と。夜に黄門をして齎し以て瑋に授けしむ。（『晉書』巻五九　楚王瑋伝）

とあるように、『晉書』の本紀・列伝で詔に関する表現が異なっている。しかし、『晉書』の恵帝紀には賈后の「矯詔」の内容については具体的に記されておらず、衛瓘伝・楚王瑋伝の記述がそれに相当するのであろう。この二つの列伝の間にも、「詔」・「手詔」と表現の差違が見られるが、当時の青紙の詔を、冨谷至氏は皇帝直筆の手詔と解釈し[24]、また福原啓郎氏も楚王瑋にわたされた詔を「恵帝自筆にかかる詔敕」とする[25]。このとき使用された詔も、恵帝の手詔であったと考えられる。

このように、賈后は恵帝の手詔を積極的に利用した。もっとも、さきの楊氏体制において、既に手詔を利用した政敵の討伐が試みられていた。武帝が死去して間もない頃、楊駿は前年に大司馬・大都督・督予州諸軍事に任命されながら、なおも任地の許昌に赴任しない汝南王亮が、挙兵して自らを攻撃することを恐れたため、『晉書』巻四四　石鑒伝に、

駿大いに懼れ、太后に白して帝をして手詔を為らしめ、鑒及び張劭に詔して陵兵を率いて亮を討たしむ。

とあるように、恵帝に手詔を書かせるよう楊太后に依頼し、その手詔をもって、当時武帝の陵墓築造の監督に当たっていた石鑒と張劭に、陵墓にいる兵を率いて汝南王亮を討伐するよう命じたのである（しかし、このときは石鑒が手詔を保持したまま待機し、汝南王亮が許昌に赴任したため、戦闘は発生せず、事なきをえた）[26]。こ

のように、恵帝の即位直後においては、皇后（皇太后）・外戚によって手詔による政敵の排除・討伐などが行われていたのである。これらの皇后（皇太后）・外戚の行動に、恵帝が積極的に関与したとは考えがたいが、基本的には手詔が用いられたのであり、筆者はこの点を重視したい。

ところで、冨谷至氏は青紙の詔（手詔）について、断罪・誅殺など、重大な内容を持ち、それゆえに皇帝直筆の詔という形がとられたと主張する。[27] 確かに、一連の政変において手詔は氏のいう用途から使用された。しかし本来手詔に、こうした用途があったのであろうか。

表三　曹魏及び西晋武帝期における手詔の使用例

王朝	皇帝	手詔の使用例	出典
	明帝	青龍三年（二三五）秋、病床にある中山王袞に、詔により太医を遣わして診察させ、殿中・虎賁に手詔や珍膳を届けさせる。	『三国志』武文世王公伝
		威刑の過度、宮殿造営を諫める徐宣の上疏に対し、手詔をもって受け入れる。	『三国志』徐宣伝
		危篤の際、中書監の劉放より強制され、遺詔を作成（内	『三国志』明帝紀注

王朝	皇帝	内容	出典
曹魏		容は燕王宇らの免官）。	所引『漢晉春秋』
		中書監劉放・中書令孫資、明帝に司馬懿の召還を進言。明帝、公孫淵を滅ぼした司馬懿に手詔を発し、召還を命令。	『三国志』劉放伝注所引『世語』、『晉書』宣帝紀
	高貴郷公	鍾会の母が甘露二年（二五七）二月に病死し、その葬儀の際、手詔によって大将軍司馬昭に厚く賵贈を加えるよう命令。	『三国志』鍾会伝注
		山濤が尚書左丞の白褒の劾奏を受けた際、手詔によって白褒の劾奏を意に介せず、職務を続けるよう山濤を説得。	『晉書』山濤伝
		私意によって人材を推挙しているという山濤への批判を聞き、手詔によって才能に基づいて選定するよう山濤に戒告。	『晉書』山濤伝
		尚書令衛瓘の上奏文に「濤以微苦、久不視職。手詔頻	『晉書』山濤伝

		煩、猶未順旨……」とある。	
西晉	武帝	太康（二八〇〜二九〇）の初め、山濤を尚書右僕射・散騎常侍に任命するが、山濤は老疾を理由に固辞。手詔によって慰留。	『晉書』山濤伝
		外戚の羊琇が死去し、手詔によって輔国大将軍、開府儀同三司を贈り、東園の秘器、朝服一襲、銭三〇万、布一〇〇匹を下賜。	『晉書』外戚伝
		災異を理由に辞職を願う魏舒に対し、手詔をもって職務に精励するよう説得。	『晉書』魏舒伝
		太康末、武帝が病から一時的に回復したことを朝臣が祝った際、華嶠が諫言を行う。武帝、手詔をもってこれに応える。	『晉書』華表伝附華嶠伝

表三は曹魏から西晋武帝期にかけての手詔の用例をまとめたものであるが、ここから判明するように、

朝臣に対する訓戒・説得などの用途から用いられることが多く、少なくとも討伐の目的から手詔が利用された例は確認できない。特に武帝期における手詔の使用例に注目すると、羊琇への贈官以外は、全て特定の朝臣に対する訓示・説得などのために発せられているのであり、手詔がそもそも皇帝自身の筆による詔であることや、武帝と手詔を受ける朝臣の二者間のやりとりにとどまっていることを踏まえると、手詔というものが、純粋な公文書ではなく、私信としての性格をも有していたように思われる。

しかし一方では曹魏において危篤状態の明帝が、中書監劉放に強制されて手詔を作成し、それにより燕王宇らを免官したという例がある。こうして見ると、手詔が朝臣の免官や討伐に使われるのは、皇帝が政務をとることが困難な状態にあるとき（もしくは、皇帝に統治能力が欠如している場合）に限られることとなる。本来手詔にそのような用途はなかったが、この時期の皇后（皇太后）・外戚は、恵帝の無能をいいことに、手詔を利用して政敵の免官や討伐を行ったのであり、またこれによって、手詔の持つ権威や効力が格段に強化されることとなった。

祝・福原の両氏は、八王の乱における詔の利用や「矯詔」などから、強大な皇帝の権威を見出したが、一連の政変において賈后や楊太后・楊駿があくまで手詔を利用したことにも注意せねばならない。恵帝の治世の前半において実権を掌握したのが、宗室諸王ではなく皇后（皇太后）・外戚であったのは、皇帝の権威の象徴であり、また命令文書としての実体を持つ本物の詔（特に皇帝直筆の手詔）を入手・利用しうる立場にあったためであろう。それゆえ、この時期は恵帝の無形の権威だけではなく、臣下に命令を下すという政治的役割も、依然として重視されていたのである。[28] とはいえ、本来極めて限定的な用途から使用されていた手詔を、皇后（皇太后）・外戚が実権掌握・政敵排除を目的として、軍の動員に利用したことが、詔（手詔）の性質を変化させたことにも注目する必要はあろう。

第二節　元康年間の政治

賈后が楚王瑋を処刑した後、新たな政権が構築されるが、この政権はどのような人々によって担われたのであろうか。元康元年六月から永興元年四月にかけての、中央政府の高官を表に整理すると、**表四**のようになる。

表四　元康元年（二九一）～永康元年（三〇〇）主要官僚

官職	就任者
太尉	石鑒（二九一～二九四）、隴西王泰（二九四～二九九）
司徒	王渾（二九一～二九七）、王戎（二九七～三〇〇）
司空	隴西王泰（二九一～二九四）、下邳王晃（二九四～二九六）、張華（二九六～三〇〇）
車騎将軍	下邳王晃（二九一～二九四）、趙王倫（二九六～三〇〇）

衛将軍	楚王瑋（二九一）、梁王肜（二九一～二九六）、郭彰（二九六～二九七）
上軍大将軍	楽安王鑒（二九二～二九八）
尚書令	下邳王晃（二九一～二九六）、隴西王泰（二九六～二九九）、王衍（二九九～三〇〇）
尚書左僕射	王戎（僕射、二九一～二九七）、何劭（僕射、二九七～三〇〇）
尚書右僕射	東海王越（二九二～二九五）、裴頠（二九九～三〇〇）
中書監	張華（二九一～二九六）
中書令	王戎（二九一）、裴楷（二九一～二九四）、陳準（二九五～三〇〇）
侍中（加官としての侍中は除く）	賈模（二九一～二九九）、裴頠（二九一～二九九）、東海王越（二九六～三〇〇）、楽広（二九七～二九八）、荀藩（二九七～二九八）、賈謐（二九八～三〇〇）

※万斯同『晉将相大臣年表』をもとに作成。

※括弧内数字は在職年次（西暦）。

　元康年間（二九一～二九九）の政治は、主としてこうした中央政府の高官によって行われていた。このような顔ぶれの中で、如何にして政策決定がなされたか、また、賈后が如何にして自己の意志を政策決定に反映させたか、これらの問題を考察する必要があろう。

　当時においては、**表四**に掲げたような朝臣が参加する朝議が、政治において重要な役割を担っていた。例えば、元康六年（二九六）八月に氏族の酋長斉万年が皇帝を称し、反乱を起こしたが、そのきっかけを作った趙王倫について、『文選』巻二〇 潘安仁（潘岳）『関中詩』李善注所引傅暢『晉諸公讃』に、

> 司馬倫、字は子彝、咸熙（寧？）中、趙王に封ぜられ、征西・仮節・都督雍梁晉諸軍事に進む。倫 羌の大酋数十人を誅し、胡 遂に反す。朝議 倫を召還す。

とあるように、朝議によって趙王倫の召還が決定された。また同じく『関中詩』李善注所引朱鳳『晉書』に、

> 倫 兵三万もて往きて斉万年を平げんことを請うも、朝議許さず。

とあるように、召還された後、趙王倫は三万人の兵を率いて斉万年の討伐を要請したが、これも朝議の決定により許可が下りなかった[29]。また、中書・侍中や尚書などの諸官も、当時においては政治の中枢であっ

た。[30]

これらの要職には、賈后の信任厚い朝臣が就任し、[31]前述の通り、福原啓郎氏は彼らの献身的な政治の結果、政治が安定したとするが、[32]当時は賈后との関係が良好であったからといって、必ずしも栄達できたわけではなく、また賈后より信頼されていた朝臣が、賈后に対して必ずしも忠実ではない点も見られる。『晋書』巻五九　趙王倫伝に、

(倫) 深く賈・郭に交わり、中宮に諂事し、大いに賈后の親信する所と為る。録尚書を求むるも、張華・裴頠固執して不可とす。又尚書令を求むるも、華・頠復た許さず。

とあり、賈后に取り入り、その信頼をえた趙王倫は、録尚書事・尚書令を求めたが、ともに張華・裴頠の拒絶に遭い、斥けられている。『晋書』巻三五　裴秀伝附裴頠伝には、

頠　深く賈后の乱政を慮り、司空張華・侍中賈模と之を廃して謝淑妃を立てんことを議す。華・模皆な曰く、「帝に廃黜の意無き自りは、若し吾等専ら之を行えば、上の心以て是と為さず。且つ諸王方剛、朋党異議し、禍い機を発するが如く、身死して国危うく、社稷に益無きを恐る」と。頠曰く、「誠に公の慮の如し。但し昏虐の人、忌憚する所無く、乱　立ちて待つべし、将に之を如何せん」と。華曰く、「卿二人猶お且く信ぜられ、然して左右の為に禍福の戒を陳ぶるに勤め、大悖無きを冀う。幸いに天下尚お安んじ、優游として歳を卒うるを庶う」と。此の謀遂に寝む。

とあり、張華・賈模・裴頠の間で賈后廃位と謝淑妃（謝玖、愍懐太子の生母）の皇后擁立が話し合われている（張華と賈模はこれに反対する）。[33]このうちの裴頠は、賈氏と姻戚関係にあり、賈后より信任されながら、賈后と関係を悪化させていた愍懐太子の保護につとめた人物である。裴頠は恵帝に「啓」して東宮の警護兵（太子衛率麾下の兵）を、それまでの三衛から四衛に増員させ、[34]また賈后の母である広城君（郭槐）に、愍懐太子を手厚く遇するよう、賈后に説得させるなどして、賈后が愍懐太子に危害を加えることを防いでいたのである。[35]なお、元康年間において、皇太子であった愍懐太子は、度々反賈后派より、クーデターを勧められていた。中護軍の趙俊（趙浚）は、後宮における賈后の腹心 趙粲の叔父であったが、愍懐太子に賈后を廃することを進言しており、[36]また太子左衛率の劉卞は、当時司空であった張華に、愍懐太子を録尚書事とし、その上で賈后を廃し、金墉城に幽閉するよう提案した。[37]このように、当時の朝廷においては、反賈后派が少なからず存在していたのである。

ここまで、朝議や中書・侍中などの諸官が国政において重要な役割を果たし、また当時の朝廷においては、反賈后派が存在していたことを指摘した。となると、このような状況の中で賈后が如何にして主導権を掌握しえたか、という疑問が生ずる。次に、賈后の政治手法の詳細を確認したい。賈后の政治手法は、主に二種類ある。

第一には、外戚・宦官の重用や密偵の利用である。賈后の体制を支えた者として、外戚である賈模・賈謐などが挙げられる。賈模は元康年間において侍中の職にあった人物であるが、『晉書』巻四〇の本伝に、

> 模乃ち心を尽くして匡弼し、張華・裴頠を推して心を同じくして輔政せしむ。……然れども模潛かに権勢を執り、外形は之を遠ざけんと欲し、賈后に啓奏する事有る毎に、入りて輒ち急を取り、或いは疾に託して以て之を避く。

……但し賈后性甚だ強暴にして、模毎に言を尽くして為に禍福を陳ぶるも、后従う能わず、反って模 己を毀ると謂う。是に於いて委任の情日に衰え、而して讒間の徒 遂に進む。

とあって、外戚として権勢を振るっていたが、賈后を諫めてもおり、それゆえに晩年は賈后の不興を買い、その信頼も薄らいでいくようになった。一方の賈謐はもと賈后の妹の賈午とその夫 韓寿の子であるが、賈充の子 賈黎民（既に死去）の「養子」となり、太康三年（二八二）の賈充の死後、賈充の後嗣となった人物である。賈謐は、散騎常侍・後軍将軍・秘書監（掌国史）・侍中（領秘書監）というように、要職を歴任する[38]。さらに石崇・潘岳といった貴族はこれにおもねり、彼らは「二十四友」と呼ばれるようになる[39]。賈謐らは自己に都合の悪い人物を、賈后の権限を利用して左遷という形で排除することもあった。例えば、皇弟である成都王穎は、愍懐太子と碁を打っていた賈謐に対し、その無礼さを叱責したことから賈謐に恐れられ、賈謐が賈后に告げたため、平北将軍として鄴に出鎮させられた[40]。この他、最初のクーデターにおいて、賈后が宦官董猛を利用したことは既に述べたが、この董猛はクーデター後、武安侯に封ぜられ、三人の兄も亭侯となった[41]。また董猛は元康年間においては中常侍となり[42]、この後も賈后の腹心として振る舞ったらしい（具体的な活動については後述する）。また賈后が密偵を利用し、外界の動静をうかがっていたことにも注目される。『晉書』巻三一 后妃伝上 恵賈皇后条に、元康九年（二九九）の愍懐太子廃嫡後のこととして、

太子の廃黜せらるるに及び、趙王倫・孫秀等 衆怨に因りて謀りて后を廃せんと欲す。后数しば宮婢を遣わして微服もて人間に於いて視聴せしめ、其の謀頗る泄る。

とあり、趙王倫・孫秀は、当時賈后を廃することをはかっていたのであるが、その陰謀は、賈后により、身分を偽り外界に放たれていた後宮の奴隷（宮婢）に察知された。また前述の太子左衛率劉卞が張華へクーデターと愍懐太子の擁立を進言した際にも、これが密偵の耳に入り、結果、劉卞は軽車将軍・雍州刺史として、左遷されることとなったのである。[43]当時賈后に反発する輿論は、そのほとんどが愍懐太子と結びついている。[44]そもそも賈后は愍懐太子の生母ではなく、生母は前述の通り謝淑妃であった。さらに愍懐太子と賈后は不仲であり、恐らくはそれゆえに反賈后の輿論が愍懐太子支持の方向に向かったのであろう。さきに紹介したように、裴頠・張華・賈模の間で賈后廃位と謝淑妃擁立が話し合われているが、謝淑妃は愍懐太子の生母であるため、ここで賈后に代わる皇后の候補に選ばれたと思われる。賈后が外界の情報収集や監視に熱心であったのには、こうした事情がある。

第二には、詔の伝達の管理である。賈后は永康元年四月、趙王倫のクーデターによって廃されるが、そのときのことについて、『晉書』巻三一　后妃伝上　恵賈皇后条に、

> 趙王倫乃ち兵を率いて宮に入り、翊軍校尉斉王冏をして殿に入りて后を廃せしむ。……后驚きて曰く、「卿何為れぞ来る」と。冏曰く、「詔有りて后を収めん」と。后曰く、「詔当に我より出づべし、何ぞ詔なる」と。

とあり、賈后が「詔当に我より出づべし」といっていることから、当時、基本的に詔は賈后を経由して出されたことが、ここから推察される。賈后は詔（手詔）の伝達を管理することで、その体制を運営していたのであろう。西晉における詔の重要性は、さきの楊氏専権体制についても同様に指摘できる。『晉書』

巻四〇 楊駿伝に、

凡そ詔命有らば、帝省訖わり、入りて太后（楊太后）に呈し、然る後に乃ち出づ。

とあるように、詔を発するに際しては、楊太后を経由していたのであり、既に述べたように、楊太后と楊駿は恵帝の手詔を利用して政敵の討伐をはかったこともある。詔の伝達の経由、手詔を利用した政敵の討伐という政治手法は共通しており、かつて楊太后・楊駿が用いたこのような手法を、賈后が手本にしていたとも考えられよう。

このように、外戚・宦官の重用と密偵の利用や、詔の伝達の管理が、元康年間における、賈后の権勢の源泉となったのであるが、実際の政策決定プロセスにおいて、張華・裴頠らの朝臣と、賈后が対立した場合、その決着はどのようになされたのであろうか。『晉書』やその他の史料には、この問題を解き明かすのに必要な記述に乏しいのであるが、ひとまずは、元康九年の愍懐太子廃嫡を材料として、この問題を解明したい。

元康九年一二月、愍懐太子の長子虨が病に伏し、太子は虨のために王爵を求めたが許されず、虨の病が篤くなると、太子は祈祷を行った。これを聞いた賈后は、恵帝の体調が悪化したと偽り、愍懐太子を呼びつけて入朝させた。愍懐太子は入朝したが、賈后は会わず、別室に太子を招き入れた。そして婢の陳舞を別室に遣わし太子に酒と棗を賜い、無理やり太子に飲ませて泥酔させる。さらに黄門侍郎の潘岳の手による、愍懐太子のクーデターを暗示する祈祷文の草稿と紙・筆を、小婢の承福を遣わして愍懐太子に届けさせ、泥酔した太子に、祈祷文の草稿の内容を紙に写させた。酔いからいっこうに覚めない愍懐太子は半分ほどしか写せなかったが、残りの部分は補筆され、賈后はこれを恵帝に渡した。愍懐太子の祈祷文を受けた恵帝は式乾殿に行幸し、さらに朝臣を召集し、当時黄門令であった董猛に愍懐太子の書いた祈祷文と青紙の詔を示し「遹（愍懐太子の名）の書此くの如し、今死を賜らん」と宣告させた。それに対する朝臣の意見はほとんどなかったが、張華・裴頠の二人だけは、異論を提示した。賈后は董猛に、長広公主の言葉と偽って、「事は宜しく速やかに決すべし。而れども群臣各おの同じならざる有り、若し詔に従わざる有らば、宜しく軍法を以て事に従うべし」と恵帝にむけて進言させる。議論は日没まで続いたが決することはなく、クーデターの発生を恐れた賈后は、愍懐太子を廃して庶人とするよう上表し、詔によってこれが裁可された。愍懐太子は庶人におとされ、妃の王氏や三人の子とともに金墉城に送られ、幽閉された。[45]

以上の廃太子までの経緯にはさまざまな特徴があるが、それは主に①廃太子に先立ち、愍懐太子直筆のクーデターを示唆する祈祷文が用意されたこと、②式乾殿における愍懐太子の廃嫡と死刑の宣告に際し、黄門令（宦官）董猛が主導的な役割を果たしたこと、③宣告がされた直後、朝臣の多くはこれを黙認したが、張華・裴頠の二人は、これへの反対の姿勢を示したこと、④議事が長引き、クーデターの発生を恐れた賈后が、あらためて愍懐太子を廃して庶人におとすよう上表し、それが詔によって裁可されたこと、の四点に整理できよう。以下、これらの特徴を個別に分析したい。

まず①に関して、この祈祷文は、その後の廃太子の経緯を見てもわかるように、愍懐太子を廃するための口実や物的証拠として用意されたものである。賈后はクーデターを示唆する祈祷文を愍懐太子自身に書かせるために、あらかじめ酒を飲ませて泥酔させたのであるが、逆にそれゆえに愍懐太子は草稿の半分しか書き写せず、残りを補筆せざるをえなかった。このような強引さはあるものの、賈后が極力愍懐太子直筆の祈祷文を手に入れようとしたことは注目に値する。なお愍懐太子は金墉城に幽閉された後の永康元年正月、さらに許昌へ送られ、そこでも幽閉されることとなるのであるが、その決定がなされたときのこととして、『晉書』巻五三 愍懐太子伝には、

明年正月、賈后又黄門をして自首せしめ、太子と逆を為さんと欲す。詔して黄門の首辞を以て公卿に班示す。

とあり、賈后は黄門を愍懐太子とともに反逆をはかったとして自首させ、その「首辞（自供書）」を公卿に示し、太子を許昌に送るための証拠としたのである。黄門が愍懐太子と反逆をはかったとし、その容疑をもって自首させたこと自体は、賈后による陰謀・捏造に違いないのであるが、あらかじめ黄門の自供書が用意されたのであり、ここでも、賈后は証拠を提示することによって、公卿への同意を求めたのである。

②の董猛に関しては、前述の通り、賈后の信任厚い宦官であり、恵帝即位直後のクーデターにも積極的に賈后に協力した。その董猛が、太子直筆の祈祷文と青紙の詔、すなわち皇帝直筆の詔をもって、愍懐太子に死を賜ることを宣告しているのである。また張華・裴頠から異論が出た後、董猛は長広公主の言葉と偽り[46]、詔に従わない者は軍法によって処分するよう恵帝に進言しており、少なくとも、賈后の委託を受けた宦官董猛が、この会議を主導する役割を担っていたことは確認できよう。賈后自身に朝議や式乾殿会議のような場への出席資格があったとは思われないため、董猛が朝議・会議と賈后を繋ぐパイプ役であったことになる。なおここで董猛が愍懐太子の祈祷文とともに、青紙の詔（恵帝直筆の詔）を持ち出したことにも注目したい。既に述べたように、賈后は詔の伝達を実質的に管理しており、この青紙の詔の内容も、賈后の意向に沿うものであったことは、容易に推察される。

審議をこのように進めようとする董猛を遮り、張華・裴頠は慎重論を提示する（③）。張華と裴頠の二

人の意見の具体的な内容は、式乾殿における議事の詳細を示す、『晉書』巻三六 張華伝の以下の記述を見れば判明する。

帝の群臣に式乾殿に会するに及び、太子の手書を出し、偏く群臣に示し、敢えて言有る者莫し。惟だ華のみ諫めて曰く、「此れ国の大禍なり。漢武より以来、正嫡を廃黜する毎に、恒に喪乱に至る。且つ国家の天下を有すること日に浅く、願わくは陛下之を詳らかにせんことを」と。尚書左僕射裴頠以為えらく、「宜しく先に書を伝うる者を検校すべし。又太子の手書を比校するを請わん。然らざれば、詐妄有るを恐る」と。賈后乃ち内に太子の素の啓事十余紙を出し、衆人比べ視るも、亦た敢えて非を言う者無し。

式乾殿において愍懐太子直筆の祈祷文（「太子の手書」）が提示された際、まず張華は、前漢の武帝以来、廃太子は常に混乱の動機となり、かつ晉朝建国からまだ日が浅いことを理由に、恵帝にさらなる調査を要請した。張華の発言は、さほど特徴のないものであるが、注目すべきは一方の裴頠の発言である。裴頠は、愍懐太子の祈祷文を伝達した者の取り調べや、愍懐太子の筆跡照合を要請した。この要請に対して賈后は、愍懐太子が以前に書いた啓事十余枚を出し、衆人は筆跡の照合・鑑定を行った。ここでは愍懐太子の祈祷文が偽物であるとは結論づけられなかったようではあるが、前述の通り、祈祷文の半分は他人の補筆によるもので、精査すればそのことも判明したはずである。しかし「敢えて非を言う者無し」とあるように、その場にあった衆人は筆跡の真偽に疑問を抱きつつも発言はしなかったのであり、これは密偵の監視などによる、賈后の圧力が作用したためであろう。とはいえ、真偽の疑わしい文書（特に政治の重要問題に関する文書）に関しては、確認のために筆跡の照合・鑑定が朝臣によって行われていたことが、ここからうかがえるのである。

裴頠・張華の抵抗により、賈后は譲歩し、あらためて恵帝に上表して、愍懐太子を処刑せず、庶人におとすよう要請し、恵帝がそれを裁可したことで、一応、会議は収束した（④）。賈后が譲歩するに至ったのは、議論が長引くことによるクーデターの発生を恐れ、また張華・裴頠の意志が強固であると見て取ったためであるが[47]、廃太子の決定は、賈后の上奏と、それに対する恵帝の詔による裁可によってなされたのであり、賈后が独断で行ったわけではない。ここに至っても、賈后は形式的ながらも、恵帝自身の決定を重視した。

以上の式乾殿における張華・裴頠らの朝臣と賈后・董猛の応酬は、この時期の政治の実態を知る上で貴重な材料なのであるが、もっとも、これは廃太子という重大事に関するものであり、一般の政治において常時このような手続きがなされたとは考えがたい。しかしながら、これによって当時における賈后と張華・裴頠らの朝臣との関係やそれぞれの立場を確認することは可能であろう。同時に注目されるのが、青紙の詔（手詔）や愍懐太子の祈祷文などの文書である。

まず式乾殿の会議に先立ち用意された愍懐太子の祈祷文について、廃太子に先立ってこのような証拠の用意が必要であったということは、賈后が何らの根拠もなく一方的・独裁的に愍懐太子を処断しえなかったことを示している。廃太子は国事の重要問題であり、また愍懐太子が衆望を集めていたために、このような手続きがとられたのであろう。賈后は愍懐太子の殺害を決意するに先立ち、愍懐太子の短所を世間に広めているが[48]、これは愍懐太子と輿論の関係を、賈后が意識していたことを示す。既に述べたように、朝廷内の反賈后派の中には、愍懐太子にクーデターを勧めている者もあり、愍懐太子と反賈后の輿論が様々な形で結びついていたのである。こうした状況を踏まえた上で、賈后が愍懐太子を処断しようとする場合、先にこうした輿論と愍懐太子との結びつきを分断せねばならず、また輿論に自らの所業の正当性を認識させるために、証拠が必要となったのである。賈后があくまで証拠となる祈祷文が愍懐太子直筆のものであることにこだわったのは、こうした事情によるのであり、逆に式乾殿の会議における張華・裴頠の行動は、当時の輿論を代弁するものでもあった。また賈后が詔（特に手詔）を重んじたことにも注意せねばならない。前節で論じたように、恵帝即位直後に連続して発生した政変に際し、賈后やその私党は常に正式の詔を手に入れることで、成功に導いている。賈后による施政が本格化した後も、引き続き詔は重要視された。式乾殿の会議においても、董猛に青紙の詔（手詔）を持たせることで、会議を有利に進めようとしたのである。

この体制は、決して賈后による絶対的な支配体制であったのではなく、張華・裴頠といった朝臣や、自らに反発しがちな輿論の、それぞれの動向を意識しつつ、外戚・宦官を重用し、また詔の伝達を管理することで生ずる、賈后の相対的優位に根ざしたものであったのである。恵帝の権威は、賈后の優位を作り上げるためには必要不可欠であった。当時の政治は、表面的には詔（手詔）や朝議における恵帝の裁可など、全て恵帝による命令・決定という形をとっていたのであり、賈后は政策決定プロセスにおいて、常にこの形式を守り続けなければならなかったのである。こうした政治の特徴は、後漢代の外戚政治と比較すればより明確となる。後漢の外戚政権は、基本的に皇太后の臨朝称制に依拠していたが[49]、西晋においては、まず楊太后は臨朝称制せず、恵帝の詔の伝達を管理し、また手詔を利用した。この点は賈后も同様であるが、賈后はそもそも皇太后ではなく、また楊駿のような、大臣を務められるほどの年齢の、充分な政治経験を積んだ、有力な外戚を欠いていた[50]。楊太后・楊駿・賈后のそれぞれの政治は全て恵帝の権威に依拠せねばならなかったのである（こうしたことは、無論恵帝が既に成年であったことも一因である）。特に賈后は、朝廷の反賈后派に対する優位を示さねばならず、また楊駿のような有力外戚がなかったために、楊氏の体制に比して、それへの依存度をいっそう強めたのである。

第三節　賈后の死とその後の政局

賈后は前述の趙王倫によるクーデターによって倒される。愍懐太子廃嫡の後、かつて東宮に給事していた中央軍の左衛司馬督の司馬雅と常従督の許超は、太子の無罪を信じ、その復位を目論んでいたが、張華や裴頠に話を持ちかけたのでは謀略が実行されにくく、領右軍将軍の趙王倫であれば軍権を有し、性格も貪欲であり、謀略が成功しやすいと判断し、殿中中郎の士猗とともに趙王倫の側近である孫秀に相談を持ちかけた。これを納れた孫秀は、趙王倫に報告し、倫もこれを承諾する。そして趙王倫は通事令史張林・省事張衡・殿中侍御史殷渾・右衛司馬督路始に告げ、内応するよう取りはからった。しかし、寸前になり孫秀は趙王倫に、倫が当時賈后の私党と見られていたこと、愍懐太子が復位しても倫の功が報われないことを理由として、まず賈后に愍懐太子を殺害させ、その上で賈后を廃するよう提案した。趙王倫はこれに従い、孫秀は謀略を故意に賈謐らに流し、さらに賈謐に早急に太子を殺害するよう勧めた[51]。そして永康元年三月、賈后は黄門（宦官）孫慮を許昌に派遣し、既に廃されていた愍懐太子を殺害させたのである[52]。この後、趙王倫・孫秀はいよいよクーデターを実行することになるが、その詳しい経緯は次の通りである。

趙王倫の腹心である孫秀は、中央軍の右衛佽飛督閭和をクーデターに誘い、永康元年四月三日、クーデター決行の合図の太鼓を鳴らす。そして趙王倫は「矯詔」により、中央軍の三部司馬に、「中宮 賈謐等と吾が太子を殺し、今車騎をして入りて中宮を廃せしむ。汝等皆な当に命に従うべし、爵関中侯を賜わん。従わざれば、三族を誅せん」と命じ、洛陽の「衆」はこれに従った。趙王倫はさらに「矯詔」によって門を開け、翊軍校尉の斉王冏に命じて三部司馬一〇〇人を率いて突入させた。華林令駱休の内応により、東堂にて趙王倫は恵帝を迎え入れることに成功する。趙王倫はそのまま賈后を廃して庶人におとし、建始殿に幽閉する。その後、尚書に「詔」が下り、外戚の賈謐が逮捕される。さらに中書監・侍中・黄門侍郎・尚書八坐を召した上で、張華・裴頠・解結・杜斌らを逮捕し、殿前においてこれらを処刑した。尚書は詔に偽りがあるものと疑い、尚書郎の師景が露版をもって手詔を要請したが、趙王倫はこれを殺害する。倫は尚書の和郁に命じ、賈后を金墉城に護送させた上で、「矯詔」により尚書の劉弘らに毒入りの酒を届けさせ、賈后に死を賜った。さらに趙王倫は「矯詔」により自ら使持節・大都督・督中外諸軍事・相国に就任し、相国府に左右長史・司馬・従事中郎四人・参軍一〇人・掾属二〇人・兵一万人を配属させ、専権体制を構築した[53]。

以上は主に『晉書』巻五九 趙王倫伝に基づいて整理した賈后の失脚・殺害と趙王倫台頭の経緯である。ここから判明するように、趙王倫は重要局面において「矯詔」を行ったとされているが、一連の「矯詔」の実態は、果たしてどのようなものであったのだろうか。

前掲の『晉書』后妃伝上 恵賈皇后条にある通り、翊軍校尉斉王冏が「詔」を携えて賈后の身柄の拘束に向かった際、賈后は「詔当に我より出づべし、何ぞ詔なる」と斉王冏に問いただしている。また尚書は詔の真偽を疑い、尚書郎の師景に手詔を要請させたが、その目的は、手詔によって恵帝の真意を知ることか、もしくは手詔と趙王倫の携えた詔の筆跡照合の、どちらかにあったのであろう。しかし趙王倫は師景を殺害することで、尚書の要請を封じている。これらの賈后の発言や趙王倫の行動から、少なくとも師景の殺害に至るまでに使われた詔のなかには偽物があったと推察される。かつて賈后が恵帝の即位直後のクーデターに際し、極力本物の詔（恵帝直筆の手詔）や恵帝による承認などを利用しようとしたのに対し、趙王倫は詔の真偽や恵帝の意思をほとんど考慮することなく、賈后の廃位を成功させたのである[54]。

では、その後の趙王倫の施政において、詔はどのように扱われたのであろうか。趙王倫によるクーデターの四か月後の永康元年八月、皇弟である淮南王允は趙王倫に対して兵を挙げるが、そのきっかけとなったのが詔であった。

倫既に簒逆の志有り、允陰かに之を知り、疾と称して朝せず、密かに死士を養い、潜かに倫を誅するを謀る。倫甚だ之を憚り、転じて太尉と為し、外に優崇を示すも、実に其の兵を奪うなり。允疾と称して拝せず。倫御史を遣わして允に逼り官属以下を収め、劾するに大逆を以てす。允恚り、詔を視れば、乃ち孫秀の手書なり。（『晋書』巻六四　武十三王伝　淮南王允条）

趙王倫は自身の誅殺をはかる淮南王允に対し、御史を派遣して大逆の罪をもって弾劾するが、その詔を見た淮南王允は、それが趙王倫の属僚である孫秀の筆跡であることを看破し、この直後、クーデターに踏み切ることとなる。この場合、淮南王允のクーデター決行の直接的な動機となったのは、御史の携えてきた詔が孫秀の手によることを、淮南王允が看破したことであるが、ここから、当時孫秀が詔の作成を行っていたことが判明する。しかも孫秀は、当時中書監・中書令等の官職になく[55]、またこれらの官職は詔の起草であって、詔自体の浄書まで行っていたとは思われない[56]。いずれにせよ、これは孫秀による詔の偽造と判断される。

詔の真偽に対するこうした姿勢は、趙王倫・孫秀に限って見られることではない。前述の通り、淮南王允は詔が孫秀の手によるものであることを看破した後、挙兵して趙王倫の打倒をはかった。淮南王允は淮南国兵と中護軍麾下の帳下兵を率いて趙王倫の相国府を包囲する。さらに淮南王允のこの行為に、当時相国府のあった東宮にて、太子左衛率の陳徽が呼応する。[57]このように、淮南王允が挙兵を開始した直後は内外から攻撃を被り、絶体絶命の状況にあった趙王倫であった。しかし、当時侍中として門下省にあった汝陰王虔（趙王倫の子）が、私党である司馬督護伏胤に騎兵四〇〇人を与えて宮中から淮南王允のもとへ派遣し、伏胤が空版（詔が書かれていない版）[58]を掲げ、「詔有りて淮南王允を助けん」というと、淮南王允は陣を開き伏胤を迎え入れ、車から降り詔を受ける姿勢をとった。伏胤はそこで淮南王允を殺害し、反乱を平定した。[59]このように、汝陰王虔と伏胤は、詔に仮託した空版によって淮南王允の油断を誘い殺害し、クーデターを頓挫させたのである。

クーデターやその後の政治運営における趙王倫・孫秀・伏胤のそれぞれの行動から共通して確認できることは、詔をはじめとする文書の真偽・筆跡に対する彼らの関心の低さであり、賈后が楊駿・汝南王亮・衛瓘に対するクーデターやその後の施政にあたって恵帝の詔（手詔）を重要視し、また愍懐太子廃嫡に際しても、愍懐太子直筆の祈祷文を用意していたのとはまったく対照的である。そもそも、最初のクーデターにおいて趙王倫が詔を偽造せざるをえなかったのは、賈后が詔の伝達を管理しており、恵帝の手詔を手に入れる機会がなかったためであろう。しかし、趙王倫がこうした手法を用いて賈后を廃位させたことは、詔の真偽や内容に関係なく、その権威のみを利用する傾向を生み、恵帝を実質的に傀儡にしうる立場にありながら、孫秀による詔の偽造や、伏胤による空版使用というように、その後も行われ続けたのである。彼らにとって重要だったのは、青紙や空版のような、それが詔であることを示す道具や形態であったのであり、詔の内容や筆跡ではなかったのである。[60]

こうした現象は、直接的には趙王倫・孫秀らの詔に対する意識の結果として発生したのであるが、考えられるもう一つの要因として、政治の中心が、趙王倫の相国府のような、外部の公府・軍府に移行したことが挙げられる。賈后時代の政治は、前章で論じたように、詔の発令を管理する賈后や、張華・裴頠らの朝臣が参加する朝議、中書・侍中などの諸官によって運営されていた。しかし、趙王倫はクーデターによって賈后を打倒し、その後相国に就任し、東宮に相国府を開設した。[61]以後の政治においても、趙王倫の他、中央における斉王冏・長沙王乂、地方における成都王穎・河間王顒・東海王越のように、宗室諸王の公府・軍府が政治の中心となった。例えば斉王冏は、趙王倫を倒した後、大司馬となり、皇宮に匹敵する規模の大司馬府を築いて多数の人士を辟召し、入朝をほとんどしなかった。[62]かつて重要な役割を担った朝議などは、ここにおいてはその比重が小さくなったと考えられる。また『晉書』巻五九 斉王冏伝に、

殿中御史桓豹事を奏し、先に冏の府を経ず、即ち之を考竟す。

とあり、大司馬府を経由せずに直接上奏した桓豹が拷問されたことからもわかるように、斉王冏は上奏を全て先に大司馬府に届けさせた。このような体制においては、皇帝が上奏を受けそれに対する裁可を下し、詔を発して臣下に命令するという政治上の手続きや、絶対的な権威というものが、体制にとって副次的なものになっていたのである。趙王倫の相国時代に、淮南王允の挙兵を、伏胤の空版によって平定したのも、淮南王允の反乱が突発的に起こり、相国府を包囲され、趙王倫に詔を入手する機会・手段が失われたためであったと考えられる。公府・軍府が宮中の外にあったがために、このようなことがおこるのであり、外

部に公府・軍府を構える宗室諸王の意志が詔という形で百官に伝えられるのが当時の体制の根幹である以上、趙王倫や孫秀らがその真偽に対する関心をなくしていくのも無理のないことであった。しかし例えば淮南王允の挙兵のように、詔の偽造が看破された場合、それは新たな紛争を発生させる原因となりえたのである。

こうした趙王倫体制の欠陥は、趙王倫が永康二年（三〇一）に皇帝に即位することにより克服されるはずであった。しかし、『晉書』巻五九　趙王倫伝に、

倫の詔令、秀輒ち改革し、与奪する所有り、自ら青紙に書して詔と為し、或いは朝に行いて夕に改むる者は数四、百官の転易は流るるが如し。

とあるように、趙王倫の即位後も孫秀は詔の改変を行い、また青紙に自ら書して詔（手詔）としたのである。[63] そもそも倫は字を識らず、孫秀は文才をもって倫の側近となった。[64] そうである以上、倫に手詔の作成ができたとは思われず、孫秀がその代行をつとめざるをえなかったという事情は確かにあったろうが、同じく『晉書』趙王倫伝に、倫の相国時代のこととして、

倫　素より庸下にして、智策無く、復た秀より制せられ、秀の威権　朝廷に振るい、天下皆な秀に事えて倫に求むる無し。

とあることから、既に即位以前より実権は孫秀の手中にあったことが判明する。そして倫の即位後におい

ても、孫秀が倫の意向よりも自らの意志を優先させていたであろうことは、孫秀が倫の詔を「改革し」、「自ら青紙に書して詔と為し」たとする、さきの『晉書』趙王倫伝の記述からも確認できる。倫の相国時代において早くも実権を孫秀に握られていたという現状が、倫の即位後においても孫秀による詔の改変や手詔の偽造を継続させたのである。

孫秀による手詔の偽造には、もう一つの側面がある。孫秀は自ら作成した偽の手詔を利用して、「百官の転易」を行うなど、一般政務にまで手詔の用途を拡大させた。これにより、外形的には皇帝個人が手詔を通じて行政機構内の構成員を直接的に御しうる、手詔万能主義とも呼べる政治手法が確立されたことになる。しかし、そこで使用される手詔は、孫秀によって偽造されたものであり、この体制は実質的には倫の権威に依拠した、孫秀の独裁体制であった。しかも、孫秀はかつて詔の偽造によって淮南王允の挙兵という事態を招きながら、その後も同様の手法をとり続けていたのであり、このことは、偽造が発覚することのリスクについて、孫秀が一貫して注意を払ってこなかったことを示すであろう。元康年間の賈后は、輿論の動向を意識し、反対派に対する優位の確保を心がけており、そのために直筆の詔や文書を利用したのであるが、このときの孫秀は、そうしたことに対する配慮を一切行っておらず、この体制が輿論との兼ね合いを意識せず、遊離していたことが確認できる。輿論に対する賈后・孫秀の意識の差違は、詔やその他の文書の真偽に対する姿勢の相違から、直にうかがうことができるのである。

おわりに

ここまで恵帝即位以後、趙王倫の即位に至るまでの政治史を通観してきた。

前半期における皇后（皇太后）・外戚の政治は、主に恵帝や、彼の書く手詔の権威を利用して行われた。本来魏晉における手詔は、皇帝が朝臣に対する訓示・戒告などを行う際に用いられたが、皇帝が危篤や統治能力の欠如などで政務をとることが困難な場合、側近などが皇帝に手詔の作成を強いて政敵の免官などを行うことがあった。賈后はこれを利用し、楊駿や汝南王亮・衛瓘といった人物を殺害し、実権を掌握する。元康年間には、魏晉期を通じて官僚・貴族の政治空間として確立しつつあった朝議や会議、中書・侍中などの諸官が政府の中枢を担っていたが、賈后は恵帝の詔（手詔）の発令権を実質的に掌握し、また、外戚・宦官などを重用して、朝臣に対する優位を確保し、輿論の動向を意識しつつ、自己の主導権を確立した。しかし賈后は、詔を偽造し、クーデターを起こした趙王倫に倒され、以後、恵帝はその権威のみが注目・利用される存在と化したのである。

武帝期以降の手詔の用途をあらためて整理すると、武帝期においては、手詔は一般的に皇帝から朝臣に対する訓示・戒告のために発されたが、恵帝の即位以後、皇后（皇太后）・外戚により政敵の免官・討伐を目的として利用され、次に趙王倫・孫秀の詔の偽造によるクーデターと政敵排除が行われ、さらに趙王倫の即位後、孫秀によって再び手詔が偽造され、一般政務の運営にまで利用されることとなる。手詔の用途の多様化によって、皇帝個人の権威が直接的に影響を及ぼしうる範囲は拡大したが、それに反比例して政治から皇帝が次第に離れていく結果を招いた。これらは、詔の表す皇帝の権威が政治運営において絶大な効力をもっていた一方で、皇帝の主体的意志が、政治運営に反映されにくくなり、単なる象徴と化していったことを示している。

賈后の死により詔の偽造が横行したという事実に着目するならば、皇帝（恵帝）が詔（手詔）を作成したり、会議において裁可を下すという行為・手続きを重視していた賈后の方針が、政治における皇帝（恵帝）の最低限の役割を守ったと評価することが可能であろう。しかし、賈后が手詔によって行政機構を飛び越え、直接的に軍に命令を下して動員し、クーデターや政敵の討伐を行ったことは、趙王倫や孫秀による詔の偽造のような、皇帝の権威のみを利用する傾向を生み出すそもそもの原因ともなったのである。

本章では、恵帝の即位から趙王倫の即位までの約一〇年間における政治史を分析し、賈后・趙王倫などの実権者と恵帝の関係を論じてきた。しかし、以後の政治史において、本章で論じたような政治的傾向が連続するか否か、という問題については、別に検討が必要となる。趙王倫の体制は、許昌に出鎮していた斉王冏が各地に檄を発して趙王倫打倒の兵を挙げ、これに成都王穎（鄴に出鎮）らの宗室諸王やその他の州都督・州刺史などの地方官が同調して洛陽に進攻、さらに戦闘の最中の中央軍のクーデターにより、趙王倫は退位し死を賜り、恵帝は復位する。これ以後の政治（八王の乱）は、依然として地方に留まったままの成都王穎らの宗室諸王と中央政府の対立、あるいは地方の宗室諸王同士の対立が主な構図となるため、この時期における恵帝の権威の変化は、こうした諸勢力の軍事力なども考慮に入れねばならず、単純に恵帝や中央政府の動向のみを材料として考察することはできない。恵帝の治世後半の政治史に関しては、章をあらためて論じたい。

---

1 万縄楠整理『陳寅恪魏晉南北朝史講演録』（黄山書社、一九八七年）は、太康元年（二八〇）に実施された州郡兵の撤廃により、西晉王朝の軍事力のうち、宗室諸王の封国の国兵の比重が高くなったことを八王の乱の原因とする（四二一～四三頁）。また唐長孺「西晉分封与宗王出鎮」（同氏著『魏晉南北朝史論拾遺』、中華書局、一九八三年、一二三～

一四〇頁）は、宗室諸王の出鎮（州都督として地方に赴くこと）を八王の乱の原因と見る。なお楊光輝「西晋分封与八王之乱」（『中国史研究』一九八九―一）は、武帝期の泰始元年（二六五）、咸寧三年（二七七）、太康一〇年（二八九）の各年に行われた一斉封建によって武帝直系の皇子王と傍系の宗室諸王との間に矛盾が発生し、その両派が恵帝期に至って皇位・皇統をめぐって争ったのが八王の乱であったとする。

2羅宏曽「『八王之乱』爆発原因芻議」（『天津社会科学』一九八五―五）は、政治の腐敗、思想の頽廃などを八王の乱発生の原因とする。また周芸・高遠「西晋『八王之乱』原因新釈」（『柳州師専学報』一五―一、二〇〇〇年）は貴族制のもとでの君主専制政治の在り方に発生原因を求める。また八王の乱における寒人の動向に注目した研究として、劉馳「八王之乱中的寒門人士」（同氏著『六朝士族探析』、中央広播電視大学出版社、二〇〇〇年、二五～四四頁）がある。

3韓国磐『魏晋南北朝史綱』（人民出版社、一九八三年）一二〇頁、湯勤福「八王之乱爆発原因新探」（『中州学刊』一九八七―六）参照。なお、中国における八王の乱の研究史については、景有泉・李春祥「西晋『八王之乱』爆発原因研究述要」（『中国史研究動態』一九九七―五）、荒木均「八王の乱から石勒へ」（『史友』三一、一九九九年）参照。

4岡崎文夫『魏晋南北朝通史』（弘文堂書房、一九三二年）一〇九頁参照。

5谷川道雄『世界帝国の形成』（講談社、一九七七年）一〇〇頁参照。

6安田二郎「八王の乱をめぐって――人間学的考察の試み――」（『名古屋大学東洋史研究報告』四、一九七六年、五五～八六頁、同氏著『六朝政治史の研究』、京都大学学術出版会、二〇〇三年、一六三～二〇一頁（第三章「八王の乱と東晋の外戚」））参照。

7福原啓郎「八王の乱の本質」（『東洋史研究』四一―三、一九八二年、同氏著『魏晋政治社会史研究』京都大学学術出版会、二〇一二年、一六三～一九九頁）参照。

8この他、竹園卓夫「八王の乱に関する一考察」（『東北大学東洋史論集』七、一九九八年）、渡邉義浩「西晉『儒教国家』の限界と八王の乱」（『東洋研究』一七四、二〇〇九年、同氏著『西晉「儒教国家」と貴族制』、汲古書院、二〇一〇年、二八三～三〇五頁）なども参照。

9八王の乱の各局面を均質的なものと考え、その原因を求めていくという方法論については、既に渡邉義浩氏が「複雑な乱の構造を把握できまい」と批判している。前掲渡邉義浩「西晉『儒教国家』の限界と八王の乱」参照。

10『晉書』巻三一 后妃伝上 恵賈皇后条による。詳細は小池直子「賈南風婚姻」（『名古屋大学東洋史研究報告』二七、二〇〇三年）、「賈充出鎮——西晉泰始年間の派閥抗争に関する一試論——」（『集刊東洋学』八五、二〇〇一年）参照。

11福原啓郎『西晉の武帝 司馬炎』（白帝社、一九九五年）二〇九～二一〇頁参照。

12祝総斌「『八王之乱』爆発原因試探」（『北京大学学報（哲学社会科学版）』、一九八〇—六、同氏著『材不材斎史学叢稿』、中華書局、二〇〇九年、二三一～二五六頁）、福原啓郎「西晉代宗室諸王の特質——八王の乱を手掛りとして——」（『史林』六八—二、一九八五年、前掲『魏晉政治社会史研究』二〇一～二三五頁）参照。ちなみに祝総斌氏は、八王の乱発生の原因を、武帝による皇位継承者と輔政大臣の選定の失敗とする。

13例えば『漢書』の「矯制」の語について、顔師古は、「矯、託也。託奉制詔而行之」（巻五〇 汲黯伝注）、「撟与矯同、其字従手。矯制、託称詔命也」（巻六六 劉屈氂伝注）と解釈する。

14『晉書』巻四〇 楊駿伝、『資治通鑑』巻八二 元康元年正月条参照。

15『晉書』巻三一 后妃伝上 武悼楊皇后条参照。

16『晉書』巻四 恵帝紀 永平元年三月条、巻三六 衛瓘伝、巻五九 汝南王亮伝参照。

17従来、この騶虞幡に関しては、『資治通鑑』巻八二 西晉元康元年六月条胡注に、「晉制有白虎幡・騶虞幡。白虎威猛主殺、故以督戰。騶虞仁獣、故以解兵」とあり、また趙翼『廿二史劄記』巻八に「晉制最重騶虞幡、毎至危險時、或用以伝旨、或用以止兵、見之者輒慴伏而不敢動、亦一朝之令甲也。……他朝未見有用之者」とあるように、長らく白虎幡が戦闘の督促に、騶虞幡が戦闘の解除に、それぞれ用いられたと解釈されてきたが、「白虎」は「虎」字が唐諱であるため『晋書』では一切用いられず、全て「騶虞」に置き換えられており、したがって白虎幡と騶虞幡は同じものを指し、単に皇帝の命令・権威を伝達するためのツールにすぎない。李歩嘉「白虎幡考辨」(『文史』四〇、一九九四年)、大渕貴之「避諱による唐代類書の部立て改変について――『芸文類聚』による『改字』を中心に――」(『九州中国学会報』四六、二〇〇八年)、津田資久「書評 福原啓郎著『魏晋政治社会史研究』」(『東洋史研究』七二―一、二〇一三年)参照。

18『晋書』巻五九 楚王瑋伝、『太平御覧』巻五九三所引王隠『晋書』参照。

19八王の乱における中央軍の動向については、張金龍「八王之乱与禁衛軍権」(同氏著『魏晋南北朝禁衛武官制度研究』、中華書局、二〇〇四年、上冊二六七～三〇〇頁)参照。

20『唐律疏議』詐偽律には「諸詐為制書及増減者、絞(注:口詐伝及口増減、亦是)」とあり、唐律では、「増減」・「口増減」も「詐為制書」・「口詐伝」と同等に罰せられた。

21祝総斌「『八王之乱』爆発原因試探」(前掲)参照。

22福原啓郎「西晋代宗室諸王の特質」(前掲)参照。

23中村圭爾「三国両晋における文書『啓』の成立と展開」(『古代文化』五一―一〇、一九九九年)参照。

24冨谷至『木簡・竹簡の語る中国古代――書記の文化史――』(東京、岩波書店、二〇〇三年)二〇〇～二〇三頁、『文書行政の漢帝国――木簡・竹簡の時代――』(名古屋大学出版会、二〇一〇年)二一五～二一八頁参照。

25福原啓郎「西晋代宗室諸王の特質」(前掲)参照。

26『晋書』巻四四 石鑒伝参照。

27冨谷至『木簡・竹簡の語る中国古代』（前掲）二〇三頁参照。

28権威が他者に利用されるという例は、皇帝だけでなく、宗室諸王のケースもあったのであり、前述の岐盛・公孫宏が楚王瑋の命と偽って賈后に汝南王亮・衛瓘を讒訴したことがそれに相当する。また楚王瑋が軍の動員に自らの手令を用いたように、宗室諸王の手令も直筆であるがゆえの特別な効力を有していた可能性もある。

29西晉元康年間における朝議については、他に『晉書』巻一二〇 李特載記参照。なお六朝期の朝議については、渡辺信一郎『天空の玉座 中国古代帝国の朝政と儀礼』（柏書房、一九九六年）三五～四二、六五～八七頁参照。

30祝総斌『両漢魏晉南北朝宰相制度研究』（中国社会科学出版社、一九九〇年）一七五～一八八、二八三～二九一、三三七～三四三頁、中村圭爾「三国両晉における文書『啓』の成立と展開」（前掲）参照。

31例えば張華は、籌策があり、謙虚で衆心を集めていたことなどを理由に、賈后・賈謐より信頼され、さらに裴頠の推薦もあって要職についた。『晉書』巻三六 張華伝参照。

32福原啓郎『西晉の武帝 司馬炎』（前掲）二〇九～二一〇頁参照。

33ただし『晉書』巻三一 后妃伝上 恵賈皇后条には「模知后凶暴、恐禍及己、乃与裴頠・王衍謀廃之、衍悔而謀寝」とあり、賈模は裴頠らとともに、賈后を廃することをはかったことにされている。

34『晉書』巻三五 裴秀伝附裴頠伝「頠以賈后不悦太子、抗表請増崇太子所生謝淑妃位号、仍啓増置後衛率吏、給三千兵、於是東宮宿衛万人」。なお東宮衛率について、『晉書』巻二四 職官志 太子左右衛率条には、「泰始五年（二六九）、分為左右、各領一軍。恵帝時、愍懐太子在東宮、又加前後二率」とあり、同時に前後の二衛率が置かれたように書かれているが、『唐六典』巻二六 太子左右衛率府条の注には、「太始五年、分為左右二率、恵帝為太子、加置前衛率、愍懐在東宮、又加後衛率、故元康之中、凡四衛率」とある。

35『晉書』巻三五 裴秀伝附裴頠伝参照。

36『晋書』巻五三　愍懐太子伝参照。

37『晋書』巻三六　張華伝参照。

38『晋書』巻四〇　賈充伝附賈謐伝参照。

39「二十四友」については、福原啓郎「賈謐の二十四友をめぐる二三の問題」（『六朝学術学会報』一〇、二〇〇九年）参照。福原氏は、「二十四友」と賈謐の関係について、私党や門生故吏関係ではなく、あくまでも「友」という対等な関係であったとする。

40『晋書』巻四〇　賈充伝附賈謐伝、巻五九　成都王穎伝参照。

41『晋書』巻三一　后妃伝上　恵賈皇后条参照。

42『晋書』巻二四　職官志参照。

43『晋書』巻三六　張華伝附劉卞伝参照。

44輿論については、福原啓郎「八王の乱の本質」（前掲）参照。

45『晋書』巻五三　愍懐太子伝、『資治通鑑』巻八三　元康九年一二月条参照。

46長広公主はかつて斉王攸の帰藩に際し、常山公主とともに武帝を泣いて諫めた（『晋書』巻四二　王渾伝附王済伝）。このように、私的な範囲ではあるが、公主も政治に対して発言することがあったのであり、董猛の行動はそれを踏まえたものと思われる。

47『晋書』巻三六　張華伝参照。

48『晋書』巻五三　愍懐太子伝参照。

49渡邉義浩「後漢時代の外戚について」（『史峯』五、一九九〇年、同氏著『後漢国家の支配と儒教』、東京、雄山閣出版、一九九五年、二七一～三二五頁（第五章「外戚」））、冨田健之「後漢前半期における皇帝支配と尚書体制」（『東洋学報』八一―四、二〇〇〇年)、渡邉将智『後漢政治制度の研究』(早稲田大学出版部、二〇一四年)参照。なお後漢の皇太后臨朝称制については、谷口やすよ「漢代の太后臨朝」(『歴史評論』三五九、一九八〇年)、岡安勇「漢魏時代の皇太后」(『法政史学』三五、一九八三年、一四～二六頁)、平松明日香「後漢時代の太后臨朝とその側近勢力」(『東洋史研究』七二―二、二〇一三年)参照。

50福原啓郎『西晉の武帝 司馬炎』(前掲)二〇五頁参照。

51『晉書』巻五九 趙王倫伝、『資治通鑑』巻八三 永康元年三月条参照。

52『晉書』巻五三 愍懐太子伝参照。なお『晉書』巻四 恵帝紀、巻五三 愍懐太子伝はこれを賈后による「矯詔」の上での行動とするが、そもそもこのとき賈后は詔の伝達を実質的に管理できる立場にあり、あえて「矯詔」する理由がない。既に指摘したように、『晉書』においては、本物の詔を用いた賈后の行動を「矯詔」と表現する傾向がある(巻四 恵帝紀 永平元年三月条、同年六月条など)。

53『晉書』巻五九 趙王倫参照。

54趙王倫のクーデターの原動力としては、さきにも引用した『晉書』巻三一 后妃伝上 恵賈皇后条に、「及太子廃黜、趙王倫・孫秀等因衆怨謀欲廃后」とあるように、「衆怨」、すなわち賈后に対する輿論の反発があった。福原啓郎「八王の乱の本質」(前掲)参照。

55『晉書』巻五五 潘岳伝には、「及趙王倫輔政、秀為中書令。岳於省内謂秀曰、『孫令猶憶疇昔周旋不』。答曰、『中心蔵之、何日忘之』。岳於是自知不免」とあり、趙王倫の相国時代、孫秀は中書令であったことが判明する。しかし、『晉書』巻六四 武十三王伝 淮南王允条に、淮南王允の挙兵時のこととして、「……太子左率陳徽勒東宮兵鼓譟於内以応、允結陳於承華門前、弓弩斉発、射倫、飛矢雨下。……徽兄淮時為中書令、遣麾騶虞幡(白虎幡)以解闘」とあるように、当時の中書令は陳準(文中には「徽兄淮」とあるが、胡三省は、「前有中書令陳準、『淮』、蓋『準』之誤也」

（『資治通鑑』巻八三　永康元年八月条胡注）と、陳淮は陳準の誤りであろうとする。労格『晋書校勘記』巻三も同様に解釈する）であった。孫秀と中書省内で会話した潘岳は、石崇・欧陽建とともに、孫秀より淮南王允の反乱に荷担したとされ、族誅されるが、これは淮南王允のクーデター失敗の後のことである（『資治通鑑』巻八三　永康元年八月条）。また陳準は『晋書』巻四　恵帝紀　永康元年八月条によれば、淮南王允のクーデター直後において既に光禄大夫となっていた。以上の諸史料の内容を整合させると、淮南王允のクーデター以前の中書令は陳準であり、平定の直後陳準は中書令の職を解かれ、代わって孫秀が中書令に就任したことになる。したがって、淮南王允の挙兵当時、孫秀はまだ中書令ではない。

56中書監・中書令の職権の詳細については、祝総斌『両漢魏晋南北朝宰相制度研究』（前掲）三三七〜三四三頁参照。

57『晋書』巻六四　武十三王伝　淮南王允条参照。

58『資治通鑑』巻八三　永興元年八月条胡注「空版、不書詔之版。本無詔書、而別取空版懐之以出也」。

59『晋書』巻六四　武十三王伝　淮南王允条参照。

60前述の通り、手詔の場合には青紙が用いられていたが、その他にも、『北堂書鈔』巻一〇三の注に引く『晋八王故事』に、蕩陰の戦いの後、恵帝が張方（河間王顒の部将）により長安に連行されるときのこととして、「上以青筒詔出中書曰、『朕体中不佳、不堪出也』」とあるように、恵帝は「青筒詔」を発している。他に類例がないため推測するしかないが、恐らくは詔（手詔？）を青色の筒に入れて発したものであろう。当時、皇帝直々の意志伝達の場合には、特に青という色が重視され、青色の紙や筒が利用されたのであり、趙王倫らによる詔の偽造も、こうした特徴を利用してその信憑性を高めたものと思われる。

61そもそも趙王倫は、『資治通鑑』巻八四　永寧元年正月条胡注に、「時倫以東宮為相国府、謂禁中為西宮」とあるように、東宮を相国府としており、また賈后死後の永康元年（三〇〇）五月に愍懐太子の子の臨淮王臧が皇太孫に立てられたとき、自ら太孫太傅を兼ねた後、新たに冊立された皇太孫臧とともに東宮に入っている(『晉書』巻五三 愍懐太子伝)。ただし相国府の東宮に関しては、王鳴盛『十七史商榷』が、巻四九 東宮西宮条において、「倫自為相国、一依宣・文輔魏故事、増相府兵為二万人。起東宮三門、四角華櫓。倫与孫秀並聴妖邪之説、使牙門趙奉詐為宣帝神語、命倫早入西宮。案東宮者相府也。早入西宮者、為天子也。上文言司馬雅給事東宮、又言孫秀知太子若還東宮、将与賢人図政。彼東宮皆太子所居、与此東宮為相府不同」といい、倫の相国府は太子宮としての東宮と同一のものではないと解釈するが、この相国府には、『晉書』巻六四 武十三王伝 淮南王允条に、倫が「東宮」にて淮南王允の攻撃を受けたときのこととして、「太子左率陳徽勒東宮兵鼓譟於内以応、允結陳於承華門前、弓弩斉発、射倫、飛矢雨下」とあり、この「東宮」には太子宮としての東宮に備わっているはずの承華門が存在していたことが分かるため、王鳴盛の説は誤りであり、このときの相国府は東宮に設けられていた(この東宮・相国府に関しては、岡部毅史「漢晉五胡十六国期の東宮と西宮」、大阪市立大学大学院文学研究科東洋史学専修研究室編『中国都市論への挑動』、汲古書院、二〇一六年、一六五~一九五頁参照)。当時の趙王倫の権力と権威の強化に、東宮と皇太孫臧の存在が深く関係していた可能性もある。なお、西晉における東宮の重要性については、本書第四章「西晉の東宮と外戚楊氏」を参照されたい。

62『晉書』巻五九 斉王冏伝、巻八八 孝友伝 庾袞条参照。なお、『三国志』巻一 魏書武帝紀注所引『(魏晉)世語』に、「旧制、三公領兵入見、皆交戟叉頸而前。初、公将討張繡、入覲天子、時始復此制。公自此不復朝見」とあるが、これについて塩沢裕仁「漢魏の都城『許昌』」(『法政史学』六二、二〇〇四年、同氏著『後漢魏晉南北朝都城境域研究』、雄山閣、二〇一三年、一六五~二〇七頁)は、この復制は臣たる曹操への威圧・牽制であり、朝廷内は曹操といえども身辺の危険性を予感させる空間であったとする。趙王倫は相国就任と同時に兵一万人を配備させているから、彼らが外部に公府を置いた理由の一つに、安全確保があったとも考えられる。

63『晉書』巻五九 趙王倫伝参照。

64『世説新語』賢媛篇注所引『晉諸公賛』「孫秀字俊忠、琅邪人。初趙王倫封琅邪、秀給為近職小吏。倫数使秀作書疏、文才称倫意。倫封趙、秀徙戸為趙人、用為侍郎、信任之」。

第六章　西晋後期における皇帝と宗室諸王

はじめに

八王の乱・永嘉の乱が、西晋の弱体化と滅亡の原因となったことは、今日では周知のことに属しよう。そしてこの二つの乱は、時期的にはそれぞれ恵帝・懐帝の各時代に相当する。

八王の乱については、皇帝と血縁的紐帯を有していたはずの宗室諸王による内乱であったことから、長らくその発生原因や特質の解明が主題とされてきた[1]。永嘉の乱に関しては、乱の経緯そのものを論じた研究は少ないが[2]、同時代に活動していた所謂五胡の匈奴・羯等の民族に関するものや[3]、乱によって発生した流民、当時中原に広汎に存在していた塢壁についての研究は数多い[4]。永嘉の乱が五胡十六国時代の幕開けを伝える事件であり、また流民が大量に発生し、塢壁という特徴的な社会集団が存在していたがゆえに、永嘉の乱の経過よりも、各民族・流民・塢壁の動向に関心が集中する傾向が強まったのであろう。このように、八王の乱・永嘉の乱については、過去において各々個別の研究が進展し、特に匈奴・羯等の諸民族の研究に関しては、後の五胡十六国・北朝時代の歴史との関連を視野に入れて進められてきたのであるが、一方で、西晋と東晋の政治史的連続性については、逆に二つの乱が時期的には連続するにもかかわらず、それぞれの乱についての研究の関心がかなり異なっていたがために、充分に追究されることがなかったのである。

ただし、東晋政治史研究の視点から、時代を遡及する形で西晋末期の政治史を論ずる試みはなされており、田餘慶氏は、恵帝の治世の末期から懐帝期にかけての、東海王越（八王の一人）と王衍（琅邪の王氏）の協力関係が、後の東晉において「王と馬と天下を共にす」（『晉書』巻九八　王敦伝）と称された政治の淵源であったと主張し、また東海王越の公府府僚が後に多く琅邪王睿（後の東晉元帝）の府僚になったことを指摘した。[5] さらに趙立新氏は、八王の乱以降の、東海王越を中心とする州鎮勢力の連合体を「東海王集団」と名付け、東海王越の動向や、「東海王集団」の一員である琅邪王睿の建鄴出鎮、東晉建国に至るまでの過程を詳細に論じている。[6] このように、西晉末期と東晉初期のそれぞれの政治史を繋ぐキーパーソンとして、東海王越が注目されたのであり、彼と琅邪王睿の関係の考察が、近年の両晉交代期政治史研究の主題であった。

とはいえ、こうした西晉末期から東晉建国に至るまでの政治的プロセスに関する先行研究にも、問題がないわけではない。それは主として恵帝期から懐帝期、さらに東晉建国に至るまでの、政治・社会情勢の変化が、あまり踏まえられていない点にある。例えば、八王の乱・永嘉の乱を通じて絶えず変化した政治・社会情勢は、成都王穎・東海王越といった宗室諸王の台頭とどう関係するのか、また当時の皇帝は、こうした不安定な情勢にあって、どのような役割を担ったのか、といった問題に対して、先行研究の検討は不充分であった。

そこで本章では、恵帝期・懐帝期の政治史を分析し、その時代における政治・社会上の変化を踏まえながら、皇帝・宗室諸王の動向を中心に観察し、この時代の政治情勢の特徴や、それが後の東晉建国に与えた影響などの解明を目指す。なお本章の行論は、八王の乱が全土的内乱に発展する契機となった斉王冏の挙兵（三〇一）より始めることとする。

第一節　内乱の拡大と皇帝・宗室諸王

最初に、恵帝期後半の政治・内乱の詳細を確認したい。**表五**は、趙王倫即位から長沙王乂の死に至るまでの内乱の詳細をまとめたものであるが、この期間においては、主として三次にわたって政局の転換をもたらすほどの戦争・紛争が繰り広げられた。**表五**には趙王倫の即位〜成都王穎の鄴への帰還に①、李含の翊軍校尉就任〜李含の長安帰還に②、李含による皇甫重殺害画策〜長沙王乂の死に③、というように、それぞれの局面に番号を付した（蕩陰の戦い以降の局面については次節で詳述する）。本節では、この時期における内乱のそれぞれの局面を分析する。

表五　三〇一年正月〜三〇四年正月の内乱

西暦	元号	年	月	内乱の詳細
①				
三〇一	永康	二	正	趙王倫、禅譲により皇帝即位。大赦・改元（建始）。
	（建始）	元	三	許昌の鎮東大将軍斉王冏、倫より派遣された軍司の管襲を殺害し、予州刺史何勗・龍驤将軍董艾らとともに挙兵。成都王穎・河間王顒・常山王乂ら宗室に使者を派遣し、各地の征・鎮・州・郡・県・国に檄を発し、倫の討

①

三〇一

（建始）

元

三

伐を呼びかける。

征北大将軍成都王穎（鄴に出鎮）、鄴令盧志の献策に従い、斉王冏への同調を決意。盧志を諮議参軍に辟召・任命（後に左長史に遷任）。兗州刺史王彦、冀州刺史李毅、督護趙驤・石超らを前鋒とし、朝歌まで進軍（兵力二〇万人余り）。

常山王乂（封国に滞在）、太原内史劉暾とともに衆を率いて成都王穎軍の後継となる。

前安西将軍夏侯奭、侍御史を自称し、始平において衆数千人を率いて斉王冏への呼応を画策。平西将軍（『晋書』本伝に基づく。本紀では鎮西将軍。長安に出鎮）河間王顒、主簿房陽・河間国人張方らを派遣し夏侯奭を捕らえ、長安の市において腰斬。斉王冏の檄を受け取るも、冏の使者を捕らえ倫のもとに送る。張方を派遣し倫の救援に向かわせるも、斉王冏・成都王穎の軍勢が盛んであることを聞き、張方を召還し、冏・穎に同調。

倫・孫秀（倫の側近）、三王（斉王冏・成都王穎・河間王顒）の挙兵を聞いて大いに恐れ、上軍将軍孫輔・折衝将軍李厳の軍（兵力七〇〇〇人）を延寿関よ

①	三〇一	（建始）		三	り、征虜将軍張泓・左軍将軍蔡璜・前軍将軍閭和の軍（兵力九〇〇〇人）を崿阪関より、鎮軍将軍司馬雅・揚威将軍莫原の軍（兵力八〇〇〇人）を成皋関よりそれぞれ出し、斉王冏に備え、また孫会（孫秀の子）に士猗・許超の率いる中央軍（兵力三〇〇〇〇人）を督させ、成都王穎に備える。東平王楙を衛将軍に任命し、諸軍を都督させる。さらに広平王虔（倫の子）の軍（兵力八〇〇〇人）を派遣し、孫会軍の後援とする。
				閏三	張泓らの軍、陽翟に進軍し、しばしば斉王冏軍を撃破。
				四	斉王冏軍、張泓らの軍を撃退。
					成都王穎軍前鋒、黄橋にて孫会軍に敗北。
					成都王穎軍、溴水にて孫会軍を撃破し、黄河を渡る。
					中央軍の左衛将軍王輿、尚書広陵公漼とともに洛陽南掖門より宮に入る。三部司馬、これに内応し、中書省にて孫秀・許超・士猗を攻撃・殺害。王輿、雲龍門に駐屯し、尚書八坐を召し殿中に入らせ、倫に譲位の詔を書かせる。倫、皇太子荂とともに華林園東門より汶陽里の第に帰還。

①	三〇一				
		永寧	元	四	恵帝、永昌宮（金墉城）より迎えられ、復位。
					詔により倫・荂らを金墉城に幽閉。
					大赦・改元（永寧）。倫に死を賜い、子の荂らを処刑。
					成都王穎・河間王顒、洛陽到着。成都王穎、趙驤・石超を陽翟に派遣し、斉王冏の張泓攻撃を支援。張泓ら降伏。
				六	斉王冏、洛陽到着。斉王冏、大司馬に就任。成都王穎、大将軍・都督中外諸軍事・仮黄鉞・録尚書事に就任。河間王顒、侍中・太尉に就任。
					成都王穎、帰藩を要請。鄴に帰還。
②	三〇二	永寧	二	正	河間王顒の長史李含、徴召されて翊軍校尉に就任。李含、斉王冏の参軍皇甫商らに危害を加えられることを恐れ、長安の河間王顒のもとに出奔。李含、長沙王乂（もと常山王）に檄を発して斉王冏を攻撃させ、冏が乂を殺害するのを待ち、さらに檄を発してそれを斉王冏の罪に加え、冏を捕らえる

②	三〇二	永寧	二	正	ことを河間王顒に提案。河間王顒、上表によって斉王冏を非難し、李含を都督とする軍（配下に張方ら）を洛陽に向け派遣。
				一二	河間王顒の上表、洛陽に到着。
					李含軍、陰盤に駐屯。張方、二万人を率いて新安に駐屯し、長沙王乂に檄を発して斉王冏攻撃を命令。
					斉王冏、董艾を派遣して長沙王乂を襲撃。長沙王乂、左右の百余人を率いて宮に入り、諸門を閉じ、恵帝を奉じて大司馬府を攻撃。
					斉王冏敗北し、大司馬長史趙淵、何勖を殺害し、斉王冏を捕らえ、長沙王乂に降伏。長沙王乂、斉王冏を閶闔門外にて処刑。李含ら長安に帰還。
③	三〇三	太安	二	七	李含、皇甫商の兄 秦州刺史皇甫重の殺害を画策し、河間王顒に皇甫重を内職（中央の官職）に写し、長安を通過する際に捕らえ、殺害するよう提案。皇甫商、李含の謀略を察知し、露檄をもって尚書に上表し、李含討伐を名目に挙兵。長沙王乂、李含を徴召し河南尹に任命し、皇甫重に撤兵を命令するも、皇甫重、命令を無視し、攻撃を続行。河間王顒、金城太守游楷・

③

三〇三　太安　二

七

隴西太守韓稚ら四郡の兵を派遣し皇甫重を攻撃。

河間王顒、密かに李含・侍中馮蓀・中書令卞粋に長沙王乂を謀殺させようとするも、皇甫商、これを察知し、長沙王乂に報告。長沙王乂、李含・馮蓀・卞粋を収監し、処刑。

河間王顒、李含らの死を聞き、即座に挙兵して長沙王乂討伐を開始。成都王穎、荊州の義陽蛮張昌の討伐に向かうも、張昌既に平定され、河間王顒に同調して長沙王乂を討伐することを決意。

八

河間王顒・成都王穎、上表により皇甫商・羊玄之（羊皇后の父）の誅殺を要請し、長沙王乂に檄を発して就第を命令。長沙王乂、太尉・都督中外諸軍事に就任し、恵帝を奉じて応戦。

河間王顒、張方を都督に任命し、精鋭七万人を率い、函谷関より洛陽に向かわせる。成都王穎、朝歌に駐屯し、陸機を前将軍・前鋒都督に任命し、二〇万人余りの軍勢を率いて洛陽に向かわせる。

九

張方軍、皇甫商軍を撃破。

③

三〇三	太安	二	九	羊玄之死去。
			一〇	長沙王乂、東陽門外にて牽秀（成都王穎の部将）軍を撃破。
				長沙王乂、建春門にて陸機軍を撃破。
				成都王穎、陸機・陸雲・陸耽を処刑。
				長沙王乂、張方軍を撃破。張方、十三里橋に撤退。
			一二	張方、千金堨を決壊させる。
				長沙王乂、恵帝の詔を雍州刺史劉沈のもとに送り、河間王顒への攻撃を命令。劉沈これに応じ、州内に檄を発して兵を集め、長安に進軍。
三〇四		三	正	司空東海王越、殿中の諸将とともに夜中に長沙王乂を捕らえ、別省に送る。
				東海王越、恵帝に啓し、詔を下して長沙王乂の官を免じ、金墉城に幽閉。

③	三〇四	永安元	正	大赦・改元（永安）。
				東海王越、張方に密告。張方、金墉城より長沙王乂の身柄を拘束し、軍営にてこれを炙り殺す。

※編年や内乱の詳細については、おおむね『資治通鑑』及び『資治通鑑考異』によった。

まず**表五**の①であるが、これは皇帝に即位した趙王倫が、斉王冏・成都王穎・河間王顒らと戦った、所謂三王起義の経緯を整理したものである。倫と対決した斉王冏・成都王穎・河間王顒の三名は、皆当時の軍事的要衝（許昌・鄴・長安）に出鎮していた宗室諸王であった。[7] 許昌という要衝に出鎮した斉王冏の挙兵に、同じく要衝にあった成都王穎（鄴に出鎮）・河間王顒（長安に出鎮。当初は倫についていた）をはじめとする諸々の州鎮が呼応したことによって、倫は包囲を被り、中央軍（左衛将軍王輿）の裏切りにあって失脚し、後に死を賜ることとなる。

この戦いの後、八王の乱は全土的な内戦・内乱の性格を帯びるようになるが、[8] 紛争の規模がかくも拡大した一因として、当時の輿論が、倫の皇帝即位に批判的であったことが挙げられる。福原啓郎氏は、外戚及び宗室相互の抗争の連続である八王の乱の原動力となったのは、郷里社会を支持基盤とする自覚的な士大夫が主体として、公権としての国家が私権化される状況に対し批判する輿論であったとし、斉王冏の挙兵に関しても、福原氏は成都王穎に挙兵を勧めた鄴令盧志の言葉に「趙王無道にして、肆《ほしいま》まに簒逆を行い、四海の人神、憤怒せざるは莫し」[9]とあることや、斉王冏が「衆心の怨望」によって挙兵したことをもって、広汎な趙王倫非難の輿論を背景として斉王冏は挙兵したとする。[10]さらに福原氏は、「魏晋国家体制は図式的には軍隊と輿論の結合であり、その両者を結ぶ接点として皇帝が存在するのであり、皇帝の権威はその背景に両者により支えられており、そこから生じているのである」と主張する。[11]倫はそもそも傍系の宗室であり、武帝の叔父にあたる。無論、倫がそのまま皇帝に即位しうる可能性は皆無であり、それゆえに、倫は恵帝からの禅譲という形で即位したと思われ、そしてそうした強引な即位が、輿論の反発を招き、結果として内乱にまで発展したのであろう。[12]

しかし倫の失脚後に恵帝は復位し、これ以後恵帝の退位や打倒を名目に挙兵した例は見あたらない。この後の局面において、恵帝の存在やその権威がどのように関係したか、考察する必要があろう。次に**表五**の②の局面の検討に移りたい。

洛陽の中央政府と要衝に出鎮した宗室諸王の対立という構図や、輿論との密接な関係という特徴は、②の局面にも受け継がれる。趙王倫の死後、斉王冏は大司馬に、成都王穎は大司馬・都督中外諸軍事・仮黄鉞・録尚書事に、河間王顒は侍中・太尉に、それぞれ就任したが、成都王穎は盧志の献策に従い、もとの任地である鄴に帰還した。史料には明記されていないが、かつて成都王穎とほぼ同時に洛陽に入城した河間王顒も、成都王穎の帰還と共に長安に戻ったであろう。そしてこの後の政治において、腹心を高官に取り立て、西宮（皇宮）に匹敵する規模の大司馬府を築くなどして輿論の離反を招いた斉王冏が、洛陽城内において長沙王乂と戦って敗れたのが②の局面である。この局面は**表五**を見れば判明するように、李含の提案を受けた河間王顒の上表や檄によって引き起こされているが、戦闘そのものは斉王冏と長沙王乂（もと常山王）の洛陽城内の市街戦という形をとり、長沙王乂が斉王冏に勝利したため、大規模な内乱に発展することなく終結した。しかし、河間王顒は上表を行った後に李含を都督とする軍を派遣し、鄴の成都王穎に使者を送っているのであって[13]、この局面においても、中央政府対地方の宗室諸王という対立構図が、基本的には変化していないことが確認されよう。また『晉書』巻六〇 李含伝に、河間王顒に向けた翊軍校尉李含（もと河間王顒の長史）の発言として、

成都王至親にして大功有り、藩に還り、甚だ衆心を得。斉王 親を越えて専ら威権を執り、朝廷 目を側《そばだ》つ。今長沙王に檄して斉を討たしめ、先に斉に聞こえしむれば、斉 必ず長沙を誅し、因りて檄を伝え以て斉に罪を加うれば、則ち冏 擒らうべきなり。

とあるように、当初李含は斉王冏の施政が人心の離反を招いている現状を把握し、長沙王乂に檄を発して斉王冏討伐を命ずる一方、斉王冏にその計画を知らせ、斉王冏による長沙王乂誅殺を誘発させた後、それを檄によって斉王冏の罪として伝達することで、斉王冏捕縛に有利に作用することを期待したのである。結果として長沙王乂が斉王冏に勝利したため、李含の目論みははずれたことになるのだが[14]、李含や河間王顒が単純に軍事力による斉王冏の打倒を志していたのではなく、斉王冏に反発する輿論を、長沙王乂が殺害されることをもって増幅させ、斉王冏に不利にはたらくよう誘導していたことが確認できる。

また、この他に注目すべきこととして、李含が「密詔」をえたと偽り、さらにそれを河間王顒が上表によって公表していることがある。李含は長安に到着した際、河間王顒に恵帝の「密詔」を受けたと偽っているが、河間王顒はそれを本物の詔として、斉王冏討伐の上表にその存在を明記している[15]。これにより、河間王顒の挙兵は、形式的には恵帝の命令を受けてなされたものとなりえたのである。李含がそもそも恵

帝の詔など持っていなかったにもかかわらず、あえて「密詔」をえたと偽ったのは、河間王顒を説得するため、というのが第一の理由であったろうが、河間王顒の挙兵に正当性を持たせる意味もあったのではなかろうか。斉王冏は趙王倫のように皇帝に即位することをしなかったため、恵帝の権威が挙兵の正当性の作為のために利用されたのである。こうした経緯により、河間王顒は上表を行い、上表をえた斉王冏は長沙王乂を襲撃するが、かえって乂に敗れ、処刑されることとなった。

では、こうした対立構図や輿論との関係、恵帝の権威の利用といった特徴は、この後の局面においても継続してあらわれるのであろうか。続いて③の局面を見ていきたい。

斉王冏の死後、洛陽では冏を殺害した長沙王乂が政府を取り仕切ったが、これは『資治通鑑』巻八四太安元年一二月条に、

　長沙王乂　朝廷に在りと雖も、事　巨細無く、皆な鄴に就きて大将軍穎に諮る。

とあるように、独断によらず、全て鄴の成都王穎に指示を仰いでいた[16]。またこのとき河間王顒は、蜀における李流の反乱平定を命ぜられた劉沈を引き留めて自己の軍府に辟召し、また荊州の張昌の反乱に際しては、詔による討伐命令を無視するなど[17]、この頃より恵帝・中央政府に対する不服従の態度をとるようになる。この時期には、中央政府の命令が貫徹されにくくなっていく傾向も見られたのであるが、中央政府の威令に従わなかったのは、河間王顒のような宗室諸王だけではなく、この他に秦州刺史皇甫重の例がある。洛陽において皇甫商と対立していた李含は、その兄である皇甫重をも殺害せんとはかり、皇甫重を中央政府の官職に任命し、洛陽に向かう途上でこれを捕縛することを河間王顒に提案した。その陰謀を察知した

皇甫重は、露檄をもって尚書省に上書し、河間王顒が李含を重用し、反乱を企てているとうったえるとともに、隴上の士衆を召集し、李含討伐を名目に挙兵する。上書を受けた長沙王乂は、近年内乱が頻発したが、今初めて平和となったとして、上表により詔を発して皇甫重に撤兵させ、李含を河南尹に任命することを要請した。李含はこれに応じて河南尹に就任したが、皇甫重は詔を無視して攻撃を続行したため、河間王顒は金城太守游楷・隴西太守韓稚ら四郡の太守の郡兵を派遣して皇甫重を攻撃する[18]。かつて皇甫商は、李含に交際を申し入れたが、断られたために、李含と反目するようになり、これが対立の遠因となっていたのであるが[19]、長沙王乂は、河間王顒や成都王穎に配慮せねばならない自身の立場もあって、諸々の命令には彼らの意思を反映させたものを発せざるをえなかった。皇甫重の目には、こうした中央政府の在り方が、「公権の私権化」に映ったであろうし、それゆえに自らの挙兵を中止しえなかったのである。このように、当時の国家権力は、こうした対立を公正に裁くための公平性や命令を徹底させるための絶対性を失いつつあったのであり、そのことが、新たな内乱を引き起こし、内乱に歯止めをかけられなくなる要因となっていた[20]。

こうして皇甫重は、河間王顒と戦うことになったが、この直後、状況は激変する。河南尹に就任した李含は、河間王顒の密命を受け、侍中馮蓀・中書令卞粋とともに長沙王乂の殺害をはかる。李含が河間王顒と共謀していることを知った皇甫商が長沙王乂に告げたために、李含ら三名は捕らえられ、殺害された[21]。李含の死を知った河間王顒は、成都王穎とともに上表により皇甫商と羊玄之（皇后羊献容の父）の誅殺を要請し、長沙王乂に檄を発して就第を命じ、同時に張方を都督とする七万の軍勢を洛陽に差し向けた。成都王穎からは陸機を将とする軍が派遣されている[22]。一方、洛陽の長沙王乂は大都督となり、恵帝を奉じて河間王顒・成都王穎の各軍勢を迎え撃った。このとき長沙王乂は、皇甫商に恵帝の手詔を持たせ、それによって游楷の撤兵や皇甫重の進撃をそれぞれ命令させようとするなど、[23] 以前に撤兵を命令していたにもかかわらず、皇甫重を味方につけることを目論んだ。皇甫商がその途上で捕まり、河間王顒に殺害されたため、この策は不成功に終わったのであるが、[24] 河間王顒は既に皇甫重と交戦状態にあり、この上さらに河間王顒と洛陽の中央政府が戦うことになったのであるから、皇甫重と中央政府は、河間王顒を共通の敵として、ほとんど自動的に、実質的な同盟関係を構築したと解釈してよい。さらに『晉書』巻八九　忠義伝　劉沈条に、

張方 既に京都に逼り、王師屢《しば》しば敗れ、王瑚・祖逖 乂に言いて曰く、「劉沈は忠義果毅にして、雍州の兵力 河間を制するに足り、宜しく上に啓して詔もて沈に与え、兵を発して顒を襲わしむれば、顒 窘急し、必ず張方を召して以て自ら救わんとす、此れ計の良なり」と。乂之に従う。沈 詔を奉じて檄を四境に馳せ、七郡の衆及び守防の諸軍・塢壁の甲士万余人を合し、安定太守衛博・新平太守張光・安定功曹皇甫澹を以て先登と為し、長安を襲う。

とあるように、長沙王乂は、雍州刺史劉沈に恵帝の詔を与え、河間王顒の後背を襲わせるという王瑚・祖逖（ともに長沙王乂の府僚）の提案を実行に移し、これを受けた劉沈は檄を雍州に発した。結果、雍州七郡の軍、守防の諸軍、塢壁の兵士がこれに呼応し、劉沈は安定太守衛博[25]（衙博）・新平太守張光・安定功曹皇甫澹を先鋒として長安を攻撃した。さらに『晉書』巻五七　張光伝には、

（劉）沈 時に秦州刺史皇甫重を委任し、重自ら関西の大族なるを以て、心 毎《つね》に光を軽んじ、謀《はかりごと》 多く用いら

れず。

とあり、このとき劉沈は西方の皇甫重と連携していたらしい。しかし劉沈は馮翊太守張輔らの反撃に遭い敗北し、陳倉令に捕らえられ、処刑される（皇甫重はこの後もしばらく戦闘を継続する）。洛陽の長沙王乂も善戦したが、中央軍と結託した司空の東海王越に捕縛され、身柄を張方軍のもとに移された後、炙り殺された。[26]

以上の③の局面の経緯を見ればわかるように、この局面には、それまでの局面とは異なる特徴がいくつか見られる。第一にその対立構図である。この局面は、附表①・②の各局面のような、中央政府と地方の宗室諸王の対決という性格を一面では有するものの、さきに述べたように、これに先立って河間王顒と秦州刺史皇甫重との間で戦端が開かれ、後に長沙王乂が皇甫重に手詔を与え、自らの陣営に加えようとしたため、単純に中央対地方という構図を当てはめることは不適当である。第二には河間王顒・成都王穎の挙兵名目である。②の局面において、河間王顒は李含の捏造した「密詔」の存在を上表によって公表するなどの工作を行っていたが、③の局面においては、『晉書』やその他の史料を見ても、河間王顒（及び成都王穎）が上表において、②と同じく「密詔」の存在を盛り込んだといった事実を確認することはできない。河間王顒の挙兵の直接的な動機が李含の死であったことからも、復仇という私的な目的が先行し、単に上表によって皇甫商・羊玄之の誅殺を要請するにとどまったものと思われる。このことは、挙兵に際して恵帝の存在を利用し、その権威を借りることの重要性が、少なくとも河間王顒にとっては以前ほどなくなっていたことを示すであろう。むしろ、河間王顒・成都王穎から攻撃を受ける長沙王乂ら中央政府側の、詔（手詔）を利用して劉沈の挙兵を促し、皇甫重の挙兵を正当化するなどの行動から、恵帝の権威を十全に活用しようとする姿勢が認められる。とはいえ、開戦前より河間王顒や皇甫重が詔を無視した行動をとっていたことからもうかがえるように、詔の絶対的な強制力というものは既に失われ、例えば前述の劉沈の行動について、王瑚・祖逖が劉沈の「忠義果毅」という性格を念頭に置いていることからも、詔を発する側が、それが受け入れられるか否かを最初に考慮せねばならなかったのである。詔に体現されるような恵帝の権威が実質的に通用する範囲は、著しく狭められたのであり、このとき中央政府は河間王顒らに対立する皇甫重のような州鎮勢力を、いわば「敵の敵は味方」という論理のもとに、自陣営に引き込むか、詔を用いて劉沈のような州鎮の挙兵を期待することくらいしか、なしえなかったのである[27]。

以上、この時期の情勢を通観してきたが、ここでまず明らかとなったのは、内乱の続発に伴う皇帝の権威の弱体化である。そしてもう一つの現象として、宗室諸王同士の同盟が挙げられる。①の三王起義の際は、斉王冏の檄に対する州鎮の呼応であったが、②の局面以降の河間王顒などは、一連の行動において常に成都王穎と結託しており、両者の結びつきは、中央政府を共通の敵とする軍事同盟という性格を徐々に強めている。河間王顒の目的は、現皇帝である恵帝を廃し、成都王穎を皇帝に即位させ、自身が宰相となることにあったらしい[28]。かつての趙王倫のように、禅譲による即位では、輿論の反発を招く可能性が高くなるが、成都王穎は皇弟であり、しばしば皇太弟に冊立される動きがあった[29]。そしてそれは長沙王乂の死後の永安元年三月に、河間王顒の上表により成都王穎が皇太弟となることで実現する[30]。河間王顒は、安平王孚（宣帝司馬懿の弟）の孫であり、宗室諸王ではあっても、傍系であるために将来的に皇帝に即位する可能性はほとんどなかった。それゆえに、皇弟であり、鄴を拠点として強大な軍権を掌握し、輿論の支持を集めていた成都王穎を次代皇帝に擁立し[31]、そのもとで実権を掌握しようとしたのであろう[32]。また洛陽の中央政府と対抗するに際し、鄴の成都王穎と結べば、洛陽を東西から挟撃できるという戦略的な利点もあった。いうまでもなく、地方の宗室諸王同士の連帯が常態化すると、皇帝の権威や中央政府の命令の貫徹を妨げる要因となる。そしてこうした現象は、この後の局面においても発生することとなる。

第二節　東海王越の挙兵と宗室諸王の権威

一　東海王越の挙兵

所謂八王のうち、乱を生き残った者は、東海王越ただ一人である。東海王越は傍系の宗室であり、成都王穎・河間王顒と長沙王乂の戦闘時には、司空・領中書監となっていた。前述の通り、この戦役において東海王越は長沙王乂を捕縛するなど、既に乱に関与するようになっていたが、本格的に動き出すのは、永安元年（三〇四）の蕩陰の戦い以後である。本節では、この東海王越の動向を中心に論じたい。

皇太弟穎は、おごり高ぶること次第に甚だしくなり、自らの寵臣に政治を行わせ、大いに「衆望」を失うこととなった。当時も司空であった東海王越は、右衛将軍の陳眕や長沙王乂の故将上官巳らと、穎の討伐を画策した[33]。そして永安元年七月、陳眕は軍を統御して雲龍門より宮中に入り、詔によって三公・百官を召集し、皇太弟穎の討伐を表明し、羊皇后・皇太子覃を再度冊立した[34]。そして東海王越を大都督とし、恵帝を奉ずる親征軍が鄴に向け進発、王戎・荀藩らの朝臣もこれに従軍した。親征軍の進発を知った穎の陣営では、東安王繇のように降伏を勧める声もあったが、抗戦を主張する司馬王混・参軍崔曠の意見が採択され、穎は奮武将軍石超を将とする軍を蕩陰に差し向けた。陳眕の弟である陳匡・陳規が鄴より親征軍の軍営に赴き、「鄴中已に離散せり」と告げたために、親征軍は防備を設けず、石超軍の急襲を被り、敗北する（蕩陰の戦い）。石超は恵帝を鄴に連行した。[35] 陳眕らに擁立された羊皇后・皇太子覃は、張方（河間王顒の部将）によって再び廃された。[36] 一方、大都督であった東海王越は、徐州の下邳に撤退するが、当地の都督であった東平王楙に受け入れを拒否され、そのまま自身の封国である東海国に逃れることとなる。[37]

しかし蕩陰の戦いに勝利した穎も、翌月には安北将軍・都督幽州諸軍事王浚、持節・寧北将軍・都督并州諸軍事・并州刺史東嬴公騰（東海王越の弟）と戦って敗北し、恵帝・予章王熾（後の懐帝）・荀藩らを伴って洛陽に撤退する。[38] 同年一一月、さらに一行は張方によって河間王顒の任地である長安に連行され、[39] 一二月、詔により穎の皇太弟位の剥奪、予章王熾の皇太弟冊立、河間王顒の太宰就任、東海王越の太傅任命などが発表された（詔という形をとっているが、実際には河間王顒の意向を反映したものであったと思われる）。[40] しかし、東海王越は太傅就任をこのときは辞退している。[41]

東海王越は封国に逃れた後、東海国中尉の劉洽の進言を納れ、東海国で徴兵した後、挙兵する。[42] かつて逃亡した東海王越の受け入れを拒否した東平王楙は、東海王越の挙兵を知り恐れたが、長史王修の進言に従い、無条件で徐州を東海王越に明け渡した。[43] 無血で徐州の占領に成功した東海王越は、本官の司空のまま自ら都督徐州諸軍事を領し、徐州の軍権を掌握した。そして永興二年（三〇五）七月に恵帝の奉迎を表明し、各地に檄を発した後、三万の兵を率いて出陣する。[44] これと同時に当時征南将軍・都督予州諸軍事・持節として許昌にあった范陽王虓は、平昌公模（東海王越の弟）や長史の馮嵩らとともに盟を結び、東海王越を盟主に推戴した。[45] このようにして、函谷関以東（関東）の地域において、[46] 恵帝の奉迎を目指し、東海王越を盟主に戴く大勢力が形成された。

しかしこの過程で、恵帝を擁する河間王顒側につく者も現れる。予州刺史の劉喬は、当初恵帝の奉迎を目指していたが、東海王越が承制により劉喬を安北将軍・冀州刺史に任命し、范陽王虓に予州刺史を領させると、劉喬はこれが天子の命令でないことを理由として、軍をもって范陽王虓の赴任を拒み、永興二年（三〇五）九月、范陽王虓を破る。[47] さらに范陽王虓と関係のよかった潁川太守劉輿の罪悪を尚書への上表の檄によって述べ、これを受けた河間王顒は、同年一〇月、恵帝の詔によって鎮南大将軍・荊州刺史劉弘、平南将軍彭城王釈らに、劉喬と共同して劉輿を攻撃するよう命令した。[48] 河間王顒はこの他、張方に一〇万の兵を預け、洛陽に向かわせており、[49] また同年七月より始まる、成都王穎の故将公師藩の挙兵を利用することをはかり、[50] 九月に成都王穎を鎮軍大将軍・都督河北諸軍事に任命し、かつての任地である鄴に派遣した（しかし実際には鄴には至らず、洛陽に留まる）。[51]

恵帝の奉迎をめぐって、内乱は東海王越と河間王顒の対立という新たな局面を迎えたのであるが、当初優勢であったのは、河間王顒の陣営であった。前述の通り、予州刺史の劉喬は范陽王虓の軍勢を撃破しており、東海王越の本隊に対しても、子の劉祐が撃退に成功している。[52] しかし、劉喬に敗れた范陽王虓が北に逃れ、王浚の上表によって冀州刺史を領し、軍事的な支援を受けるようになると、[53] 戦況は一変する。范陽王虓は冀州に入って徴兵を行い、新たにえた兵力をもって、同じく河北に逃れていた劉輿・劉琨兄弟とともに黄河を渡り、予州へ進攻し、劉喬やこれと結託した東平王楙を撃破した。[54]

劉喬・東平王楙の敗北は、関東における河間王顒派の消滅を意味するものであり、戦局は東海王越に有利に傾いた。戦況の不利を見た河間王顒は、永興三年（三〇六）正月、東海王越に和議を申し入れるが、東海王越はこれを拒否し、祁弘・宋冑・司馬纂らを派遣し、関中への進攻を開始する。[55] 関東からの攻撃を受けた河間王顒の軍は敗戦を重ねて崩潰し、河間王顒は単騎にて太白山に逃れる。[56] かくして関東の軍勢は長安への入城と恵帝の奉迎を果たし、六月、恵帝は洛陽へ帰還する。八月には、東海王越を太傅・録尚書とする新体制が発足した（しかし同年一〇月には范陽王虓が、一一月には恵帝が、それぞれ急死する）[57]。

八王の乱の最終局面である東海王越と河間王顒の対決の概略は以上の通りであるが、これには前章で述べた各局面とは異なる、ある特徴がある。既に述べたように、河間王顒やかつての成都王穎は長安・鄴といった軍事的要衝に出鎮し、さらに都督制により強大な軍権を有していたが、東海王越は最終的に勝利を収めたとはいえ、当初は封国である東海国の軍（国兵）しか利用できる兵力がなかったのである[58]。その東海王越が恵帝を擁し、大兵力を有していた河間王顒を打倒しえたのはなぜか。河間王顒は恵帝を擁していたとはいえ、既にその権威は衰退していたのであり[59]（河間王顒自ら招いた結果ではあるが）、これによって河間王顒が優位を確保しえたとは考えがたい。しかし、相応の軍事力は有していたのであって、これに対抗しうる手段として、東海王越は何を有していたのであろうか。

東海王越は恵帝奉迎の表明に先立ち、都督徐州諸軍事を領しており、それによって三万の兵力の動員が可能となったが、配下に東海国兵しか有していなかった東海王越が、徐州の軍権を掌握しえたのは、前述の通り、直接的には前任者の東平王楙がその長史王修の進言に従い、徐州を東海王越に譲り渡したためである。そしてそのとき王修は、

東海は宗室の重望にして、今将に義を興さんとすれば、公宜しく徐州を挙げて以て之に授くべし。此れ克譲の美なり。（『晉書』巻三七　宗室伝　竟陵王楙条）

といい、東平王楙を説得している。王修は、東海王越が「宗室の重望」であり、恵帝の奉迎という「義を興」そうとしていることを理由として徐州の明け渡しを勧め、それに東平王楙は従ったのである。東海王

越の徐州占領は、戦闘の勝利や軍事力による威圧ではなく、あくまで東海王越個人の声望と、挙兵の正当性によって成功したのである。

さきの蕩陰の戦いの敗北によって、東海王越は政治・軍事の実権を一時的に喪失したのであるが、その声望はほとんど無傷であった。例えば、永興二年四月まで河間王顒と戦っていた秦州刺史皇甫重は、[60]『晉書』巻六〇の本伝に、

> 是れより先、重 囲いを被ること急にして、養子の昌を遣わして救いを東海王越に請わしむるも、越 顒の新たに成都王穎を廃し、山東と連和するを以て、兵を出だすを肯んぜず。

とあるように、養子の皇甫昌を東海王越のもとに派遣し、援軍を要請したが、東海王越は河間王顒が穎（成都王）の皇太弟位を剥奪し、山東（関東）と融和したことを理由として、この要請を斥けている。この『晉書』の記述を、『資治通鑑』は永興二年四月のこととするが、この時期は、東海王越はまだ東海国におり、国兵程度の軍事力しかなかった。にもかかわらず、皇甫重から援軍を期待されたのである。皇甫重が期待したのは、あるいは東海王越から直接的な軍事的支援をえられることではなく、後に実際に東海王越が行ったような、関東の州鎮に檄を発し、河間王顒を攻撃することであったのかも知れないが、いずれにせよ、東海王越が要請を拒否したために実現することはなかった。しかしこの直後、東海王越のもとを辞去した皇甫昌は洛陽に向かい、もとの殿中（中央軍の一部隊）[61]の兵士楊篇とともに、東海王越の命をえたと偽り、羊皇后（当時は皇后位を廃され、金墉城に幽閉されていた）[62]を迎え、さらにその羊皇后の令によって河間王顒の部将の張方を討伐し、長安の恵帝を奉迎することをはかる。この陰謀は皇甫昌が誅殺されたために実現

しなかったが[63]、このことは、東海王越の命が羊皇后の金墉城からの釈放と冊立を、羊皇后の令が河間王顒への攻撃と恵帝の奉迎を、それぞれ可能にするという認識を、皇甫昌が有していたことを示している[64]。さきに②の局面における、李含による「密詔」偽造の例を見たが、ここでは羊皇后・東海王越のそれぞれの命令が偽造されているのであり、河間王顒に擁された恵帝に対抗しうるほどの権威が、羊皇后・東海王越から見出されたことがうかがえる[65]。東海王越が河間王顒に勝利し、恵帝の奉迎を成功しえた主要因は、東海王越（直属）の軍事力ではなく、彼個人が有する声望や、その挙兵の正当性であったと思われる。それゆえに、東海王越の発した檄に応ずる者が多く現れ、また逆に東海王越は范陽王虓らによって盟主に推戴されたのであろう。

軍事力に関していうならば、東海王越は徐州占領によってようやく三万の兵力をえたのであるが、この軍は蕭にて劉祐に敗北して以降、ほとんど戦闘に従事していない[66]。劉喬の軍を撃破したのは、冀州において軍勢を立て直した范陽王虓や、劉輿・劉琨兄弟であった。また河橋においては、成都王穎が楼褒（楼裒）・王闡の諸軍を統率し、関東の軍勢と対峙していたのであるが[67]、このとき成都王穎と戦ったのは、鮮卑兵を率いた范陽王虓や、平昌公模の将軍である宋冑の部隊であった[68]。さらに関中への進攻に際しては、祁弘・宋冑・司馬纂らが派遣されたが[69]、このうちの祁弘は王浚の部将である[70]（司馬纂の詳細は不明）。戦局を大きく変化させたこれらの戦いにおいて活動した軍は、多くが東海王越の同盟勢力の部隊であり、東海王越の本隊が関与した形跡は、ほとんど確認できない。

かつての河間王顒や成都王穎が、長安・鄴といった軍事的要衝への宗室諸王の出鎮という慣例や、都督制といった軍事制度により、内乱において大きな役割を担いえたのに対し、挙兵当初の東海王越は、そうした軍事的基盤をほとんど有しておらず、また都督徐州諸軍事を領して以降も、軍功はほとんど挙げていない。にもかかわらず、彼が内乱を一時的ながら終結させることに成功しえたのは、その発した檄に応じ、彼を盟主に推戴した同盟勢力によるところが大きかったのである。

東海王越が盟主になりえた要因は二点ある。第一に、東海王越の兄弟の動向である。東海王越の同盟勢力の中には、東嬴公騰・平昌公模など、東海王越の兄弟がおり、彼らは東海王越の挙兵の前後に州都督・州刺史を務めていた。[71] 東嬴公騰は王浚とともに、蕩陰の戦いの直後に皇太弟穎を攻撃し、穎を洛陽に敗走させるなどの軍功を挙げ、平昌公模は范陽王虓とともに東海王越を盟主に推戴している。彼らと東海王越を繫げたものが、兄弟間の血縁的紐帯であったことは想像に難くない。[72] そして第二に、当時の輿論の存在である。『晉書』巻一〇四 石勒載記上に、

成都王の乗輿を蕩陰に敗るに及び、帝に逼りて鄴宮に如かしむ。王浚 穎の天子を陵辱するを以て、鮮卑をして之を撃たしむ。穎懼れ、恵帝を挾みて南のかた洛陽に奔る。帝 復た張方の逼《せま》る所と為り、長安に遷る。関東の所在の兵起ち、皆な穎を誅するを以て名と為す。

とあるように、穎が王浚に敗れ、恵帝を伴って洛陽に逃れ、さらに恵帝（や成都王穎）が張方（河間王顒の部将）によって長安に連行されるに際して（前述）、関東における諸勢力は穎の誅殺を名目に挙兵した。これは恐らくは蕩陰の戦い以前より穎から離反し始めていた輿論（前述の「衆望」）が、穎の敗北を契機として積極的な反皇太弟穎の輿論に転化した結果であろう。[73] 田餘慶氏は、八王の乱の後期においては、東海王越（派）と成都王穎（派）の対立という構図をとっていたことを指摘するが、[74] 前述の通り、東海王越はかつて大都督として蕩陰にて当時皇太弟であった穎と戦っているから、穎に反発する輿論がそのまま東海王

越の支持に向かった可能性もある。また東海王越のもとで記室参軍を務めていた孫恵が、成都王穎討伐の檄文を執筆しており[75]、越の方でもこうした輿論を積極的に吸収・利用しようとしていたことがうかがえる。永興二年七月に東海王越が発した檄に応じた者が多数存在したことも、恵帝の奉迎を望む輿論が強かったことを示していよう。八王の乱の最終局面である東海王越と河間王顒（及び成都王穎）の対決においては、軍事力よりも、こうした輿論との結合によって形成される東海王越の権威が、戦局を決する要因となったのである[76]。

ちなみに、永嘉元年（三〇七）五月、馬牧帥の汲桑が挙兵し、当時鄴に出鎮していた新蔡王騰（もと東嬴公）を殺害したが[77]、これについて、『晉書』巻五九成都王穎伝には、

　其の後汲桑　東嬴公騰を害し、穎の為に讎に報ゆと称し、遂に穎の棺を出し、之を軍中に載き、事毎《ごと》に霊に啓し、以て軍令を行う。

とあり、汲桑は騰を殺害した後に成都王穎の棺を掘り出し、軍中に推戴している。もともと汲桑は、成都王穎のために東海王越・新蔡王騰を誅殺することを名目に掲げており[78]、騰の殺害後に推戴した成都王穎の棺が、次なる復仇の対象である東海王越の討伐のための象徴として扱われたであろうことは、容易に推察される。なお新蔡王騰が汲桑に殺害された後、騰の鄴への赴任に伴い冀州にいた「乞活」と呼ばれる流民集団が、騰のためと称して汲桑を殺害したが、この乞活のうち、李惲・薄盛はその後東海王越に従っている。東海王越派対成都王穎派という対立構図が、本来直接的に関係のなかった東海王越と李惲らを結びつけたのである[79]。こうした対立構図は、成都王穎が死去した後も、しばらく継続するのであり、このことは、

当時の情勢が二極化しやすく、それぞれの立場を表明するために宗室諸王を（その生死を問わず）象徴に推戴し、あるいは片方の勢力の象徴となる宗室諸王のもとに、もう一方の勢力に反対する人士が集中する傾向にあったことを物語っている。前述の東海王越の台頭も、こうした情勢の産物であったのではあるまいか。

二　永嘉年間における東海王越と懐帝

ここまで、東海王越の台頭の過程と、成都王穎派勢力との対立について論じてきたが、東海王越と、恵帝の死後に即位した懐帝の関係はどのようであったのだろうか。

『晉書』巻五九　東海王越伝に、

帝 始め万機に親しみ、心を庶事に留め、越 悦ばず、出藩を求むるも、帝 許さず。越 遂に許昌に出鎮す。

とあるように、懐帝の親政への意欲を見た東海王越はこれを喜ばず、地方への出鎮を懐帝に願い出た。懐帝は許さなかったが、東海王越はそのまま許昌に出鎮する。このことについて、『晉書』巻五　孝懐帝紀永嘉元年三月条には、

庚辰、東海王越 許昌に出鎮す。征東将軍高密王簡（略）を以て征南大将軍・都督荊州諸軍事と為し、襄陽に鎮

せしむ。安北将軍東燕王騰を改封して新蔡王・都督司冀二州諸軍事と為し、鄴に鎮せしむ。征南将軍南陽王模を以て征西大将軍・都督秦雍梁益四州諸軍事と為し、長安に鎮せしむ。

とあり、東海王越の許昌出鎮（三〇七）と同時に、高密王略[80]・東燕王騰（新蔡王、もと東嬴公）・南陽王模（もと平昌公）の改封・出鎮が行われていたことが判明する。これら三人の宗室は、全て東海王越の兄弟であり、また東海王越・新蔡王騰・南陽王模がそれぞれ出鎮した許昌・鄴・長安は、前述の通り西晋における軍事的要衝であった。この他、同年九月には琅邪王睿が安東将軍・都督揚州江南諸軍事として建鄴に出鎮し[81]、東海王越と関係の深かった琅邪の王氏や、越の妃の親族である河東の裴氏などの人士が、数多く州都督や州刺史として、主として関東の各地に赴任した[82]。そして、東海王越からこれらの州鎮への命令には、檄が多用された。

こうした地方の州鎮勢力との連合体という体制は、かつての恵帝の奉迎の際の、東海王越を盟主に戴いた関東勢力を淵源としていた可能性が高く、また州鎮への命令に檄を使用するなど、外形的には類似する点も多い。趙立新氏はこの連合体を「東海王集団」と称し、その成立を恵帝の奉迎時とするが[83]、恵帝期の段階では盟主の推戴に見られるような各州鎮の自発的な東海王越への協力という側面が比較的強く、八王の乱の終結後、王氏・裴氏など、東海王越と関係の深い貴族が多く州刺史などに就任したことから、永嘉年間（三〇七～三一三）に入ってようやくこの体制における東海王越の主導権が確立されたと思われる[84]。また東海王越からこれらの州鎮への命令は、直接的に檄を発することで行われており、懐帝や中央政府がこれを仲介した形跡はあまり見られない[85]。このことから、各州鎮と東海王越を結びつけたものは純粋に制度的な要素ではなく、東海王越の権威に服するという形で州鎮はその檄による命令に従ったと考えられる[86]。

ところが、この体制は同年五月に新蔡王騰が汲桑に殺害されたことから、早くも動揺し始める。汲桑は乞活の田蘭・薄盛らに殺害されるが[87]、東海王越は山東方面にて活動していた王弥の反乱勢力の討伐に向かい、永嘉三年（三〇九）三月には洛陽に帰還し、同年九月より始まる漢軍の洛陽攻撃を退けた（このとき東海王越は中書令繆播や懐帝の舅王延らが自らに背くことを疑い、殺害している）[88]。このように、東海王越は漢の勢力やその他の反乱勢力への対処に奔走していたのである。

さらに、永嘉四年（三一〇）ごろより、州鎮の中から反東海王越の姿勢を明確化する者があらわれるようになった。例えば周馥は、東海王越が臣節を尽くさないことを憂慮したため、寿春への遷都を要請し、東海王越を介さずに直接懐帝に上書したために、東海王越の怒りを買った[89]。撫軍将軍・仮節・都督青兗諸軍事の荀晞は、もともと東海王越と義兄弟となるほど関係が良好であったが、東海王越の府僚である潘滔や尚書の劉望により貶められ、また東海王越の従事中郎劉洽を自らの軍司とする要請を断られたことなどをきっかけとして越と不仲となり、遂には諸州に自身の功績を示し、東海王越の罪状を伝えるに至った[90]（『資治通鑑』はこれを永嘉五年（三一一）二月に繋ける）[91]。彼らの行動は、多くは東海王越に対する感情的な反発をその動機としているが、それが表面化するのが特に永嘉四年以降であることについては、輿論の東海王越からの離反がその原因として考えられる。既に述べたように、東海王越は永嘉三年三月に中書令繆播らを殺害しており、このことは輿論が急速に東海王越から離れていくきっかけとなる[92]。例えば、東海王越は（恐らくは活発化する劉聡・石勒らの活動を危惧して）永嘉四年一〇月に天下に羽檄を発し徴兵を行おうとしたが、応ずる者はなかったという[93]。洛陽における懐帝の側近・外戚の殺害が、輿論の東海王越からの急速な離反という事態を招き、地方における東海王越の影響力が衰退したのであり、周馥・荀晞の行動は、それに乗じたものと解釈できる。逆にいえば、東海王越に対する輿論の支持と、それによって発生する東海王越の権威とは、こうした州鎮の連合体を形成・維持するための主たる要素であったことになろう。

こうした状況の中、当時の懐帝は特に荀晞に対して、手詔を発して直接的に命令を行うようになる。『晋書』巻六一 荀晞伝に、

> 時に懐帝 越の専権を悪《にく》み、乃ち晞に詔して曰く、「……公の威震赫然として、藩・桑を梟斬し、喬・朗を走降せしめ、魏植の徒 復た以て誅除せられ、豈に高識明断に非ざるかな、朕 用て委成す。加うるに王弥・石勒 社稷の憂いと為り、故に詔有りて六州を統ぶるを委ぬ。而れども公の小節を謙分し、大命に稽違するは、所謂国と憂いを同じくするに非ざるなり。今復た詔を遣わし、便ち檄を六州に施せ。協同して大挙し、国難を翦除し、朕の意に称《かな》え」と。

とあるように、東海王越の専権を憎んだ懐帝は、荀晞に中詔（皇帝から直接発される手詔）[94]を発し、六州に檄を発して国難を取り除くよう命令した。荀晞はこれを受け、各地の征・鎮・州・郡に檄を発する。しかし前掲の『晋書』荀晞伝に「時に懐帝 越の専権を悪み」と前置きされているにもかかわらず、詔においては東海王越に一切言及せず、またその討伐が命令されているわけでもない。自らの権威と権力の回復を望む懐帝は、既に東海王越との関係を悪化させていた荀晞に対して詔を発し、荀晞を従わせることで、将来的に東海王越討伐の駒になりうるか否かを確認したのであろう。この場合、東海王越と荀晞の不仲に懐帝がつけ込んだ形になるが、詔の文中に、「……故に詔有りて六州を統ぶるを委ぬ。而れども公の小節を謙分し、大命に稽違するは、所謂国と憂いを同じくするに非ざるなり。今復た詔を遣わし……」とあることから、これ以前にも懐帝が同様の詔を発したこと、荀晞がそのときは詔に従わなかったこと、荀晞が懐

帝の詔に従う場合、その時点で東海王越との関係が決定的に悪化していなければならなかったことなどが看取される。

懐帝は続いて荀晞のもとに密詔を送り、東海王越の討伐を命令する。密詔を受けた後に荀晞は上表を行ったが、その文面において荀晞は、殿中校尉の李初が手詔（密詔）をもたらしたことを明らかにし、東海王越やその府僚に対する非難を行い、最後には詔を筆写して各地に宣示し、東海王越に兵を向けるという自らの行動が義挙であることなどを主張した。[95] さらにこの後、懐帝は再び手詔を荀晞に発し、東海王越討伐を命令する。[96] 荀晞はこのときも上表を行っており、当時の東海王越の拠点である項に向け王讃を将とする軍を派遣する旨を伝えている。[97]

懐帝は荀晞を東海王越討伐に利用するために、直接的に手詔を発しており、その内容も、当初の六州への檄の伝達から、密詔・手詔による討伐命令というように、徐々に直接的になっている。[98] そして荀晞は、こうした懐帝の命令には基本的に従ってきた。しかし、最初の六州統轄委任の詔に荀晞が従わなかったことは、むしろ荀晞の方に詔を受けるか否かの事実上の選択権があったことを示していよう。すると、このような状況で懐帝が詔を発して東海王越の討伐を命じ、結果として荀晞が命令通りに越の討伐に従事したとしても、それはあくまで越に反感を抱く荀晞が、詔という挙兵の名目をえた上での行動ということになる。詔を発することによって、懐帝の存在はクローズアップされたのであり、またもちろん懐帝にとっては自らの権力強化への試みであったろう。趙立新氏もこの時期の懐帝は「皇権」の伸張や政治の中心としての洛陽の地位の維持・強化のため、州鎮の掌握をはかったとするが、[99] これを例えば、皇帝専制政治復活への兆し、というように評価することができるであろうか。客観的には、荀晞らにより懐帝の権威が利用されたのであって、仮に彼らが東海王越を打倒したとしても、従前の皇帝専制政治を復活させえたとは考えがたい。恐らくはさきの汲桑による成都王穎推戴の事例と同じく、反東海王越の象徴として懐帝の存在が必要とされたのであり、かえってこのことは、懐帝の権威が、東海王越の権威に匹敵するものとして、完全に相対化されたことを物語るであろう。また東海王越の不臣の態度を憂慮した周馥が、懐帝への直接的な（東海王越を介さない）上書を行い、東海王越との関係を悪化させていた苟晞が、懐帝の手詔を積極的に受け入れたことは、懐帝がこうした反東海王越派の象徴に祭り上げられたことを意味するのではないか。かつて汲桑が成都王穎の棺を推戴したのと同様に、彼らよりも地位が高く、地方における軍権・行政権を有していた苟晞などは、東海王越に対抗するため、事実上、懐帝を象徴に推戴したのである。

いずれにせよ、漢の勢力と対決せねばならないこの状況にあって、このような晋朝系勢力の分裂が開始されたことは、結果として西晋の滅亡を早める一因となった。永嘉五年（三一一）三月に東海王越が病死し、六月には洛陽が漢の劉曜・王弥軍の攻撃によって陥落、懐帝は平陽に連行され、永嘉七年（三一三）正月に処刑される。この後、長安に逃れた秦王鄴が皇帝に即位し（愍帝）、西晋王朝はなおも形式的には存続するが、実質的には永嘉五年の洛陽陥落によって滅亡したのである。

第三節　東晋の成立へ――むすびにかえて――

しかし、こうした永嘉年間における東海王越派対反東海王越派という対立構図は、単に西晋の滅亡を早める要因にしかなりえなかったのだろうか。最後に、この対立構図が当時の江南の情勢に与えた影響について考察し、本章を締めくくりたい。

永嘉元年（三〇七）九月、琅邪王睿（後の東晉元帝）は安東将軍・都督揚州江南諸軍事・仮節に任命され、建鄴に到着した。当時江南においては、かつて陳敏の挙兵に荷担した顧栄ら江南豪族が、寿春の周馥の監視を受けており、また寧遠将軍・廬江内史の華譚からもそのことを非難されている、という状況にあった。その中で琅邪王睿が建鄴に到来し、顧栄ら江南豪族は睿を推戴したのである。これについて川勝義雄氏は、当時江南社会の安定化、もしくは江南独立政権の樹立を考えていた顧栄ら江南豪族は、周馥らの「江西の諸軍」に対抗するための軍事力と、行動を起こすに当たり「逆賊」の汚名を受けないために必要な名目を求めており、江南一円の秩序維持に関する権限と名目とを兼ね備えていた琅邪王睿の推戴に踏み切ったと主張する。[100]

琅邪王睿の建鄴出鎮の経緯については、田餘慶氏の研究に詳しい。[101]田氏は、琅邪王睿の建鄴出鎮に、東海王越や妃の裴氏、琅邪の王氏が深く関与していたとする。琅邪王睿の建鄴出鎮が東海王越の命令によるものであることは川勝氏も認めており、氏はそれによって東海王越・琅邪王睿が周馥から江南をもぎ取ったと解釈する。[102]

本章で解明した永嘉年間の政治情勢を踏まえ、あらためて江南の情勢を観察すると、琅邪王睿を推戴した顧栄らの、もう一つの目的を想定できるように思われる。前述の通り、顧栄ら江南豪族は周馥の監視を受けており、その周馥は、懐帝期には東海王越との関係を悪化させていた。であれば、顧栄らは東海王越の意を受けて江南に出鎮した琅邪王睿を積極的に推戴することで、自らが東海王越派であることを表明したのではないだろうか。[103]周馥が鎮東将軍・都督揚州諸軍事として江南一帯の軍権を掌握していたにもかかわらず、東海王越がことさらに琅邪王睿を都督揚州江南諸軍事として建鄴に出鎮させていることからも、永嘉元年時点で既に東海王越と周馥の関係が（この段階ではまだそれほど深刻ではなかったであろうが）悪化していたことは明白であり、顧栄らがそうした情勢を認識し、周馥に対抗するために、琅邪王睿推戴に踏み切ったと考えることは充分に可能であろう。その場合、顧栄ら江南豪族は、当時の中国全土における東海王越派と反東海王越派の対立という政治の構図に、自らを位置づけたことになる。

やがて周馥は、永嘉四年一一月、懐帝に寿春遷都を要請するなど、反東海王越の姿勢を強めることになり、東海王越は、周馥と淮南太守裴碩を召還した。周馥はこれに応ぜず、裴碩にさきに赴かせた。裴碩は東海王越の密旨を奉じ周馥を攻撃したが、敗れて東城に立て籠もり、建鄴の琅邪王睿に救援を要請した。周馥は永嘉五年正月、琅邪王睿の命を受けた甘卓（江南豪族）や郭逸の攻撃により撃破される。当時東海王越は四万の軍勢を率いて項に出鎮しており、開戦の時点で周馥は項の東海王越と建鄴の琅邪王睿に挟まれていたのであるが、敗れた周馥は項に逃れ、そこで新蔡王確に捕らえられた後、憤死する。

東海王越の密旨を奉じて行動し[104]、敗北後に琅邪王睿へ救援を要請した裴碩が、この局面において琅邪王睿の出兵を促す直接的な原因を作ったのは明白であり、また折からの東海王越の項への出鎮もあって、東海王越派であった琅邪王睿としては、これにこたえないわけにはいかなかったのであろう[105]。また琅邪王睿を推戴する顧栄ら江南豪族は、これを好機として周馥の排除を成功させたのである。こうした周馥に対する軍事行動は、琅邪王睿と江南豪族のそれぞれの思惑・利害が一致しなければ発動されなかったのではないか。この後、琅邪王睿は建興五年（三一七）三月に晋王となり、翌年（三一八）三月に皇帝となる（東晋の建国）。

本章にて論じてきたような皇帝の権威の弱体化と宗室諸王の権威の（相対的な）上昇、及びそれらに伴う諸勢力の二極化という傾向・現象が前提になければ、こうした琅邪王睿（及び北来貴族）・江南豪族の連合が成ったとは考えにくい。顧栄ら江南豪族は、汲桑が自らの立場を示すために成都王穎を推戴したのと同様の理由から、琅邪王睿を推戴したのではないだろうか。ならば恵帝期・懐帝期を通じて発生した政治・社会上の諸々の現象・変化は、西晋の滅亡を早める原因となった一方で、東晋の成立の土台ともなったことになる。

1八王の乱の研究史については、景有泉・李春祥「西晋『八王之乱』爆発原因研究述要」(『中国史研究動態』一九九七—五)、荒木均「八王の乱から石勒へ」(『史友』三一、一九九九年)、本書第五章「西晋恵帝期の政治における賈后と詔」参照。

2宮川尚志『六朝史研究 政治社会篇』(日本学術振興会、一九五六年)四九~七二頁、周年昌「西晋末年的流民大起義」(朱大渭主編『中国農民戦争史』魏晋南北朝巻、人民出版社、一九八九年、五三~一一一頁)、陳蘇鎮「司馬越与永嘉之乱」(『北京大学学報(哲学社会科学版)』一九八九—一)参照。

3唐長孺「晋代北境各族『変乱』的性質及五胡政権在中国的統治」(同氏著『魏晋南北朝史論叢』、生活・読書・新知三聯書店、一九五五年、一二七~一九二頁)、「魏晋雑胡考」(前掲『魏晋南北朝史論叢』三八二~四五〇頁)、谷川道雄「南匈奴の自立およびその国家」(同氏著『隋唐帝国形成史論』、筑摩書房、一九七一年、三〇~六七頁)等を参照。

4流民・塢壁に関する研究としては、周一良「乞活考——西晋東晋間流民史之一頁——」(同氏著『魏晋南北朝史論集』、中華書局、一九六三年、一二~二九頁)、金発根『永嘉乱後北方的豪族』(台湾商務印書館、一九六四年)、譚其驤「晋永嘉乱後之民族遷徙」(同氏著『長水集』、人民出版社、一九八七年、上冊一九八~二二三頁)などがある。なお永嘉の乱の民族・流民・塢壁に関する研究史については、荒木均「八王の乱から石勒へ」(前掲)を参照。

5田餘慶「釈『王与馬共天下』」(同氏著『東晋門閥政治』、北京大学出版社、一九八九年、一~三七頁)参照。なお、

田氏の説を受けて東海王越の公府府僚を整理・分析したものに林校生「司馬越府『雋異』与西晋王朝的歴史出口」（『華僑大学学報（哲学社会科学版）』二〇〇三―三）がある。この他の研究として、島田悠「八王の乱における貴族――王衍、東海王越を中心に」（『六朝学術学会報』七、二〇〇七年）などもある。

6 趙立新『西晉末年至東晉時期的「分陝」政治――分權化現象下的朝廷与州鎮』（花木蘭文化出版社、二〇〇九年）四七～八二頁参照。なお趙氏は州や軍鎮などの地方政治機構を「州鎮」と総称しているが（七頁）、以下、本章もこれに従い「州鎮」の語を使用することとする。

7 唐長孺「西晉分封与宗王出鎮」（同氏著『魏晉南北朝史論拾遺』、中華書局、一九八三年、一二三～一四〇頁）は魏晋において、許昌・鄴・長安の三都市は、辺境を制御し、洛陽を防衛する要衝であったと主張する。

8 姚念慈・邱居里「西晋都督制度演変述略」（『北京師範大学学報（社会科学版）』一九八八―二）は、主に趙王倫の即位を契機として、中央の地方都督に対する制御がきかなくなり、辺境地区都督の中央からの離脱、都督による刺史の駆逐、都督の管内の官吏任命権の掌握など、都督制に大きな変化があらわれたとする。

9 『晉書』巻四四　盧欽伝附盧志伝参照。

10 『晉書』巻五九　斉王冏伝参照。

11 福原啓郎「八王の乱の本質」（『東洋史研究』四一―三、一九八二、同氏著『魏晉政治社会史研究』京都大学学術出版会、二〇一二年、一六三～一九九頁）参照。

12 福原啓郎「西晉代宗室諸王の特質――八王の乱を手掛りとして――」（『史林』六八―二、一九八五年、前掲『魏晉政治社会史研究』二〇一～二三五頁）参照。

13 『晉書』巻四四　盧欽伝附盧志伝、巻五九　河間王顒伝参照。

14 『晉書』巻六〇　李含伝参照。

15『晉書』巻五九　斉王冏伝参照。

16しかし『晉書』巻五九　成都王穎伝には、「穎方恣其欲、而憚長沙王乂在内、遂与河間王顒表請誅后父羊玄之・左将軍皇甫商等、檄乂使就第」とあり、洛陽の長沙王乂を、自らの権勢拡大の阻害要因と見なしていたふしもある。

17『晉書』巻八九　忠義伝　劉沈条参照。

18『晉書』巻六〇　皇甫重伝参照。

19『晉書』巻六〇　李含伝参照。

20谷川道雄『世界帝国の形成』（講談社、一九七七年）は、西晉八王の乱の宗室諸王の軍事力について、「晉王朝の公権を支えるのではなく、これを私権化する方向にはたらいた」と主張する（一〇〇頁）。

21『晉書』巻五九　長沙王乂伝には、「(河間王顒）乃潜使侍中馮蓀・河南尹李含・中書令卞粹等襲乂、乂並誅之」とあるが、ここでは『晉書』巻五九　河間王顒伝、巻六〇　李含伝によった（『資治通鑑』巻八五　太安二年七月条は概ね河間王顒伝に基づいている）。

22『晉書』巻五四　陸機伝、巻五九　成都王穎伝参照。

23『晉書』巻六〇　皇甫重伝参照。

24『晉書』巻六〇　皇甫重伝参照。

25『資治通鑑』巻八五　永興元年正月条は「衙博」に作る。

26『資治通鑑』巻八五　永興元年正月条参照。なお『晉書』巻四　恵帝紀・『三十国春秋』・『晉陽秋』などは、長沙王乂の死を太安元年（三〇三）一二月のこととするが、『資治通鑑』は『晉書』巻五九　長沙王乂伝の記述をとり、翌年正月に繫ける（『資治通鑑考異』）。また、『晉書』長沙王乂伝は、東海王越をこの首謀者とするが、東海王越伝は殿中の諸将・三部司馬（ともに中央軍）と結んだ左衛将軍朱默が長沙王乂を捕らえ、その後に東海王越を主となるようせまったとする。『資治通鑑』は長沙王乂伝をとっており、本章でもこれに従った。

27しかし、前述の詔を奉ずる劉沈の檄に郡の太守や塢主が応じたことには注意を払う必要がある。劉沈の檄に応じた安定・新平の両郡は雍州の北部に位置し、相互に隣接するのであり、また『資治通鑑』巻八五 太安二年一一月条胡注に、「雍州統七郡、治安定。或曰、時治新平」とあるため、雍州刺史府と距離的に近かったことが大きく作用したのであろう。一方の塢壁に関しては、前秦末期、苻堅の時代に、長安が慕容沖の攻撃を受けた際に、関中の「堡壁」三千余所が趙敖を「統主」に推戴して互いに盟を結び、苻堅に食糧を供給し（『晋書』巻一一四 苻堅載記下）、また苻丕の時代に、左丞相王永の檄に姜延・寇明ら関中の塢主の多くが起兵してこれに応じるなど（『晋書』巻一一五 苻丕載記）、権力の大半を失った君主に対する忠誠という、共通する行動が確認できるのであり、（特に関中の）塢壁というものの歴史的性質を考慮する必要がある。金発根『永嘉乱後北方的豪族』（前掲）一〇八～一〇九頁、谷川道雄「五胡十六国史上における苻堅の位置」（前掲『隋唐帝国形成史論』一〇〇～一二一頁）、石井仁「六朝時代における関中の村塢について」（『駒沢史学』七四、二〇一〇年）、「渭河流域における村塢の基礎的研究（３）」（『駒沢史学』八二、二〇一四年）参照。

28『晋書』巻五九 長沙王乂伝参照。

29西晋の皇位継承問題については、三田辰彦「西晋後期の皇位継承問題」（『集刊東洋学』九九、二〇〇八年）参照。

30『晋書』巻四 恵帝紀 永興元年三月条、巻五九 成都王穎伝参照。

31福原啓郎『西晋の武帝 司馬炎』（白帝社、一九九五年）二五八～二五九頁参照。

32この他、成都王穎に私的に結託した人物として、都督荊州諸軍事の新野王歆がいる。『晋書』巻三八 宣五王伝 新野王歆条参照。

33『資治通鑑』巻八五 永興元年三月条参照。なお陳畛の官名について、『資治通鑑』や『晋書』巻四 恵帝紀 永興元年七月条は「右衛将軍」とするが、『晋書』の各列伝は「左衛将軍」とする。

34『晋書』巻四 恵帝紀 永興元年七月条参照。

35『晋書』巻五九 成都王穎伝参照。

36『晋書』巻四 恵帝紀 永興元年八月条参照。ただし、巻六〇 張方伝では、皇太子覃が上官巳・苗願（ともに皇太弟穎・河間王顒に敵対）を夜襲・追放し、張方を迎え入れ、羊皇后を再び廃したとされており、皇太子覃の廃位には言及していない。

37『晋書』巻五九 成都王穎伝、同東海王越伝参照。

38『晋書』巻四 恵帝紀 永興元年八月条、巻三七 宗室伝 新蔡王騰条、巻三九 王沈伝附王浚伝、巻59 成都王穎伝参照。

39『晋書』巻四 恵帝紀 永興元年一一月条参照。

40『晋書』巻四 恵帝紀 永興元年一二月条、『資治通鑑』巻八五 永興元年一二月条参照。

41『晋書』巻五九 東海王越伝参照。

42『晋書』巻五九 東海王越伝参照。

43『晋書』巻三七 宗室伝 竟陵王楙条参照。

44『晋書』巻四 恵帝紀 永興二年七月条、巻五九 東海王越伝参照。

45『晋書』巻三七 宗室伝 范陽王虓条、『資治通鑑』巻八六 永興元年七月条参照。

46関東・関西については、邢義田「試釈漢代的関東、関西与山東、山西」（同氏著『秦漢史論稿』、東大図書、一九八七年、八五～一二〇頁）参照。

47『晋書』巻四 恵帝紀 永興二年九月条、巻六一 劉喬伝参照。

48『晋書』巻四 恵帝紀 永興二年一〇月条、巻六一 劉喬伝参照。ただし、詔において非難の対象になっているのは、あくまで劉輿のみであり、東海王越には一切言及していない。

49『晉書』巻六〇 張方伝参照。

50公師藩の挙兵については、荒木均「八王の乱から石勒へ」（前掲）参照。

51『晉書』巻四 恵帝紀 永興二年九月条、巻五九 成都王穎伝、河間王顒伝参照。

52『晉書』巻五九 東海王越伝、巻六一 劉喬伝参照。

53『晉書』巻三七 宗室伝 范陽王虓条参照。

54『晉書』巻三七 宗室伝 范陽王虓条、同東平王楙条、巻六二 劉琨伝参照。

55『晉書』巻四 恵帝紀 光熙元年正月条参照。

56『晉書』巻五九 河間王顒伝参照。

57『晉書』巻四 恵帝紀 光熙元年条参照。河間王顒は光熙元年（三〇六）一二月に殺害される（『資治通鑑』巻八六 光熙元年一二月条）。

58また、軍事的要衝のうち、長安は依然として河間王顒の拠点であり、許昌は顒に与する劉喬が范陽王虓を破り、拠点としていた。国兵については越智重明「西晉の封王の制」（『東洋学報』四二―一、一九五九年）参照。

59東海王越が都督徐州諸軍事を領任した直後、河間王顒は恵帝の詔を発して越らに就国を命じているが、ほとんど効果はなかった（『晉書』巻五九 東海王越伝）。

60皇甫重は永興二年（三〇五）四月に部下に殺されたという（『資治通鑑』巻八六 永興二年四月条）。

61西晉の中央軍については、張金龍『魏晉南北朝禁衛武官制度』（中華書局、二〇〇四年）上冊一九三～三〇〇頁参照。

62『晉書』巻三一 后妃伝上 恵羊皇后条参照。

63『晉書』巻六〇 皇甫重伝参照。

64 このような事例は他にもある。『晉書』巻四 恵帝紀 永興二年一一月条に「十一月、立節将軍周権詐被檄、自称平西将軍、復皇后羊氏」とあり、文中の檄について、胡三省は「詐言被司空越檄也」（『資治通鑑』巻八六 永興二年一一月条胡注）と説明する。なお羊皇后については、陳蘇鎮「司馬越与永嘉之乱」（前掲）、胡志佳「恵帝羊皇后与西晉政局――兼論羊氏家族的発展」（『逢甲人文社会学報』八、二〇〇四年）、胡暁明「論恵羊皇后与晉末政治」（『許昌学院学報』二〇〇九―一）、高茂兵・劉清「論西晉恵帝羊皇后」（『楽山師範学院学報』二四―七、二〇〇九年）参照。

65 詔や詔の偽造については、祝総斌「『八王之乱』爆発原因試探」（『北京大学学報（哲学社会科学版）』一九八〇―六、同氏著『材不材斎史学叢稿』、中華書局、二〇〇九年、二三一～二五六頁）、福原啓郎「西晉代宗室諸王の特質」（前掲）、本書第五章「西晉恵帝期の政治における賈后と詔」参照。

66 劉喬・劉祐が東海王越を破った蕭県は、予州・徐州の州境付近に所在するため（譚其驤主編『中国歴史地図集』、北京、中国地図出版社、一九八二年、第三冊三七～三八頁参照）、ここでの東海王越の敗北は、彼が徐州に封じ込められたことを意味する。ちなみに『資治通鑑』巻八六 永興二年八月条には「（劉喬）遣長子祐、将兵拒越於蕭県之霊壁、越兵不能進」とある。東海王越が再度動き始めるのは、永興二年（三〇五）一二月に、范陽王虓が蕭にて劉喬を撃破した後のことであり、翌年四月、越はようやく温に駐屯している（『晉書』巻四 恵帝紀 光熙元年四月条）。

67『晉書』巻五九 河間王顒伝参照。

68『晉書』巻四 恵帝紀 永興二年一〇月条、光熙元年正月条、巻五九 河間王顒伝参照。

69『晉書』巻四 恵帝紀 光熙元年正月条参照。

70『晉書』巻三九 王沈伝附王浚伝参照。

71 このうちの平昌公模はもと員外散騎常侍であったが、成都王穎が長安に逃れた直後に、東海王越の命により北中郎将となり、鄴に出鎮した（『晉書』巻三七 宗室伝 南陽王模条）。しかし、公師藩の挙兵の際、「模左右謀応之」（『晉書』

巻三七 宗室伝 南陽王模条）とあるように、左右の者がこれに応じようとするなど、その支配は不安定であったと考えられる。

72また、この兄弟がしばしば「宗室重望」・「宗室之美」などと呼ばれたことも、支持を集めた要因であったと思われる。趙立新『西晋末年至東晋時期的「分陝」政治』（前掲）四九～五〇頁参照。

73さらにいえば、このとき穎が恵帝を奉じて洛陽に逃れ、張方により恵帝とともに長安へ送られたことが、関東の諸勢力には穎による恵帝の「連行」・「拉致」と解釈され、これが恵帝の奉迎を望む輿論（後述）の母体であったとも考えられる。

74田餘慶「釈『王与馬共天下』」参照。田氏は成都王穎に匈奴の劉淵・劉聡、羯の石勒らが、東海王越に鮮卑の拓跋部・段部などが、それぞれ結託したことが、後の東晋の「不与劉・石通使」（『廿二史考異』巻一八）という外交の原点となったとする。

75『芸文類聚』巻五八所収『晋孫恵為東海王討成都王檄文』参照。当初の東海王越の戦略は、まだ辟召される以前の孫恵が越に送った書に基づくところが大きかったらしい。『晋書』巻七一 孫恵伝、趙立新『西晋末年至東晋時期的「分陝」政治』（前掲）四九～五六頁参照。

76福原啓郎「西晋代宗室諸王の特質」（前掲）は、八王の乱における宗室諸王について、「八王の乱が拡大し内戦化し、直接に皇帝の詔勅が得ることが不可能な状況で、自らの挙兵を正当化するために、輿論とともに宗室諸王の存在が前面に登場してくるのである」と主張する。恵帝が関東から離れた長安におり、関東の諸勢力がその詔をえることができないため、次善の象徴として東海王越のような宗室諸王を推戴したという一面はあろう。

77詳細は荒木均「八王の乱から石勒へ」（前掲）参照。

78『晋書』巻一〇四 石勒載記上参照。

79 詳細は周一良「乞活考」（前掲）、田餘慶「釈『王与馬共天下』」（前掲）、市来弘志「乞活と後趙政権」（中国古代史研究会編『中国古代史研究』七、研文出版、一九九七年、一九七〜二〇八頁）、荒木均「八王の乱から石勒へ」（前掲）参照。

80 『晉書』では「高密王簡」なる人名が散見されるが、巻三七 宗室伝では、当時の高密王の名は略であった。中華書局標点本『晉書』巻四 恵帝紀 永興元年七月条の校勘記は、略の字が元簡であったことから「高密王簡」と称されたと推測する。

81 『晉書』巻五 孝懐帝紀は琅邪王睿の建鄴出鎮年代を同年七月のこととするが、『資治通鑑』巻八六 永嘉元年条は、睿の安東将軍・都督揚州江南諸軍事就任と建鄴出鎮を同年七月のこととし、九月に建鄴に到着したとする。

82 陳蘇鎮「司馬越与永嘉之乱」（前掲）、趙立新『西晉末年至東晉時期的「分陝」政治』（前掲）六〇〜六二頁参照。なお東海王越と琅邪の王氏、河東の裴氏の関係については、田餘慶「釈『王与馬共天下』」（前掲）を参照。

83 趙立新『西晉末年至東晉時期的「分陝」政治』（前掲）五二〜五三頁参照。

84 『資治通鑑』巻八七 永嘉三年条に、「太傅越遣淮南内史王曠、将軍施融・曹超将兵拒聡等。……曠等於太行、与聡遇、戦於長平之間、曠兵大敗、融・超皆死」とあり、東海王越の命により淮南内史の王曠（王羲之の父）が太行山・長平にまで軍を率いて向かっている。王曠は琅邪王氏出身であり、琅邪王睿の建鄴出鎮にも深く関わった。田餘慶「釈『王与馬共天下』」（前掲）参照。

85 逆に州鎮から東海王越への連絡には、直接東海王越に向け書・牋や使者を送るという形がとられた。『資治通鑑』巻八六 永嘉二年七月条『考異』所引劉琨『答太傅府書』、巻八七 永嘉四年一〇月条『考異』所引劉琨『上太傅牋』参照。なお牋に関しては、梁鎮誠「魏晉南朝에서의 牋에 대하여」（『東洋史学研究』一二一、二〇一二年）参照。

86 冨谷至「檄書攷——視覚簡牘の展開」（同氏著『文書行政の漢帝国——木簡・竹簡の時代』、名古屋大学出版会、二

〇一〇年、五〇～一〇三頁）は、漢代の檄を「露布の状態で送付され、掲示して衆人が目のすることを想定した木簡」と定義し、その機能の一つとして「行政文書の確実なやりとりを各官署に周知させ、権力者の威光、命令の徹底を公示することにより、行政の効果を実感させることが期待された」と説明する。漢代の檄は木簡であったが、越智重明「魏晋南朝の板授について」（『東洋学報』四九―四、一九六七年）は、召し文として使用された東晋・南朝の「檄板」を、「任命の辞令を載せる板」としており、六朝時代の檄も、漢代の檄の特徴を継承していたと思われる。したがって、東海王越の檄による命令にも、「権力者の威光」を受ける者に伝える意味があったと考えられる。

87『晋書』巻五　孝懐帝紀　永嘉元年一二月条参照。

88『晋書』巻五　孝懐帝紀　永嘉三年三月条、巻五九　東海王越伝、巻六〇　繆播伝参照。

89『晋書』巻六一　周浚伝附周馥伝参照。

90『晋書』巻六一　苟晞伝参照。

91『資治通鑑』巻八六　永嘉元年一二月条には、「司馬潘滔説越曰、『兗州衝要、魏武以之創業。苟晞有大志、非純臣也、久令処之、則患生心腹矣。若遷于青州、厚其名号、晞必悦。公自牧兗州、経緯諸夏、藩衛本朝、此所謂為之於未乱者也』。越以為然。癸卯、越自為丞相・領兗州牧・都督兗予司冀幽并諸軍事、以晞為征東大将軍・開府儀同三司、加侍中・仮節・都督青州諸軍事・領青州刺史、封東平郡公。越・晞由是有隙」とあり、既に永嘉元年（三〇七）の時点で両者に隙があったとしているが、この直後において、苟晞の具体的な敵対行動は見られないため、この人事に対する不満程度であったと考えられる。しかし、胡三省が「為晞馳檄罪状越張本」というように、これが後の越と苟晞の決定的な関係悪化の遠因となった可能性はある。

92福原啓郎「八王の乱の本質」（前掲）は、東海王越による王延・繆播殺害といった「不臣の迹」が、四海の周知する所となったとし、後述する苟晞の挙兵と関連づける。

93『晋書』巻五 孝懐帝紀 永嘉四年一〇月条、巻五九 東海王越伝、福原啓郎『西晋の武帝 司馬炎』（前掲）三一三～三一四頁参照。

94この後に発せられた荀晞の上表に「猥被中詔」とある（『晋書』巻六一 荀晞伝）。『資治通鑑』巻一二四 宋文帝元嘉二一年八月条胡注「詔自中出、不経門下者、謂之中詔、今之手詔是也」。

95『晋書』巻六一 荀晞伝参照。なお荀晞の上表には、「……即日承司空博陵公浚書、称殿中中郎劉権齎詔、勅浚与臣共克大挙」とあり、王浚（博陵公）も詔を殿中中郎の劉権よりもたらされ、荀晞と共同での攻撃を命令されたらしい。荀晞と同じく中央軍の殿中を通じて手詔が届けられたのであり、かつて八王の乱に深く関与した中央軍が、このとき積極的に懐帝に協力したとも考えられる。中央軍の動向については、宮川尚志『六朝史研究 政治社会篇』（前掲）三八～四九頁、張金龍「八王之乱与禁衛軍権」（同氏著『魏晋南北朝禁衛武官制度研究』、中華書局、二〇〇四年、上冊二六七～三〇〇頁）参照。

96『晋書』巻六一 荀晞伝参照。なお、懐帝と荀晞の手詔・上表のやりとりの具体的な時期については、『晋書』巻五 孝懐帝紀、巻六一 荀晞伝、『晋陽秋』の間で若干の異同がある。『資治通鑑』巻八七 永嘉五年条及び『資治通鑑考異』参照。

97『晋書』巻六一 荀晞伝参照。

98手詔に関しては本書第五章「西晋恵帝期の政治における賈后と詔」を参照。このとき使用された密詔・手詔は、（恐らくは東海王越の実質的な管理下にあったであろう）中書省などの文書行政機構を経由しない、懐帝個人による命令文書という性格のものであったと考えられる。

99趙立新『西晋末年至東晋時期的「分陝」政治』（前掲）六二頁参照。趙氏は、永嘉元年（三〇六）の湘州設置と、司徒右長史温畿を湘州刺史に任命したことなども懐帝の地方支配強化の一環であったと推測する。

100 川勝義雄「孫呉政権の崩壊から江南貴族制へ」（同氏著『六朝貴族制社会の研究』、岩波書店、一九八二年、一七一～二一〇頁）参照。

101 田餘慶「釈『王与馬共天下』」（前掲）参照。また金民壽「東晉政権の成立過程――司馬睿（元帝）の府僚を中心として――」（『東洋史研究』四八―二、一九八九年）も、琅邪王睿の安東府を「東海王越の忠実な出先機関」とする。

102 越智重明「東晉成立に至る過程に就いて」（『東洋学報』三三―三・四、一九五一年）も同様に解釈する。

103 川勝義雄「孫呉政権の崩壊から江南貴族制へ」（前掲）は、「江南の豪族たちは、……司馬睿が周馥と妥協する意図をもたず、むしろ江南の諸豪族に好意的であること、側近の王導らが信頼できることを見とどけた上で、ついにこれを推戴して、江南の秩序安定にあたろうと踏み切った」（傍点引用者）と主張する。これによれば、江南豪族たちは琅邪王睿と周馥の関係を念頭に置いた上で、睿を推戴したことになる。

104 裴碩の行動について、『晉書』巻六一　周浚伝附周馥伝は東海王越の密旨を奉じて周馥を攻撃したとするが、『資治通鑑』巻八七　永嘉四年一一月条は裴碩が越の密旨を受けたと詐称した上での行動とする。

105 趙立新『西晉末年至東晉時期的「分陝」政治』（前掲）七一～七八頁参照。

第七章　永嘉の乱の実像

はじめに

西晋末期に発生した永嘉の乱は、所謂五胡のうちの匈奴（南匈奴）の劉淵や羯の石勒らによる、西晋王朝に対する叛乱と、ひとまずは理解されているであろう。しかしこの永嘉の乱自体を考察対象とした研究は意外に少ない。

日本における永嘉の乱についての研究は、戦後間もなくの頃に宮川尚志氏が手がけたが[1]、おおむね学界の関心は、永嘉の乱そのものではなく、それを引き起こした（それに参加した）五胡の劉淵・石勒らの動向や、彼らの民族意識に集中した。まず内田吟風氏は、後漢初から北魏時代に至るまでの南匈奴の動向・実態について論じた[2]。内田氏の研究は、塞外遊牧国家としての匈奴の実態を踏まえ、そのまま後漢以降の南匈奴を観察する姿勢が比較的強いものであるが、それに対し、塞内の胡族として西晋末・五胡十六国時代の劉淵・石勒らの動向を観察したのが谷川道雄氏である。谷川氏は、劉淵らの挙兵・建国の、漢族支配に対する少数民族の反抗・独立という性格を認めつつも、一面では種族間の相違と対立の関係が貫かれ、他面ではそれらの同化・融合による普遍的世界が志向されたとし、その上で「この矛盾しあう両面がたがいに織りなされてつくりだされるあらたな世界帝国への道程が、五胡―隋唐の国家発展史であるともいえるのである」と主張する[3]。この他川本芳昭氏は、「大勢として当時の漢族の内面には胡族への文化的優越感にともなう夷狄視、及びそうした胡族に政治的に押え込まれているという屈辱感、恐怖といった感情が抱かれ、一方、胡族の内面には多かれ少なかれ漢族に対する軍事的優越感と共に、漢族・漢文化に対するコンプレックス、或いは反撥とが屈折、動揺しながら混在しており、特に支配者の場合その『優越』性を押し出すことを運命づけられていたと考えて大過なかろう」と主張する。[4] 川本氏の研究は、胡人・漢人それぞれの発言が主たる材料となっており、そこから直接的に胡漢両族の民族意識をとらえようとする試みであった。日本の他、[5] 海外におけるこの分野の先行研究も、おおむね（胡族に重点を置いた）胡漢関係の解明を中心的課題としており、それらの考察手法も、主として胡族側の動向・発言を材料としたものである。[6] また五胡十六国最初の王朝として、漢（前趙）についての専著も著されている。[7]

これまでの、特に五胡十六国史の先行研究の大多数は、永嘉の乱を、漢人王朝である西晋やその圧政に対する五胡諸族の叛乱という、いわば単純な二項対立から脱却し、五胡十六国史（北朝前史）の視点からこの時代の歴史を観察してきたのであり、永嘉の乱自体についての研究が少ないのも、（民族問題を主題としてきた）五胡十六国史の一部としてこの乱をとらえようとする諸先学の姿勢に起因する。五胡十六国史の一部としてこの乱が扱われてきたことによる、五胡諸族の動向・実態に対する関心の集中は、さしあたり各国学界のおおよその共通点として指摘できるであろう。

しかしながら、そうした関心の偏りゆえに等閑に付されてきた問題も一方で存在する。これまでの研究の大部分が、この時代における劉淵・石勒らの動向や、彼らの勢力の内部状況に関心を集中させるあまりに、西晋の宗室や地方官などの西晋側勢力（以下本章では便宜上晉朝系勢力と呼ぶこととする）と、劉淵・石勒らの対立の様相に対しては、ほとんど論じられず、その実態は依然不明であるといってよく、[8] これまでの諸研究は彼ら胡族の行動を相対的に把握しようという意欲に乏しかった。要するにこの時期の晉朝系勢力の動向を十分に踏まえた分析・議論が、ほとんどなされてこなかったのである。

そこで本章では今一度、永嘉の乱の経緯を精査することでこの問題の解決を目指すこととする。[9] 劉淵（劉聡）・石勒らの動向についての個別的研究は、これまでに数多く発表されており、一方の晋朝系勢力に対する研究も現在では相応の蓄積がある。[10] これに加え、近年は同時代の鮮卑拓跋部についての研究も増えつつあるので、[11] これらの研究を活用しつつ、永嘉の乱の実像を解明したいと思う。[12]

第一節　初期の情勢

「永嘉の乱」という戦乱の開始・終結の時期、地域の範囲等について、いまだ明確な定義はないが、おおむね西晋建武元年（三〇四）の、劉淵による漢建国が、その開始時期と判断されているのではないか。

建武元年、当時の西晋皇太弟である司馬穎（成都王、八王の一人）は、持節・寧北将軍・都督并州諸軍事・并州刺史・東嬴公騰、安北将軍・持節・都督幽州諸軍事王浚の侵攻を受けていた。穎は冠軍将軍として自らの幕下にあった劉淵の提案を納れ、淵を北単于・参丞相軍事に任命し、左国城に派遣した。左国城では劉宣（劉淵の従祖父）らが淵を迎え、彼を大単于に推戴し、劉淵は都を離石に定めた。この間、皇太弟穎は東嬴公騰・王浚の連合軍に敗れ、恵帝・予章王熾（後の懐帝）・荀藩らを伴って根拠地の鄴を脱出し、洛陽に逃れ、当地を占領していた張方（八王の一人である河間王顒の部将）によって長安に連行された。これを知った劉淵は、穎の救出に向かおうとしたが、劉宣らはこれを諫め、晋からの自立を提案した。劉淵はこれを納れ、かつての蜀漢をついで漢を建国することを決意し、再び左国城に移り、漢王に即位した。[13] 大単于・漢王即位に至るまでの具体的な経緯、特に劉淵と劉宣のやりとりについては、既に多数の論考があるので、ここでは贅言しない[14]。筆者が問題とするのは、劉淵による大単于・漢王自称の意義について注目・言及する研究が多数にのぼる一方で、永嘉二年（三〇八）における劉淵の皇帝自称についての具体的な言及があまり見られない点、及びそれらの研究が主としてこのときの劉淵らの発言を重視しながら、以後の彼らの行動に着目することが少なかった点である[15]。本節では、永嘉二年の劉淵皇帝自称の意義確認を主たる目的とし、挙兵から皇帝自称に至るまでの彼らの軍事行動を中心に検討する。

一　劉淵の初期の軍事行動

既に劉淵は漢建国以前の段階から、当時并州刺史であった東嬴公騰（東海王越の弟）の攻撃を受けていた。『資治通鑑』巻八五　永興元年（三〇四）七月条に、

> 東嬴公騰　師を拓跋猗㐌に乞い、以て劉淵を撃たしめ、猗㐌 弟の猗盧と兵を合して淵を西河に撃ち、之を破り、騰と汾東に盟して還る。

とあり、成都王穎（当時皇太弟）が王浚・東嬴公騰に敗れ、鄴を放棄し洛陽に撤退したのとほぼ同じ時期に、一方の当事者である東嬴公騰は鮮卑拓跋部の猗㐌に出兵を要請し、これをうけた猗㐌は弟の猗盧とともに西河にて劉淵軍を攻撃し、これを破っている。そして同じく『資治通鑑』巻八六　永興二年（三〇五）六月条に、

漢王淵　東嬴公騰を攻め、騰　復た師を拓跋猗㐌に乞い、衛操　猗㐌に之を助けんことを勧む。猗㐌　軽騎数千を率い騰を救い、漢将綦毋豚を斬る。

とあるように、翌年にも東嬴公騰は猗㐌に援軍を要請しており、漢の部将綦毋豚を斬殺するなどの軍功をあげている。以後の東嬴公騰と劉淵の関係を示す史料として、『晉書』巻一〇一　劉元海載記の次の箇所をあげておこう。

東嬴公騰　将軍聶玄をして之（劉淵）を討たしめ、大陵に戦い、玄の師敗績し、騰　懼れ、并州の二万余戸を率いて山東に下り、遂に所在に寇を為す。元海（劉淵）　其の建武将軍劉曜を遣わして太原・泫氏・屯留・長子・中都を寇せしめ、皆な之を陥とす。

ここでは劉淵が東嬴公騰の将軍聶玄を破っており、騰は并州の二万戸余りを率いて山東方面に赴いたとされる[16]（騰につきしたがった諸戸は「乞活」と呼ばれる[17]）。このように、劉淵は東嬴公騰に対し一方的に負け続けていたわけではない。しかし、続く劉淵の軍事行動は、それまで東嬴公騰の実効支配地であった北方への進出を必ずしも意味しない。前掲の劉元海載記にある通り、劉淵はこの後太原・泫氏・屯留・長子・中都を攻撃・占領したが、太原・中都はともかくとして、残りの三都市は全て并州南部の都市群であり、それまでの劉淵の拠点であった左国城・離石からは南東方向に所在する。東嬴公騰の并州からの転任という、西晉側の大きな隙がありながら、このとき劉淵がそれとはほぼ無関係の并州南部にも軍を進めた理由は何だったのであろうか。それを考察するに先だって、『晉書』劉元海載記の続きの部分を見てみよう。

二年、騰 又司馬瑜・周良・石鮮等を遣わして之を討たしめ、離石汾城に次る。元海 其の武（虎）牙将軍劉欽等六軍を遣わして瑜等を距ましめ、四たび戦い、瑜皆な敗れ、欽 振旅して帰る。是の歳、離石大いに饑え、黎亭に遷り、以て邸閣の穀に就き、其の太尉劉宏・護軍馬景を留めて離石を守らしめ、大司農卜予をして糧を運び以て之に給せしむ。其の前将軍劉景を以て使持節・征討大都督・大将軍と為し、并州刺史劉琨を版橋に要《むか》え撃ち、琨の敗る所と為り、琨 遂に晉陽に拠る。

これはおおよそ永興二年の情勢を伝える記述である。[18] まず東嬴公騰は司馬瑜・周良・石鮮らの諸将を派遣して劉淵を攻撃させ、この軍は離石汾城に駐留したが、劉淵の派遣した虎牙将軍劉欽らにより撃退されたとする。しかしながらこの年には離石にて饑饉が発生し、劉淵自身が黎亭に移り、邸閣の食糧につき、太尉劉宏・護軍馬景に離石を守らせ、大司農卜予に離石への食糧の運搬をさせたらしい。黎亭は壺関内にあったといわれ、[19] 泫氏・屯留・長子などの諸県と近い。あるいはこれより前に饑饉の兆候があり、さきの屯留・長子・中都への侵攻は、来る饑饉に備えての食糧確保を目的としたものであったかもしれない。[20] そしてその後、東嬴公騰の後任の并州刺史である劉琨からの攻撃に劉景をあたらせ、両軍は版橋にて衝突したが、劉景は敗れ、劉琨はそのまま晉陽を拠点としたという。そして『晉書』劉元海載記には次のような記述が続く。

其の侍中劉殷・王育 進みて元海を諫めて曰く、「陛下起兵より以来、漸く已に一周、而れども偏方を顓守し、王威未だ震わず。誠に能く将に命じて四出せしめ、機を決して一擲し、劉琨を梟し、河東を定め、帝号を建て、鼓行して南し、長安に克ちて之《ここ》を都とし、関中の衆を以て洛陽を席巻するは、掌を指すが如きのみ。此れ高皇帝の鴻基を創啓し、強楚を克殄する所以の者なり」と。元海悦びて曰く、「此れ孤の心なり」。遂に進みて河東に拠り、蒲坂・平陽に攻寇し、皆な之を陥とす。元海　遂に入りて蒲子を都とし、河東・平陽の属県・塁壁尽く降る。

　これによれば、侍中の劉殷・王育が、挙兵より一年がたつが一地方を守るだけで王威は震わないため、諸将を四方に派遣して周囲の敵対勢力を滅ぼすように進言したという[21]。重要なのは、劉淵たちがここで初めて洛陽への「席巻」に言及したことである。しかしこの当時の彼らをめぐる情勢は、決して芳しいものではなく、劉殷・王育らの発言に、「偏方を顓守し、王威未だ震わず」とあることが暗にそれを示している。にもかかわらず、かえって四方に進撃し、ひいては洛陽へ攻撃することまで劉淵に進言し、劉淵が「此れ孤の心なり」といって是認したのは、いかなる所以があってのことなのであろうか。劉殷・王育の発言には「四出」とありながらも、全体としては南方への進出がより強くうったえられている。これ以前に版橋にて劉琨に敗れたことを踏まえ、この発言をあらためて見るならば、劉琨からの軍事的圧力に押される形で、劉淵らは南方への進出をかなり真剣に検討せねばならなくなったと解釈はできないだろうか。この後、劉淵は南方を攻撃し、そのまま蒲子に遷都したのであるが[22]、この間の経緯について、『晋書』巻六一劉琨伝には、

時に東嬴公騰　晋陽より鄴に鎮し、并土饑荒し、百姓　騰に随い南下し、余戸二万に満たず、寇賊縦横し、道路断塞す。琨　募りて千余人を得、転闘して晋陽に至る。……劉元海　時に離石に在り、相去ること三百許里。琨　密

かに遣わして其の部の雑虜を離間せしめ、降る者万余落。元海甚だ懼れ、遂に蒲子に城きて之に居る。

とあり、ここでは劉淵の蒲子入城が劉淵の主体的意志に基づいた積極的なものではなく、むしろ版橋の戦いの後に行われたであろう劉琨の離間策の結果であったことが明確に示されている。

ただし、当時の劉淵が劉琨に圧迫されたことを伝える前掲の諸史料の信憑性については疑問が呈されている。例えば范兆飛・李椿浩の両氏は、離石が饑饉に陥ったため劉淵が黎亭に移ったとする『晉書』劉元海載記の記述や、既に当時劉琨は離石から黎亭に移っており（当時離石にいたとは考えられず）、また并州赴任当初の劉琨には千人程度の兵力しかなかったことなどを根拠として、前掲『晉書』劉琨伝の、劉琨の離間により、恐れた劉淵が蒲子に遷都したとする記述を否定している。[23] しかし『晉書』劉元海載記は黎亭に劉淵が移ったことに言及はしているものの、遷都したとはいっておらず、また黎亭に移った際に、太尉劉宏・護軍馬景を離石にとどめ、黎亭から食糧を離石に向けて大司農卜予に運搬させていることは、離石に首都・根拠地としての機能が失われていなかったことをうかがわせている。[24] これらは黎亭に劉淵が（一時的に）移りながらも、その後離石に回帰した可能性を否定するものではない。

また劉琨が劉淵を撃破した版橋という場所にも注目される。版橋は『太平寰宇記』巻四一によれば介休にあったといい、その介休は、前述の黎亭と離石を結ぶ直線ラインの途上にある。『晉書』等の史料は版橋の戦いの具体的な経緯・情景を伝えないが、あるいはこの戦闘は、劉琨が劉景による応戦を打破した結果の、黎亭―離石ラインの切断というのが実態であったのではないか。ゆえにもとより食糧難に陥っていた劉淵は、補給ラインの切断により、食糧確保が一層困難となり、離石を首都とすることができず、遷都

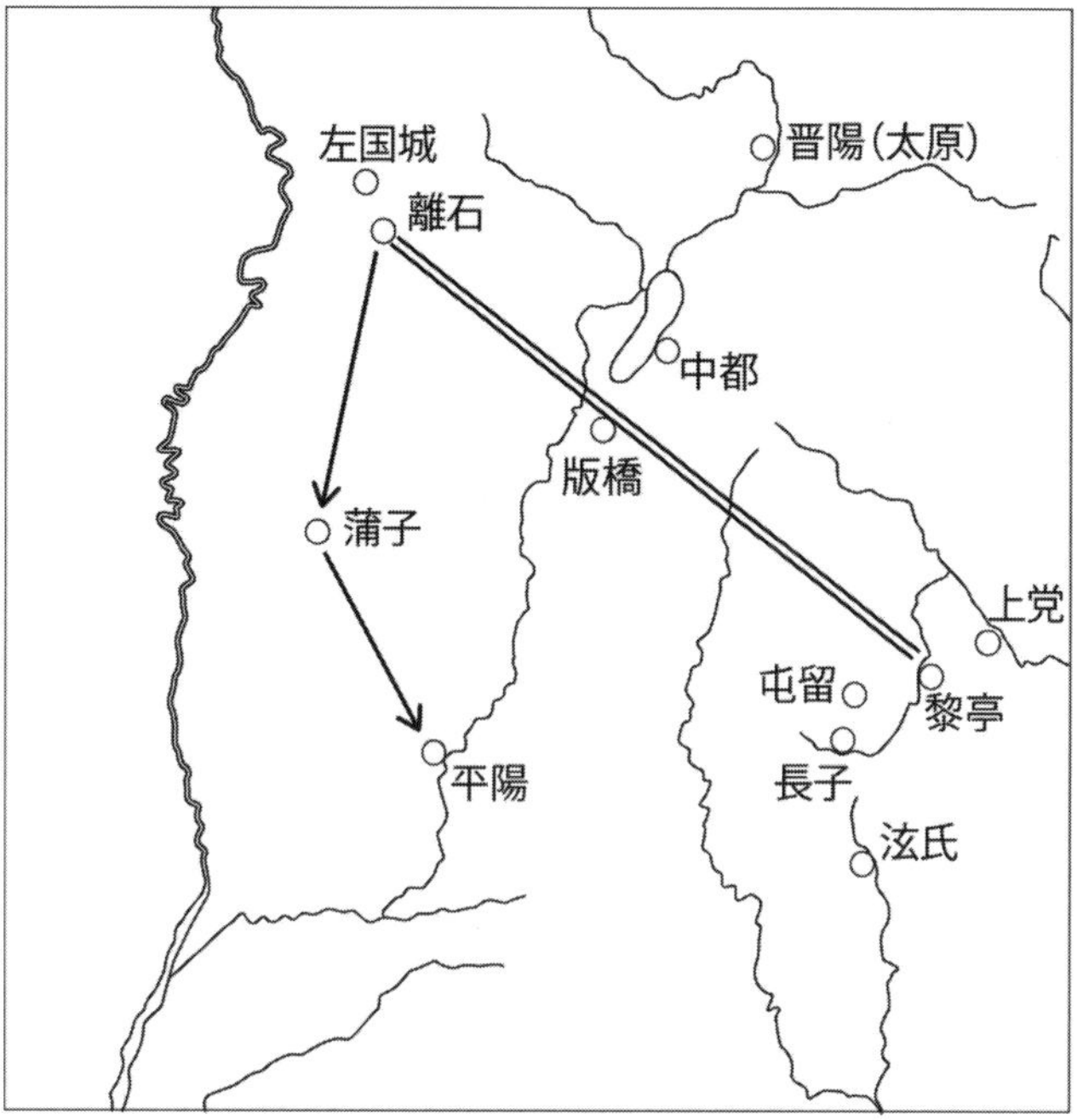

図九　并州（山西）情勢図

※1　二重線は補給ライン概念図

※2　矢印は漢（劉淵）の遷都方向

しなければならない状況に追い込まれていたのであろう。范・李両氏の指摘の通り、このときの劉琨が大兵力を擁していたとは考えがたいが、それでも劉淵を圧迫し得たのは、このような事情によるのではないか。彼らがことさらに南方へ逃れたことについては、北方にかつて戦った拓跋部がいたため、北へ逃れることができなかったというのが最大の理由であったと思われる[25]。客観的にはそうせざるを得ない状況に置かれていた劉淵らであるが、会話の上ではあくまで四方（特に南方）への積極的進出というかたちの方針表明・確定をあえて行っていた。それが前掲の劉殷・王育と劉淵のやりとりである。当時の情勢を図にあらわすと、**図九**のようになる[26]。

以上のような過程、すなわち晋朝系勢力による軍事的圧迫の結果として、劉淵は南進の方針を強めていくことになり、その結果、蒲子（蒲坂）・平陽を陥落させ、蒲子に遷都したのであり、最終的には平陽にまで遷都することとなる。

二　汲桑の乱の顛末

当時の劉淵の活動範囲は専ら并州等の山西地方であったが、太行山脈を挟んだ河北地方（冀州）では、これとは別の叛乱が発生していた。汲桑の乱がこれに相当するが、本項ではこの汲桑の乱について検討する。

劉淵とほぼ同時期に西晋に対し乱を起こした汲桑はもと馬牧帥である。彼は、羯族の部落小帥の子でありながら、奴隷的境遇にあった石勒と馬牧にて労働するところから親密になった。二人は永興二年七月、当時長安に連行されていた成都王穎の奉迎を目的とする公師藩の挙兵に参加し、東海王越派と戦ったが、翌年（三〇六）九月に公師藩は苟晞に敗れ、斬られる。[27]その後しばらく汲桑・石勒の活動は鳴りを潜めるが、永嘉元年（三〇七）五月に二人は成都王穎のために東海王越に復讐することを名目として再び叛乱に立ち上がる。以後の二人の活動を、『晉書』巻五　孝懐帝紀　永嘉元年条に基づき列挙すると、次のようになる。

①五月、汲桑挙兵。魏郡太守馮嵩を破り、鄴を陥落させ、新蔡王騰（もと東嬴公）を殺害し、鄴を焼く。
②同月、汲桑、楽陵にて前幽州刺史石尟を殺害し、平原を略奪、山陽公劉秋（後漢皇帝の末裔）を殺害す

る。

③七月己酉朔（一日）、東海王越が官渡に進駐し、汲桑討伐を開始。
④八月己卯朔（一日）、撫軍将軍苟晞、鄴にて汲桑を撃破。幽・并・司・冀・兗・予等の六州に曲赦。
⑤九月戊申（一日）、苟晞、さらに汲桑を撃破し、その九塁を陥落させる。
⑥一一月甲寅（八日）、尚書右僕射和郁を征北将軍に任命し、鄴に駐留させる。
⑦一二月戊寅（二日）、田蘭・薄盛（乞活）ら、楽陵にて汲桑を斬殺する（汲桑の乱の平定）[28]。

汲桑の乱は永嘉元年のうちに平定されたのであるが、①〜⑦が正確に汲桑の乱の経緯を示すものであったとするならば、汲桑の行動は、鄴や楽陵・平原の間を流動しつつ、東海王越・苟晞ら西晋軍と戦うという戦術をとり、河北を荒らし回っていたことになる。『晋書』巻一〇四　石勒載記上も、同様の編年に基づき叙述されている[29]。しかし実のところこの編年の正確性は怪しい。それというのも、別の編年を示す石刻史料が存在するためである。

永嘉二年（三〇八）に作成された『石尠墓誌』・『石定墓誌』は、それぞれ石尠・石定という父子を讃えた墓誌であり[30]、このうちの石尠とは②の石尟である。二つの墓誌の内容はほぼ一致しているが、今は『石定墓誌』の関連記述を引用しておこう。

永嘉元年、逆賊汲桒（桑）の鄴都を破るの後、遂に凶暴を肆《ほしいま》まにし、鼓行して東北し、其の年九月五日、攻めて侯（石定）を囲む。侯親ら邑族を率い、危に臨みて奮討するも、衆寡敵せず、七日にして城陥ち、侯薨ず[31]。

これによれば、永嘉元年の九月五日に汲桑は楽陵の石定を包囲し、七日に楽陵が陥落し、石定が死んだ（殺された）ことになる。『石尠墓誌』の方でも内容はほとんど同じであり、つまり両墓誌は石尠・石定父子が永嘉元年九月中に楽陵にて汲桑に殺害されたとするのである。しかしながらこれらの墓誌の編年・内容は、前掲の『晉書』孝懐帝紀のそれと二つの点で齟齬をきたす。第一に石尠（尟）の死去年代である。これを『晉書』孝懐帝紀では五月とし、墓誌は九月としているから、石尠の死去年代について矛盾が生じている。第二に汲桑の楽陵行きの年代である。『晉書』孝懐帝紀は、汲桑が五月と一二月に楽陵に赴いたとするが、両墓誌はともに九月のこととする。

汲桑による楽陵陥落と石尠・石定の死去時期は、果たしていつのことであったのだろうか。石尠・石定両墓誌は、資料の性質上、紀年を示すものとしては信憑性が比較的高いと思われ、また『資治通鑑』はおおむね『晉書』孝懐帝紀と同じ編年をとるものの、五月の石尠（尟）及び山陽公劉秋殺害の記述をとっていない。そこで五月に石尠と劉秋が殺害されたとする『晉書』孝懐帝紀の編年を否定し、石尠・石定の死去時期（楽陵の陥落時期）を九月とし、『資治通鑑』の記述とまとめて整理すると次のようになる（傍線部は『資治通鑑』に基づく補足・補正部分）。

Ⅰ五月、汲桑挙兵。魏郡太守馮嵩を破り、鄴を陥落させ、新蔡王騰（もと東嬴公）を殺害し、鄴を焼く。汲桑、延津を渡り、兗州を攻撃。

Ⅱ七月己酉朔（一日）、東海王越が官渡に進駐し、汲桑討伐を開始。

Ⅲ八月己卯朔（一日）、撫軍将軍苟晞、鄴にて汲桑を撃破。幽・并・司・冀・兗・予等の六州に曲赦。『資治通鑑』は苟晞が東武陽にて汲桑を破り、桑が清淵に逃れたとする）

Ⅳ九月戊申（一日）、苟晞、さらに汲桑を撃破し、その九塁（『資治通鑑』は「八塁」に作る）を陥落させる。

Ⅴ九月五日、汲桑、楽陵を包囲。七日、汲桑、楽陵にて石尠・石定を殺害。

Ⅵ一一月甲寅（八日）、尚書右僕射和郁を征北将軍に任命し、鄴に駐留させる。

Ⅶ一二月戊寅（二日）、田蘭・薄盛ら、楽陵にて汲桑を斬殺する（汲桑の乱の平定）。


このように整理すると汲桑の行動はすっきりと理解でき、汲桑の動向を概念図としてあらわすと図一〇のようになる。すなわち、汲桑・石勒らは五月に鄴を陥落させ、新蔡王騰を殺害した後、兗州に侵攻するという例外はあったものの、基本的には約三か月は鄴にとどまっていたのであり、その間に西晉側は東海王越らが出兵し、八月に依然として鄴にとどまっていた汲桑を撃破、その後は苟晞による撃破・追撃が続き、その過程で汲桑は楽陵を占領し（石尠・石定らを殺害し）、一二月に同じ楽陵で田蘭・薄盛らに殺害されたことになる。汲桑の活動は、ほとんど鄴↓楽陵のルートに集約されるのである。すると、汲桑の乱をめぐる情勢変化は、挙兵当初の鄴の占領と兗州侵攻を除いては、ほぼ西晉側の一方的な優勢で展開されていたことになる。もっとも『晉書』孝懐帝紀の編年をとっても、結果として汲桑の乱が平定されたことに変わりはないのであるが、両墓誌の内容を踏まえた分析により、東海王越をはじめとする晉朝系勢力が平定をより順調に進めていった過程を明らかにできたと思われる。永嘉の乱初期における晉朝系勢力の優勢は、この方面でも見られたのである。

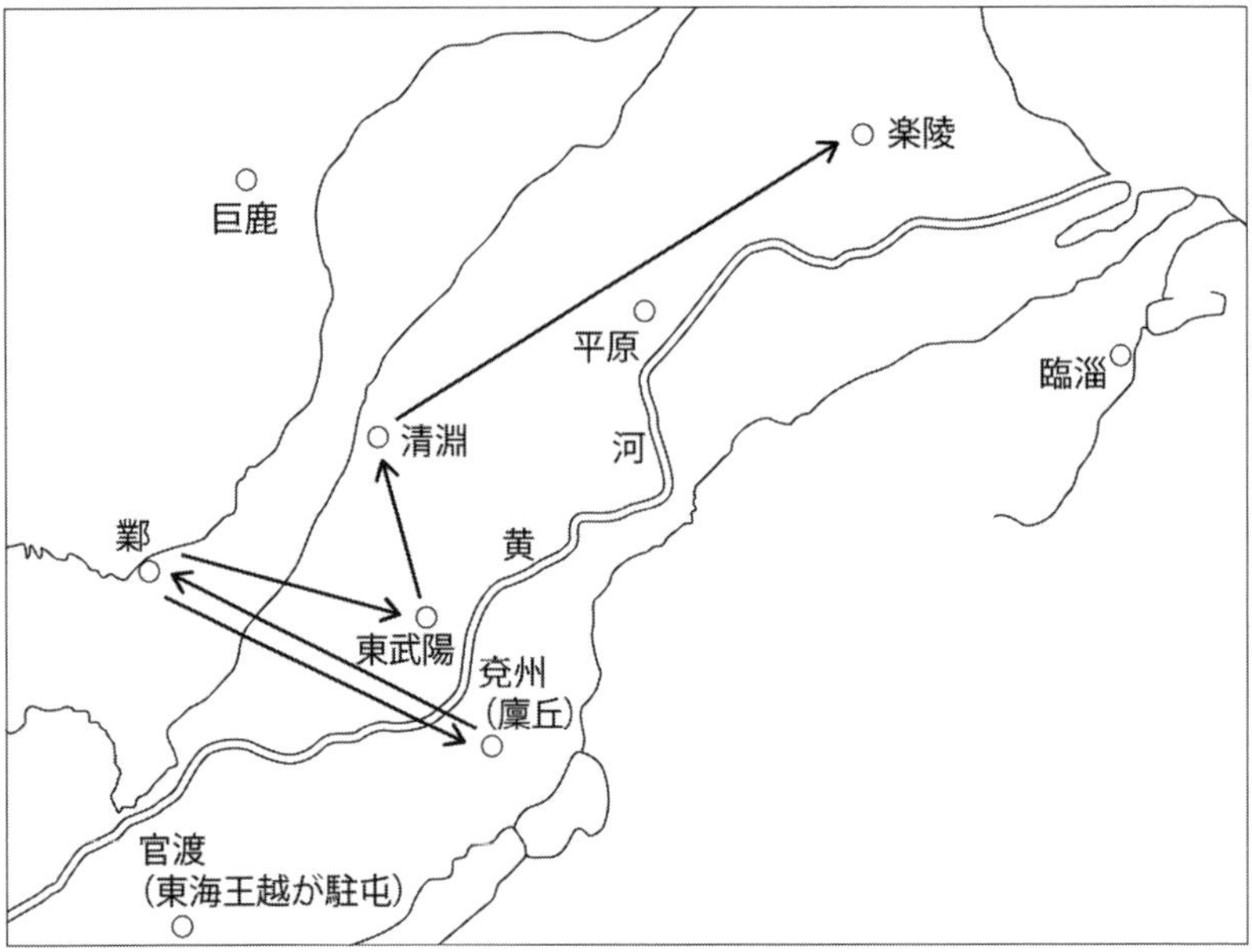

図一〇　冀州・兗州情勢図

※矢印は汲桑の進行方向

三　情勢の総括

劉淵をめぐる政治的・軍事的環境を確認するため、ここまでに整理した汲桑・石勒の動向も含め、当時の情勢を総括しておこう。

永嘉元～二年（三〇七～三〇八）における中原の情勢については、太行山脈を境として、二つの戦闘が個別に展開していたと見てよい。すなわち、当時の太行山脈以西の情勢図が前掲の**図九**であり、以東の情勢図が**図一〇**である。汲桑の乱は永嘉元年のうちに平定され、残る劉淵については、劉琨の圧力を受けていた。この当時、情勢は晋朝系勢力の圧倒的優勢のもとで展開していたのである。そして永嘉二年には劉淵は皇帝を自称するのであるが、その原因は何だったのであろうか。

ここまでに明らかにしてきたような情勢下で、劉淵が活路を見出そうとする場合、それまでさほど軍事的な圧力を受けていなかった南方への移動を継続することとなろう。しかし、その場合進軍方向の先には、西晉の首都たる洛陽があり、当然ながら将来的にはこれを陥落させなければならなくなる。とすれば、劉淵らが南進せざるを得なかったことと、その眼前に洛陽があったこと、これら二つの要因が、劉淵をして皇帝即位に至らしめたのではないか。すなわち、自ら皇帝を名乗ることで晉の皇帝の権威を否定した上で、晉（洛陽）を転覆の対象とし、その達成によって自らの生存を果たそうとしたのである。[32]

かくして劉淵は永嘉二年一〇月に皇帝を自称するのであるが、この前年の永嘉元年には、東海王越・苟晞ら晉朝系勢力に敗れた石勒や、これとは別の叛乱勢力であった王弥らが、新たに漢に降っている。このうちの石勒は、永嘉元年九月に苟晞に敗れて楽平に逃れ、上党にて塢壁を形成していた胡族部大の張㔨督・馮莫突に部族を挙げての漢への降服を説き、翌一〇月、張㔨督とともに漢へ赴いた。劉淵は張㔨督を親漢王に封じ、馮莫突を都督部大に任命、石勒を輔漢将軍・平晉王とした。[33]以後、石勒は漢の一部将として行動することとなる。ここで石勒に「平晉王」という王号を与えたことには注目すべきであり、永嘉元年一〇月の時点で劉淵が明確に晉との対決の意志を有していたことがうかがえる。一方の王弥は、光熙元年三月に東萊郡にて発生した劉柏根の叛乱[34]に家僮を率いて参加し、[35]劉柏根の死後も活動を続け、主として青州・徐州・兗州・予州方面を荒らし回り、永嘉二年四月には許昌を占領した。[36]同年五月には洛陽を攻撃したが、西晉の司徒王衍により撃退されている。この前後の王弥をめぐる状況について、『晉書』巻一〇〇の本伝は次のように伝える。

会たま天下大いに乱れ、進みて洛陽に逼り、京邑大いに震え、宮城門昼ながら閉ず。司徒王衍等百官を率い距守し、弥 七里澗に屯し、王師 進撃し、大いに之を破る。弥 其の党劉霊に謂いて曰く、「晉兵尚お強く、帰るも厝く所無し。劉元海 昔質子と為り、我 之と京師に周旋し、深く分契有り、今漢王を称し、将に之に帰せんとす、可ならんか」と。霊 之を然りとす。乃ち河を渡り元海に帰す。元海 聞きて大いに悦び、其の侍中兼御史大夫を遣わして郊迎せしめ、書を弥に致して曰く、「将軍に不世の功・超時の徳有るを以て、故に此の迎え有るのみ。遅く将軍の至るを望み、孤 今親ら将軍の館に行き、輒ち席を払い爵を洗い、将軍を敬待せん」と。弥の元海に見るに及び、尊号を称せんことを勧め、元海 弥に謂いて曰く、「孤 本より将軍 竇・周公の如しと謂《おも》い、今真に吾が孔明・仲華なり。烈祖に『吾の将軍有るは、魚の水有るが如し』と云う有り」と。是に於いて弥を司隷校尉に署し、侍中・特進を加うるも、弥 固辞す。

洛陽攻撃に失敗した王弥は、旧知の劉淵を頼ることを考え、これに投降し、劉淵に謁見して、彼に皇帝即位を勧めたと『晉書』王弥伝はいう[37]。劉淵が実際に皇帝を自称したのは前述の通り永嘉二年一〇月であるから、そのきっかけには王弥のこの勧めもあったかもしれない。であれば劉淵の皇帝自称には、こうした反西晉の立場をとる諸勢力の統合という意味もあったことになろう。

第二節　挟撃戦略の確立とその成果

永嘉三年（三〇九）に入り、劉淵は「三年を出でずして、必ず洛陽に克たん。蒲子崎嶇にして、以て久しく安んずるに難し。平陽気象方昌にして、徙りて之を都とせんことを請う」という太史令宣于脩之の言を納れ、蒲子の南の平陽に遷都する。[38]この年より、さきの劉殷・王育の発言に見られた「四出」戦略に基づく行動が見られるようになる。例えば夏には、劉聡・王弥・石勒が壺関を攻め、劉琨の部将韓述・黄粛を破っている。[39]平陽遷都の直接の動機が宣于脩之の発言にあったとしても、その根底には前述の劉淵の南下方針があったのであり、これ以後平陽は洛陽攻撃の後方基地としての性格を有するようになったと思われる。そしてこの後にいよいよ洛陽攻撃を開始することとなる。しかし劉淵らのこうした動きをあらかじめ察知していたのか、永嘉元年における汲桑の乱の平定を完了した後の撤収という趣旨であったのかは定かではないが、官渡にて汲桑攻撃にあたっていた東海王越は、永嘉二年を通じて西進を続け、永嘉三年三月には劉淵の攻撃に先立って、洛陽南郊の太学に到着した。その前後で東海王越が繆播・王延らを粛清するなど、[40]混乱した局面はいくつかあったが、東海王越の洛陽進駐によって劉淵に対する迎撃態勢は整えられた。それは北方の劉琨の動向とあわせていうならば、彼ら晋朝系勢力により、劉淵に対する挟撃戦略が（彼らが最初から企図してきたものではなかったにせよ）形作られたことを意味する。その後の洛陽攻撃の具体的な経緯は次の通りである。

まず永嘉三年三月に、西晋の左積弩将軍朱誕が漢に投降し、劉淵に洛陽の孤立ぶりを述べ、洛陽への攻撃を勧めた。これをうけ劉淵は朱誕を前鋒都督に、滅晋大将軍劉景を大都督にそれぞれ任命し、洛陽に向け軍を進めさせた。[41]一〇月、東海王越は太学から洛陽城に入り、本格的な籠城・迎撃の態勢をとる。同月、洛陽に到着した漢軍のうち、劉聡は洛陽西明門に駐屯した。これをうけ洛陽城内からは、北宮純が兵を率いて劉聡の陣営を夜襲し、漢の征虜将軍呼延顥を斬殺、劉聡はいったん洛水まで撤退する。この直後、漢の部将呼延翼が部下に殺害されるなど、漢の陣営では内紛が発生し、これをうけて劉淵も劉聡に帰還を命じたが、劉聡は晋軍が弱いことなどを理由にとどまることを要請し、結局劉淵はこれを許した。あらためて劉聡は宣陽門に進駐し、劉曜が上東門に、王弥が広陽門に、劉景が大夏門に、それぞれ駐屯する。しかしどういうわけか、このとき劉聡は自陣に部将の劉厲・呼延朗をとどめ、自ら嵩山にまで赴いて祈祭を行った。これを見た太傅参軍の孫詢は府主の東海王越に隙を突いて攻撃することを要請し、越はこれを許可、孫詢は将軍の丘光・楼裒らとともに宣陽門の漢軍を攻撃し、呼延朗を斬殺した。劉厲は劉聡からの処罰を恐れ、入水自殺する。漢軍の劣勢の中、王弥は劉聡に撤退を勧め、また平陽では宣于脩之が劉淵に、漢軍が撤退しなければ必ず敗北すると説き、劉淵もこれを納れ、劉聡に撤退命令を下す。[42] かくして洛陽攻撃に失敗した漢軍は撤退するが、翌永嘉四年（三一〇）六月には皇帝劉淵が死去してしまう。

以上の経緯を整理してみよう。まず劉淵の蒲子から平陽への遷都（南進）には、前節で述べたような北方の劉琨の軍事的圧力に押されたことが遠因であったが、ともかくも南進政策の結果としてこのとき洛陽攻撃が実行された。これに先立ち、それまで汲桑の乱平定に従事していた東海王越が洛陽に帰還し、これを迎撃することとなった。結果として劉淵は、劉琨に追い立てられて南方への進出を余儀なくされ、その先にあった洛陽にて迎撃準備を整えていた東海王越と衝突した後に敗北し、自身は死去してしまったこととなる。劉淵の死と洛陽攻撃の失敗との間に直接的な因果関係はなかろうが、洛陽攻撃失敗直後という、この段階で劉淵が死去したことはまことに象徴的であり、劉淵の（他動的な理由によるところの大きい）南進政策が、東海王越と劉琨の挟撃によって阻まれることとなったのであって、結局劉淵は東海王越らに敗北したのである。

第三節　永嘉四年以降の情勢

ここまでの分析に基づくならば、永嘉四年（三一〇）の劉淵死去までの漢（石勒・王弥らを含む）は、ほぼ一貫して晋朝系勢力に対して劣勢に立たされていたことになる。しかし周知の通り、翌永嘉五年（三一一）に漢は洛陽の陥落に成功しているのであり、その間に何らかの情勢変化があったと考えなければならない。本節では主として永嘉四～五年の情勢を確認することとしたい。

まず劉淵の死去した永嘉四年の情勢確認から始めよう。劉淵の死去した永嘉四年七月、漢では子の劉和が後を襲ったが、同月のうちに劉聡（劉和の弟）がクーデターを起こして劉和を殺害し、皇帝に即位した。[43]短期間のうちに劉淵→劉和→劉聡と、権力の委譲（奪取）が進められたのであるが、漢をめぐる軍事的環境や、南方への進撃という漢の方針に変化はなかった。例えば七月の劉淵死去の直前には、劉聡・劉曜・石勒・趙固ら漢の諸将が南進して懐を包囲しており、[44]また一〇月には劉粲・劉曜・王弥が四万の兵を率いて南下し、大陽にて石勒の軍と合流、澠池にて西晋の監軍裴邈を撃破し、そのまま洛川にまで進軍したが、うち劉粲軍が轘轅関を突破し、そのまま梁国・陳留・汝南・潁川の間を掠奪しており、石勒は成皐関を突破している。[45]このとき劉粲軍・石勒軍は、洛陽周辺の諸関を突破し、その外にまで進出したのであるが、これは洛陽（東海王越）と劉琨による挟撃の完全突破を意味するものではなく、前年までの情勢に根本的な変化はなかった。前年に洛陽包囲が行われたことからも、洛陽周辺の西晋側の防備に綻びが生じていたことは事実であり、劉粲・石勒の各軍の洛陽以南への進出もこれによって可能となったのであろうが、一方で、東海王越を首領とする大兵力が洛陽に駐留している以上、それを無視したさらなる支配領域の拡大が不可能であったことも事実である。仮にそのようなことを強行すれば、洛陽の東海王越軍によって後背・側面を攻撃されることが想定されたであろう。それゆえ、漢がその勢力圏を劇的に拡大させるには、洛陽の陥落が必須の条件であった。また永嘉四年夏には、劉琨は漢の一勢力である劉虎（鉄弗部）・白（白）部鮮卑を攻撃し[46]、一〇月には拓跋部の猗盧から兵を借りて、劉虎・白部鮮卑の撃破に成功しており、当時は北方の劉琨（及び拓跋部）からの軍事的圧力も継続していたのである[47]。

基本的には東海王越・劉琨による挟撃戦略はこのときも生き続けていたが、前述のごとく南方の洛陽周辺の防備は手薄となっており、東海王越は劉粲・石勒の洛陽以南への進出を許してしまった。しかしこのうちの石勒については、進出の結果が必ずしもその当時の彼にとって芳しいものとはならなかった。成皐関突破に成功した石勒は、同月中に倉垣の陳留内史王讃を包囲したが、敗れて文石津に退いており、この直後には王浚の派遣した文鴦（鮮卑段部）の軍に敗れている[48]。薊を本拠地とする王浚の軍が、文石津にまで到達し得たということは、かつて汲桑・石勒が活動していた冀州のほぼ全域を王浚が制圧していたことを示しており、その点を踏まえても、当時晉朝系勢力が必ずしも劣勢に立たされていなかったことがうかがえよう。

石勒の行軍ルートは周年昌氏によって明らかにされており[49]、周氏作成の図に基づきこの時期の石勒の行軍ルートを図示したのが**図一一**（点線矢印）である。敗北後の石勒は長江中流域にまで南下し、葛陂にて琅邪王睿（後の東晉元帝）軍と対峙した後、北上して冀州に帰還することとなる。この行軍のおおもとの契機は永嘉四年一〇月の成皐関突破であり、またそれ自体には石勒の主体性・積極性が認められるにしても、以後の南下については倉垣攻囲の失敗と文石津への撤退、文鴦による撃破といった、連続する軍事的な敗北がその根本的な原因であって、彼の当初の戦略にはなかったことであろう。しかしながら、石勒の勢力はこの南下によって、荊州にて事実上独立勢力として成長することとなる。石勒は西晋が存続している間は漢側の勢力として活動していたが、後の後趙建国（漢からの自立、前趙との対立）の基礎はこのときに培われたと見てもよかろう。

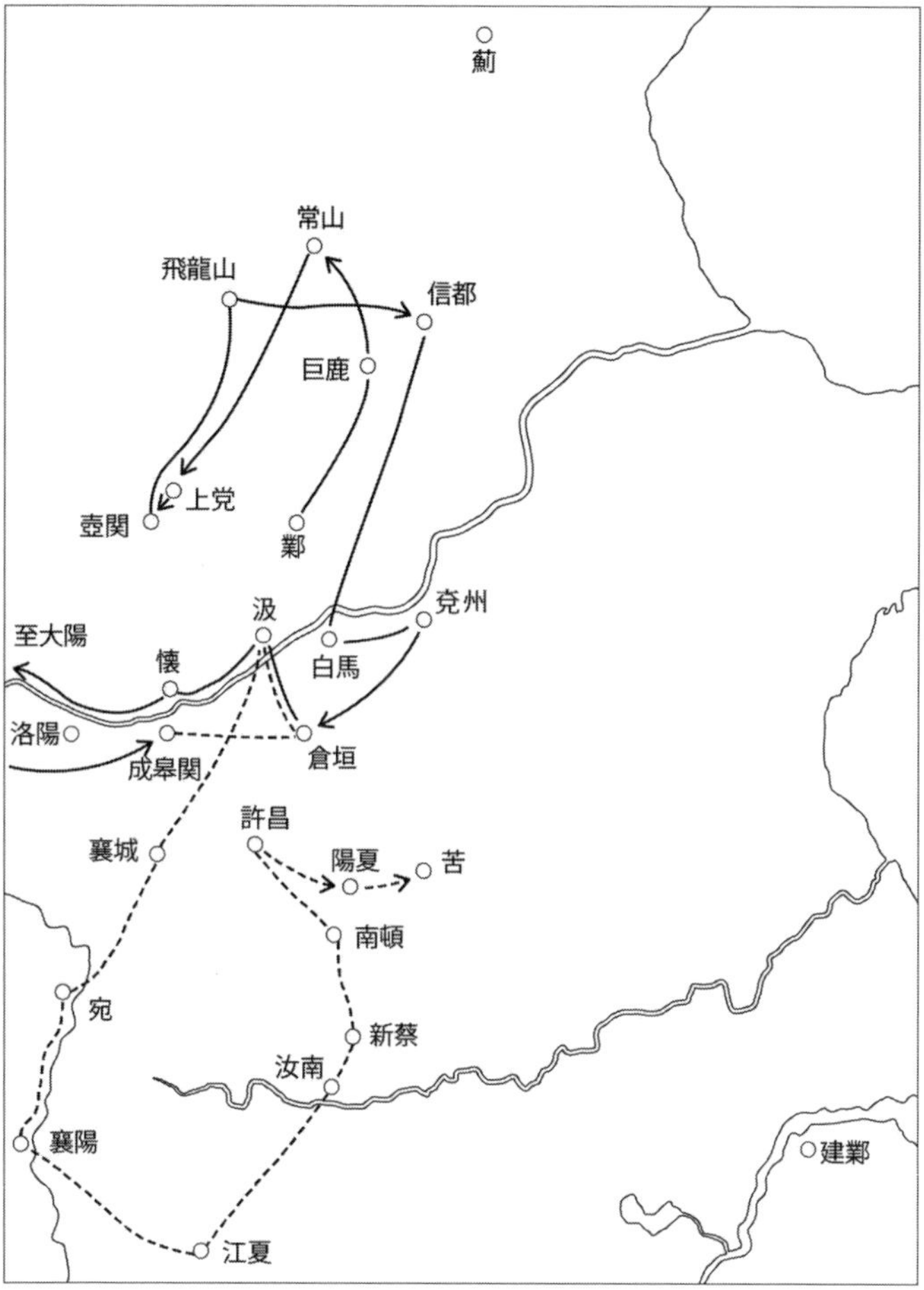

図一一　石勒行軍図

※1 実線矢印は劉淵の皇帝自称から成皋関突破までの行軍ルート

※2　点線矢印は成皋関突破から王衍軍覆滅までの行軍ルート

話を晋朝系勢力の対漢挟撃に戻そう。洛陽周辺の防備の綻びは石勒の南下を許したが、それが挟撃戦略の根本的な破綻を意味しないことは上述した。漢が現状の打開をはかるには、戦略的不利を根本から克服する必要があったのであるが、果たしてそれはどのようにして達成されたのであろうか。

実のところ、それは必ずしも漢の主体的行動によって果たされたのではなかった。永嘉四年以降、晋朝系勢力の結束が弱まり、それが西晋滅亡の決定的な要因となるのである。

まずこの時期、劉琨と東海王越の連携が不安定化し始めた。劉琨は永嘉四年一〇月に使者を派遣し、東海王越に共同で劉聡・石勒を討伐するよう要請した。このとき東海王越はなおも洛陽に駐留しており、前述の通り、北の劉琨との挟撃という形勢に根本的な変化はなく、劉琨の提案にしたがい、平陽に向けて双方から進攻したならば、漢の滅亡とはいわないまでも、深刻なダメージを与えることは期待できたであろう。しかしながら、これは東海王越の拒絶により実現しなかった。越がこのとき苟晞と予州刺史馮嵩を忌み、彼らが後患となることを恐れたためだと『資治通鑑』は説くが、『魏書』巻一 序紀は越が「洛中の饑饉」を理由に辞退したとする。どちらが真であるか、判断するのは難しいが、いずれにしても、越は劉琨と提携した上での、漢への積極的攻勢をとらなかったのである。

『資治通鑑』が伝えるように、当時苟晞らをはじめとする晋朝系勢力の中に、反東海王越の姿勢を明確にする者があらわれており、これも晋朝系勢力の瓦解を誘発する一因となっていた。この時期の苟晞らと東海王越の不和については前章にて論じたが、[50] 当時東海王越は特に苟晞と鎮東将軍・都督揚州諸軍事周馥との関係を悪化させていた。このうちの周馥は、永嘉四年に、東海王越を通さず懐帝に直接寿春遷都を要請するというように、東海王越に対する公然たる挑発的行為に及んでいる。『晋書』等の史書が伝えるところでは、こうした傾向の原因には、上述の王延・繆播らの粛清をはじめとする、東海王越の暴挙や専横に対する晋朝系勢力の不満があったらしい。[51]

このような折の永嘉四年一一月、東海王越は洛陽に妃の裴氏や世子の毘、李惲（乞活）・何倫（もと東海国上軍将軍）をとどめ、自ら行台と四万人の軍を引き連れ、許昌に出鎮し、[52]そのまま項までたどり着く。この出鎮は、表向きは石勒討伐を目的としたものであったが、[53]東海王越の出鎮・進軍方向は当時石勒の活動していた長江中流域方面ではなく、南東方面の洛陽—許昌—項というルートを使用している。このルートは、三国時代や西晋武帝期には対呉遠征や寿春での叛乱討伐に頻繁に利用されたルートであるため、この東海王越の出鎮の目的も、もちろん一つには石勒討伐があったろうが、それにかこつけた寿春の周馥に対する圧迫・討伐という別の狙いもあったと思われる。直接的には東海王越の本隊ではなく、東海王越派の宗室であり、既に建鄴への出鎮を果たしていた琅邪王睿とその配下にいた江南豪族の活躍によって周馥の軍勢は破られたのであるが、[54]周馥はこのとき建鄴の琅邪王睿と項の東海王越に挟撃されていたのであり、そうした戦略的不利も周馥の敗北に作用したであろう。[55]そして敗れた周馥は項に逃れ、そこで新蔡王確に捕らわれ、憤死する。[56]周馥の拘禁について、史書は東海王越の関与を伝えないが、項という場所もあり、それが越の意志と無関係に行われたわけではないであろう。

かくして東海王越の懸念材料の一つは解決されたが、各地の晋朝系勢力が東海王越から離叛するという傾向に歯止めがかかったわけではなく、同年内に懐帝が苟晞に密詔を送って東海王越の討伐を命じ、翌五年（三一一）正月には、懐帝が各地の晋朝系勢力に向け、公然と東海王越討伐の詔を発するに至った。[57]こうした状況下の同年三月、東海王越が項にて死去する。この後軍中にいた太尉王衍が主に推戴され、東方への移動をはかる。

東海王越が項に出鎮したことの、表向きの目的が石勒討伐にあったことは既に述べたが、その石勒は同年二月には南頓にて新蔡王確を攻め殺し、次には許昌を攻撃し、平東将軍王康を殺害している。東海王越死去の直後、石勒は軽騎を率いて王衍軍の後を追い、これを襲撃する。王衍軍にとっては後背を奇襲された形となり、軍は多数の被害を出して敗北し、王衍ら東海王越の旧配下や多数の宗室が石勒に捕縛された。この後、彼らの多くは処刑されることとなる。[58]

そして王衍軍覆滅の直後には、なおも洛陽に駐屯していた何倫・李惲（乞活）らが、東海王越の子の毘、妃の裴氏を推戴し、越の死を秘匿し喪を発せず、軍を引き連れて南東方向に向かっている。その目的については不明であるが、恐らくは石勒に対する復仇であろう。出発に際して毘と裴氏を推戴したことは、東海王越の一党を滅ぼした石勒に対する行為であり、いわば反石勒の象徴として彼ら二人は扱われたと思われる。[59]しかしこの軍も、間もなく石勒の襲撃に遭い、全滅することとなる。

東海王越の出鎮と何倫・李惲らの出動は、洛陽城内の軍事力の流出・低下という結果をもたらした。これは対漢挟撃戦略を担う一拠点としての洛陽の弱体化を意味する。また漢をめぐる北方の軍事的環境（劉琨・拓跋部からの圧力など）に変化はなかったから、当然従来の漢の南進という方針にも変更はなく、洛陽は前年に比して極度に低下した軍事力・抵抗力でこれに対処しなければならなくなった。永嘉五年六月、劉聡軍は最後の攻勢をかけ、洛陽は同月内に陥落し、懐帝は平陽に拉致される。[60]これは西晋の事実上の滅亡を意味する事件であり、劉聡は洛陽―劉琨の挟撃戦略を、これによってようやく破綻せしめたのである。

以後、漢軍は皇太子鄴（後の愍帝）を擁立する関中の晋朝系勢力に対処すると同時に、それまでほぼ一方的に攻勢をかけられてきた北方の劉琨・拓跋部に対して、現有の軍事力を向け、積極的攻勢に出ることとなる。永嘉六年（三一二）七月には、漢の劉粲が劉琨の部将郝詵の軍を打ち破り、太原太守高喬が漢に降伏し、[61]翌八月には劉琨が常山に逃れる。[62]建興四年（三一六）三月には劉琨の盟友拓跋猗盧が長子の六脩に殺害されることで、拓跋部は大混乱に陥った[63]。拓跋部の支援を失いながら、なおも漢の攻勢を受けていた劉琨は、同年一二月に薊に逃れ[64]、当地の段匹磾（鮮卑段部）と結託するが[65]、東晋元帝太興元年（三一八）五月に段匹磾に殺害される[66]。かくして并州刺史に就任して以降、拓跋部等の軍事力を用いて南の漢を圧迫するという、前任の東嬴公騰以来の任務を忠実に実行してきた劉琨は、その勢力と後ろ盾を喪失し、遂には果てたのである。

漢軍が北方への攻勢をなしえた理由や、その軍事力の出所について、『晉書』等の史書が具体的に説明しているわけではない。しかし、本章でここまでに行った情勢分析の結果を踏まえるならば、それが洛陽陥落に伴う挟撃戦略の破綻によるものであったことが、容易に推察されるであろう。つまり洛陽陥落によって、それまで南方攻撃のために使用された軍事力を、別方面に投入することが可能となり、その大部分を北方の劉琨への攻勢に差し向けたのである。これによって漢の中原支配は決定的となり、関中の愍帝政権もその攻勢に抗しきれず、建興四年に滅亡するが、間もなく劉聡が死去し、漢の領土は西の劉曜（前趙）、東の石勒（後趙）に二分され、戦乱は継続することとなる。

おわりに

従来、特に五胡十六国史研究の視点からは、この時期の劉淵・劉聡・石勒ら異民族の動向が注視され、一種の民族問題として論じられることが多かった永嘉の乱であるが、本章では、晉朝系勢力の動向を踏まえ、あらためてこの戦乱について考察してきた。以下に本章の要点をまとめておこう。

i 当初皇太弟（成都王）穎の救援を目指していた劉淵は、劉宣の提言を納れる形で大単于・漢王に即位する。しかし挙兵後の劉淵は、拓跋部と結託した西晋の并州刺史である東嬴公騰・劉琨からの圧迫にしばらく苦しむこととなり、南方への進出を余儀なくされる。この南方進出は、以後しばらくは漢の基本方針となる。

ii 南進の方針を確立した劉淵であるが、そのまま南進を継続すれば、やがて西晋の首都洛陽と接触することが必然となり、ここで彼は西晋との全面対決とその滅亡を志向するようになる。劉淵だけでなく、これとほぼ同時に活動を開始した石勒・王弥らも、当初晋朝系勢力に敗れていたが、こうした三者の晋朝系勢力に対する劣勢は、西晋打倒という目標のもとでの、彼らの糾合を促した。また明確な目標を新たに獲得した劉淵は、それを明示するかのように、皇帝を自称するに至る。しかしほぼ同時に（半ば偶発的に）劉琨との挟撃戦略を確立した東海王越に前進を阻まれ（洛陽攻撃に失敗し）、そのまま劉淵は死去してしまう。

iii 永嘉三年（三〇九）の洛陽攻撃直後の漢は、従前の南方攻撃方針を継続し、うち石勒などは洛陽以南へ進出するが、劉琨・東海王越による挟撃戦略を決定的に破綻させるには至らなかった。しかしこのとき晋朝系勢力の間で不和が生じ、周馥・荀晞などが懐帝と結び、反東海王越の姿勢を公然ととるようになる。恐らくはこのうちの周馥討伐のために、東海王越は大軍を率いて洛陽を発ったが、出鎮先の項にて死去し、さらにそれを追うかのように同じく洛陽から何倫・李惲が軍を率いて同方面に赴き、ともに石勒に壊滅されるなどの事件が相次いだ。こうして軍事力・防御力を低下させた洛陽は、継続する漢軍の攻勢を支えきれなくなり、永嘉五年（三一一）に遂に陥落する。南方の障害を取り除き、挟撃戦略を破綻させた漢は軍事力を北方に向け、それまで自らに圧力を加え続けていた劉琨を撃破した。

本章のここまでの考察によって明らかとなった永嘉の乱の経緯からは、劉淵ら胡族の各所における行動の多くが、自勢力内外の軍事的・政治的状況に大幅に制約・左右された末に起こされたものであったことがうかがえる。最終的に漢は勝利し、西晋を滅ぼすことに成功したのであるが、それとても晋朝系勢力の分裂によるところが大きかったのであり、また勝利に大きく寄与した石勒の活動にしても、王讃・文鴦に敗れ、長江中流域に逃れなければならなかったことがその直接の原点であった。つまり西晋は胡族の一貫した優勢や、彼らの主体的な憎悪・戦略の結果として滅亡したのではなかったのである。

これまでの五胡十六国史・北朝史研究においては、特に胡族の動向・発言を伝える史料が重点的に扱われてきたが、しかし彼らの行動や発言の、積極性のみに注目するのではなく、彼らが置かれた当時の政治的・軍事的苦境から生ずる消極性や、対立勢力の自壊といった要素にも着目し、それらを十全に踏まえた総体的な見地から、あらためて五胡十六国史や北朝史を論ずる必要が、今後の研究においては生じることとなろう。

1宮川尚志『六朝史研究　政治社会篇』（日本学術振興会、一九五六年）四九～七二頁参照。
2内田吟風「南匈奴に関する研究」（同氏著『北アジア史研究　匈奴篇』、同朋舍、一九七五年、二〇一～三六五頁）参照。

3谷川道雄『隋唐帝国形成史論』（筑摩書房、一九七一年）参照。

4川本芳昭「五胡十六国・北朝時代における華夷観の変遷」（同氏著『魏晋南北朝の民族問題』、汲古書院、一九九八年、二二五〜六五頁）参照。

5日本における主な先行研究は次の通り。田村実造『中国史上の民族移動期』（創文社、一九八五年）、片桐功「屠各考——劉淵挙兵前史——」（『名古屋大学東洋史研究報告』一三、一九八八年）、荒木均「八王の乱から石勒へ」（『史友』三一、一九九九年）、三﨑良章『五胡十六国——中国史上の民族大移動』（東方書店、二〇一二年）、王安泰（角山典幸訳）「漢・趙の封国と天下秩序について」（『中央大学アジア史研究』三八、二〇一四年）など。

6中国（台湾を含む）における永嘉年間政治社会史・漢（前趙）・後趙関係の論文・著書のうち、主要なものを挙げておく。唐長孺「晋代北境各族『変乱』的性質及五胡政権在中国的統治」（同氏著『魏晋南北朝史論叢』、生活・読書・新知三聯書店、一九五五年、一二七〜一九二頁）、「魏晋雑胡考」（前掲『魏晋南北朝史論叢』三八二〜四五〇頁）、韓国磐『魏晋南北朝史綱』（人民出版社、一九八三年）二二八〜二五一頁、呂思勉『両晋南北朝史』（上海古籍出版社、一九八三年）上冊一五二〜一六〇頁、方詩銘「『漢祚復興』的讖記与原始道教——晋南北朝劉根・劉淵的起義起兵及其他」（『史林』一九九六—三）、趙丕承編著『五胡史綱』（芸軒図書出版社、二〇〇〇年）上冊四三〜一七二頁、劉学銚『五胡史論』（南天書局、二〇〇一年）、鄧楽群「劉淵宗漢立国的歴史評価」（『南通大学学報（社会科学版）』二一—四、二〇〇五年）、高昕「対劉淵争取漢族民族策略的思考」（『阿壩師範高等専科学校学報』二五—一、二〇〇八年）など。西晋末の流民・塢壁に関しては、金発根『永嘉乱後北方的豪族』（中国学術著作奨助委員会、一九六四年）、譚其驤「晋永嘉乱後之民族遷徙」（同氏著『長水集』、人民出版社、一九八七年、上冊一九八〜二二三頁）、王賽時「魏晋南北朝時期的山東」（孫祚民主編『山東通史』上巻、一九九二年、一四八〜一九六頁）、漆侠「西晋末年以流民為主的各地起義」（『中国農民戦争史研究叢刊』一、一九七九年）、夏日新「永嘉乱後北方民戸的大流徙」（『社会科学』一九八九

―六）、曹文柱「両晋之際流民問題的綜合考察」（『歴史研究』一九九一―二）、孔定芳「永嘉之乱後中原文化之整合」（『中州学刊』一九九七―三）、「永嘉乱後的中原移民与江左文化」（『江海学刊』一九九八―五）、小尾孝夫（馬雲超・李航訳、童嶺校）「永嘉之乱後的江淮士族与地域社会――以対広陵的探討為中心」（童嶺主編・王安泰・小尾孝夫副主編『皇帝・単于・士人――中古中国与周辺世界』、中西書局、二〇一四年、一五三～一六三頁）など。韓国の代表的研究としては、朴漢済『中国中古胡漢体制研究』（一潮閣、一九八八年）、池培善「永興 元年이후의 前趙」（『中国学報』三八、一九九八年）、姜文晧『中国中世政治史研究――五胡十六国史――』（国学資料院、一九九九年）、李椿浩『中国中古時期五胡王朝的建国体系研究』（花木蘭文化出版社、二〇一三年）がある。なお先行研究検索には荒木均「八王の乱から石勒へ」（前掲）、三﨑良章『五胡十六国の基礎的研究』（汲古書院、二〇〇六年）、劉建中『五胡十六国論著索引』（上下冊、黄山書社、二〇〇八年）を参照した。この他陳勇『「資治通鑑」十六国資料釈証 漢趙・後趙・前燕国部分』（中国社会科学出版社、二〇一〇年）は、『資治通鑑』における五胡関係の記述部分を輯め、『晉書』等の史料との対比分析を行ったものであり、筆者も本章執筆にあたってはこれを活用した。

7　周偉洲『漢趙国史』（山西人民出版社、一九八六年）、陳勇『漢趙史論稿――匈奴屠各建国的政治史考察』（商務印書館、二〇〇九年）参照。

8　一応、劉淵・石勒と西晉・東晉の対立に関しては、荘金秋・崔明徳「略論匈奴漢趙政権与両晉的関係」（『西北民族大学学報（哲学社会科学版）』二〇一〇―四）、荘金秋「略論後趙与両晉的関係」（『煙台大学学報（哲学社会科学版）』二〇一一―一、二〇一一年）などがあるが、いずれも事例紹介のみにとどまっている。

9　胡漢対立の相対化は、北魏史研究において佐藤賢「北魏前期の『内朝』・『外朝』と胡漢問題」（『集刊東洋学』八八、二〇〇二年）、「北魏内某官制度の考察」（『東洋学報』八六―一、二〇〇四年）が既に試みている。佐藤氏の考察は制度史研究の手法によって進められたものであるが、筆者の手法はこれとは異なる。

10永嘉の乱において晋朝系勢力を主導したのは宗室（八王の一人）である東海王越であるが、乱における彼の動向については、まず陳蘇鎮「司馬越与永嘉之乱」（『北京大学学報（哲学社会科学版）』一九八九―一）がある。この他、西晋末期における東海王越と琅邪王睿（後の東晋元帝）の関係を論じた研究として、田餘慶「釈『王与馬共天下』」（同氏著『東晋門閥政治』、北京大学出版社、一九八九年、一～三七頁）がある。こうした田氏の観点を受け継ぎ、西晋末期・東晋初期の政治・社会を論じたものとして、趙立新『西晋末年至東晋時期的「分陝」政治――分権化現象下的朝廷与州鎮』（花木蘭文化出版社、二〇〇九年）、馬以謹『東晋初期政治勢力的形成与推移』（花木蘭文化出版社、二〇〇九年）がある。また本書第六章「西晋後期における皇帝と宗室諸王」も参照。

11田餘慶『拓跋史探』（生活・読書・新知三聯書店、二〇〇三年）、張継昊『従拓跋到北魏――北魏王朝創建歴史的考察』（稲郷出版社、二〇〇三年）、金栄煥「五胡一六国時期 匈奴族 鉄弗部와 鮮卑族 拓跋部의 관계 연구」（『中国学研究』五七、二〇一一）など。なおこのうちの田氏著書は、二〇一一年に『拓跋史探（修訂本）』として生活・読書・新知三聯書店より再版された。西晋建国以前の鮮卑拓跋部については、金栄煥「『魏書』「序紀」로 본 伝説時期 拓跋鮮卑考――兼論 鮮卑史 研究의 新資料・新方法――」（『中国学報』三六、一九九六年）、趙永来「塞外時期 拓跋鮮卑의 南遷과 部落의『地域化』」（『中国古代史研究』一二、二〇〇四年）、吉本道雅「魏書序紀考証」（『史林』九三―三、二〇一〇年）、佐藤賢「鮮卑拓跋氏の南下伝説と神獣」（『九州大学東洋史論集』三八、二〇一〇年）等を参照。

12本章では中原での戦乱のみを対象とすることとし、同時期の四川方面の情勢についてはとりあげないでおきたい。四川方面については、さしあたり中林史朗「李氏集団の展開とその性格――西晋末益州の状況を繞って――」（中嶋敏先生古稀記念事業会記念論集編集委員会編『中嶋敏先生古稀記念論集』上、中嶋敏先生古稀記念事業会、一九八〇年、五三～七八頁）を参照。

13『晋書』巻一〇一　劉元海載記参照。

14谷川道雄「南匈奴の自立及びその国家」（前掲『隋唐帝国形成史論』三〇～六七頁）、蒋福亜「劉淵的『漢』旗号和慕容廆『晉』旗号」（『北京師院学報』一九七九―四）、姜文晧「五胡前期 胡族君主 称号의 変化와 그 影響」（『慶州史学』一一、一九九二年）、池培善「前趙와 劉淵」（『東方学志』八八、一九九五）、杉山正明『遊牧民から見た世界史（増補版）』（日本経済新聞出版社、二〇一一年）二二八～二四五頁等を参照。

15劉淵の皇帝即位に関しては、五胡十六国・北朝時代の大単于・天王・皇帝などの称号についての研究にて言及されることは多かった。谷川道雄「五胡十六国・北周における天王の称号」（前掲『隋唐帝国形成史論』三一六～三三六頁）、姜文晧「五胡前期 胡族君主 称号의 変化와 그 影響」（前掲）、姜文晧『中国中世政治史研究』（前掲）二三～一〇五頁、荒木均「漢・前趙・後趙における皇帝・天王・大単于」（『青山学院大学文学部紀要』四三、二〇〇〇年）、内田昌功「東晉十六国における皇帝と天王」（『史朋』四一、二〇〇八年）、李椿浩「五胡王朝의 胡人 지배방식과 그 성격――大単于의 任職과 単于台의 설치를중심으로――」（『東北亜歴史論叢』三一、二〇一一年）、小野響「前趙と後趙の成立――五胡十六国時代における匈奴漢崩壊後の政治史的展開――」（『立命館東洋史学』三六、二〇一三年）等を参照。

16もと并州刺史であった東嬴公騰は、八王の乱終結の後に東燕王に改封され、また『晉書』巻五 孝懐帝紀によれば、永嘉元年（三〇七）三月にはさらに新蔡王に改封、同時に都督司冀二州諸軍事に任命され、鄴への出鎮を命じられたという。しかしこれは光熙元年（三〇六）一二月に既に後任の并州刺史である劉琨が并州に到着していたとする『資治通鑑』の記述内容と矛盾する。既に東嬴公騰・劉琨には光熙元年の時点で人事が通達され、赴任が正式に完了したのが永嘉元年三月と解釈すべきか。なおこれは東海王越が諸弟を当時の軍事的要衝に出鎮させるという戦略の一環であったと考えられるため、前掲『晉書』劉元海載記の「騰懼れ、并州の二万余戸を率いて山東に下り（騰懼、率并州二万余戸下山東）」という記述は、動機の点において必ずしも正確ではないように思われる。

17乞活については、周一良「乞活考――西晋東晋間流民史之一頁――」(同氏著『魏晋南北朝史論集』、中華書局、一九六三年、一二～二九頁)、金発根『永嘉乱後北方的豪族』(前掲)、市来弘志「乞活と後趙政権」(中国古代史研究会編『中国古代史研究』七、研文出版、一九九七年、一九七～二〇八頁)、荒木均「八王の乱から石勒へ」(前掲)等を参照。

18文中の離石の飢饉を『資治通鑑』は永興二年(三〇五)のこととする。

19『水経注』巻一〇 濁漳水参照。

20『晉書』巻五九 東海王越伝に、東嬴公騰の鄴出鎮時のこととして、「初、東嬴公騰之鎮鄴也、携并州将田甄・甄弟蘭・任祉・祁済・李惲・薄盛等部衆万余人至鄴、遣就穀冀州、号為乞活」とある。乞活が騰につきしたがって冀州に赴いたことに関しては、騰との人格的結合関係が根本要因であろうが、ことさらに「遣就穀冀州」とあることからも、少なくとも冀州より并州の食料事情が悪化していたことがうかがえるであろう。「乞活」という名称も、「活きるを乞う」という、食糧難に基づく流民を呼んだものであり、食糧にありつくことがかれらの冀州行きのもう一つの目的であったことは疑いない。また騰の出鎮は、前掲の『晉書』劉元海載記にあるとおり、太原等五県攻撃よりも前のことである。

21この『晉書』の記述を湯球『十六国春秋輯補』は光熙元年(三〇六)のこととする。

22蒲子への遷都を『十六国春秋輯補』は永嘉元年(三〇七)のこととする。

23范兆飛「永嘉乱後的并州局勢――以劉琨刺并為中心」(『学術月刊』四〇―三、二〇〇八年)、李椿浩「五胡前期 漢人士族의『克復神州』와 그 真相――劉琨의 西晉再興을 위한 諸努力을 중심으로――」(『中国古中世史研究』二一、二〇〇九年)参照。なお両氏は根拠として他に『資治通鑑』巻八六 永嘉二年七月条胡注を引用しているが、これは胡注ではなく、『資治通鑑考異』である(「考異曰、劉琨答太傅府書曰、『潜遣使駅離間其部落、淵遂怖懼、南奔蒲

子、雑虜帰降、万有余落』。現伝亦然。按時淵強琨弱、豈因畏琨而徙都。蓋琨為自大之辞、史因承以為実耳」）。劉琨の動向については、他に船木勝馬「西晋時代の并州と幽州」（『中央大学文学部紀要』八四、一九七七年）、廖幼華「晋末太原劉琨敗亡之基本形勢分析」（『国立中正大学学報（人文分冊）』五—一、一九九四年）を参照。

24池培善「永興 元年이후의 前趙」（前掲）は黎亭への劉淵の以降と離石への食料輸送に関して、漢が牧畜主体経済から農耕主体経済に移ったと解釈している。

25拓跋部は二九五年に東・中・西の三部に分裂し、東部を禄官、中部を猗㐌、西部を猗盧がそれぞれ統治していたが、三〇五年にまず猗㐌が、三〇七年に禄官がそれぞれ死去したことで、猗盧が三部を統一することとなった（実際には東部は拓跋の統治から離脱したという。前掲田餘慶『拓跋史探（修訂本）』一四〇頁参照）。当時の劉淵らが拓跋部をどのように見ていたかを明示する史料はないが、拓跋部の三部統一という事態からも、劉淵らが彼らのいる北方への進出を考えていたとは考えにくい。

26**図九**は譚其驤編『中国歴史地図集』（中国地図出版社、一九八二年）第三冊に基づき作成したものである。黎亭の位置については、壺関の内にあるとする『水経注』巻一〇 独漳水の記述に基づき、図では『中国歴史地図集』の壺関の位置に配置した。『中国歴史地図集』の黎亭はこれよりもやや南に配置している。

27この時期の汲桑・石勒の行動については荒木均「八王の乱から石勒へ」（前掲）参照。

28干支の換算は陳垣『二十史朔閏表』に基づく。

29『晉書』巻一〇四 石勒載記上には、「桑・勒攻幽州刺史石尟於楽陵、尟死之。乞活田禋帥衆五万救尟、勒逆戦、敗禋、与晞等相持于平原・陽平間数月、大小三十余戦、互有勝負。越懼、次於官渡、為晞聲援。桑・勒為晞所敗、死者万余人、乃収余衆、将奔劉元海。冀州刺史丁紹要之于赤橋、又大敗之。桑奔馬牧、勒奔楽平。王師斬桑于平原」とあり、楽陵における石尟の死→平原〜陽平間における苟晞軍との対峙→東海王越の官渡出鎮→苟晞による汲桑・石勒撃破→

汲桑の死という、孝懐帝紀の編年と同じ順序で叙述している。しかし汲桑が死去した場所に関してはこれを平原としている。

30 両墓誌はともに一九一九年に洛陽にて出土したもので、現在は北京の故宮博物院に所蔵されている。詳細は福原啓郎「西晋の墓誌の意義」（礪波護編『中国中世の文物』、京都大学人文科学研究所、一九九三年、三一五～三六九頁、福原啓郎『魏晋政治社会史研究』、京都大学学術出版会、二〇一二年、三六三～四二七頁）参照。

31 書き下しには井波陵一編『魏晋石刻資料選注』（京都大学人文科学研究所、二〇〇五年）二五〇頁を参照した。

32 池培善「永興 元年이후의 前趙」（前掲）は、版橋における漢の敗北を中国北部における秩序再編と位置づけるが、劉淵の皇帝自称に関しては、既に太尉・護軍将軍・使持節征討大都督・大将軍などが任命されていることをもって、これ以前に志向されていたとする。しかしこれらの官名が存在したからといって必ずしも帝制への志向の根拠にはならない。

33『晋書』巻一〇四　石勒載記上参照。

34 ただし『晋書』巻三七　宗室伝　高密王略条は、劉柏根（劉根）の叛乱時期を「永興初」としている。

35『晋書』巻一〇〇　王弥伝参照。

36『晋書』巻五　孝懐帝紀　永嘉二年三月条及び四月条参照。

37『資治通鑑』巻八六　永嘉元年一二月条に、「会王弥為苟純所敗、霊亦為王讃所敗、遂倶遣使降漢」とあり、その『考異』に、「弥伝曰、弥逼洛陽、敗於七里澗、乃与其党劉霊謀帰漢。按『十六国春秋』、霊為王讃所逐、弥為苟純所敗、乃謀降漢。今年春、霊已在淵所、五月、弥乃如平陽。然則二人先降漢已久矣、弥伝誤也」とあるように、『資治通鑑』は『十六国春秋』の記述をとって『晋書』王弥伝の記述を否定し、既に永嘉元年（三〇七）一二月の時点で王弥が劉淵に降服していたとする（『十六国春秋輯補』も永嘉元年のこととする）。しかし仮に『十六国春秋』の編年が正しく、既に劉霊が永嘉元年春に淵のもとにおり、また同年五月に平陽に王弥がいたとしても、『資治通鑑』がことさらに永嘉元年一二月に劉霊・王弥の漢への投降を繋げる直接の根拠にはならず、『考異』の主張には不自然さが残る。また劉柏根挙兵以来の王弥の行軍ルートを考慮しても、青州・徐州方面から許昌に向かい、洛陽を攻撃したという、このルートの途上で王弥が平陽に向かったと解釈するには無理がある。したがってここでは『資治通鑑』・『十六国春秋』の記述はとらず、『晉書』王弥伝を信用することとしたい。『考異』所引の『十六国春秋』については、町田隆吉「『資治通鑑考異』所引『十六国春秋』及び『十六国春秋鈔』について――司馬光が利用した『十六国春秋』をめぐって――」（『国際学レヴュー』一二、二〇〇〇年）参照。

38 平陽遷都時期について、『資治通鑑』は永嘉三年正月のこととするが、『晉書』巻五　孝懐帝紀は永嘉二年七月のこととする。ここでは『資治通鑑』の編年にしたがっておく。

39『資治通鑑』巻八七　永嘉三年条、鈕仲勛「永嘉之乱前後的并州」（『山西大学師範学院学報（哲学社会科学版）』一九九六―四）参照。

40『晉書』巻五　孝懐帝紀　永嘉三年三月条、巻六〇　繆播伝参照。

41『資治通鑑』巻八七　永嘉三年三月条参照。なお『晉書』巻四　孝懐帝紀はこれを四月のこととしており、以下『晉書』と『資治通鑑』とで洛陽攻防戦の編年は一～二箇月ほどのズレがあるが、本章では全て『資治通鑑』の編年にしたがっておく。

42『晉書』巻一〇一　劉元海載記、『資治通鑑』巻八七　永嘉三年一〇月条参照。

43『資治通鑑』巻八七　永嘉四年七月条参照。ちなみに『晉書』巻五　孝懐帝紀はこれを同年六月のこととするが、今は『資治通鑑』にしたがう。

44『資治通鑑』巻八七　永嘉四年七月条参照。

45『資治通鑑』巻八七 永嘉四年一〇月条参照。

46『資治通鑑』巻八七 永嘉四年条参照。白（百）部鮮卑については王希恩「白部考述」（『中央民族学院学報』一九九二―三）、張継昊『従拓跋到北魏』（前掲）三三～六七頁を参照。

47『魏書』巻一 序紀穆帝三年（三一〇）条は、この年に劉琨が猗盧に使者を派遣して子の劉遵を質子として差し出し、馬邑等五県を猗盧に割譲するなど、本格的な同盟（従属）関係を構築したと見られる諸事を伝えている。田餘慶『拓跋史探（修訂本）』（前掲）一〇九～一一〇頁参照。

48『晉書』巻三九 王沈伝附王浚伝参照。

49周年昌「西晉末年的流民大起義」（朱大渭主編『中国農民戦争史』魏晉南北朝巻、人民出版社、一九八九年、五三～一一一頁）参照。

50本書第六章「西晉後期における皇帝と宗室諸王」参照。

51福原啓郎『西晉の武帝 司馬炎』（白帝社、一九九五年）三一三～三一四頁参照。

52『晉書』巻五 永嘉四年一一月条、巻五九 東海王越伝参照。行台に関しては、青山公亮「歴代行台考」（『台北帝国大学文政学部史学科研究年報』二、一九三五年）、牟発松「魏晉南朝的行台」（『魏晉南北朝隋唐史資料』九・一〇、一九八八年）、郭湖生「台城辯」（『文物』一九九九―五）、郭湖生著・米田健志訳「台城弁」（積山洋編『東アジアにおける難波宮と古代難波の国際的性格に関する総合研究』、平成一八～二一年度科学研究費補助金（基盤研究（B））研究成果報告書、二〇一〇年、二一七～二三二頁）参照。

53『晉書』巻五九 東海王越伝参照。

54川勝義雄「孫呉政権の崩壊から江南貴族制へ」（同氏著『六朝貴族制社会の研究』、岩波書店、一九八二年、一七一～二一〇頁）参照。

55本書第六章「西晉後期における皇帝と宗室諸王」参照。

56『晉書』巻六一 周浚伝附周馥伝参照。

57『晉書』巻五 孝懐帝紀 永嘉五年正月条参照。

58『晉書』巻五 孝懐帝紀 永嘉五年四月条、巻一〇四 石勒載記上、『資治通鑑』巻八七 永嘉五年条参照。

59この出兵には毘・裴氏を伴っての、何倫・李惲らの洛陽からの撤退という可能性も想定できなくはないが、彼らはまっすぐに石勒の活動していた地域に向かっているため、復仇の可能性に比して弱いといわねばならない。

60この事件の概況はオーレル・スタイン将来のソグド語『古代書簡』の第二書簡にも述べられている。Nicolas Sims-Williams, "The Sogdian Ancient Letter II", Maria Gabriela Schmidt and Walter Bisang (eds.), *Philologica et Linguistica. Historia, Pluralitas, Universitas. Festschrift für Helmut Humbach zum 80. Geburtstag am 4. Dezember 2001*, Wissenschaftlicher Verlag Trier, pp.267-280、麦超美「粟特文古信札的断代」(『魏晉南北朝隋唐史資料』二四、二〇〇八年)、曾布川寛・吉田豊『ソグド人の美術と言語』(臨川書店、二〇一一年)八九～九〇頁参照。

61『晉書』巻五 孝懐帝紀 永嘉五年七月条参照。

62『晉書』巻五 孝懐帝紀 永嘉五年八月条参照。

63李椿浩「五胡前期 漢人士族의『克復神州』와 그 真相」(前掲)、田餘慶『拓跋史探(修訂本)』(前掲)一五一～一五五、一九〇～一九四頁参照。

64『晉書』巻五 孝愍帝紀 建興四年一二月条参照。なおこれ以前に薊を拠点として活動していたのは前述の通り王浚であるが、彼は建興二年(三一四)に石勒に殺害されている。

65『晉書』巻六二 劉琨伝参照。

66『晉書』巻六 元帝紀 太興元年五月条参照。

第八章　玉璽の行方──正統性の相克──

はじめに

中国の皇帝は様々な印（璽）を有していた。とりわけ有名な伝国璽は、『史記』巻八 高祖本紀元年一〇年『史記索隠』に、

子嬰 始皇璽を上り、因りて之を服御し、代代伝授し、号して漢伝国璽と曰うなり。

とあるように、一般的にはもと秦の始皇帝の璽（玉璽）で、皇帝間で代々相伝される璽のことをいう。この伝国璽の継承は、王朝の連続・継承を示すものであり、いわば、国家的正統性の象徴でもあった。一方、これとは別に皇帝六璽と呼ばれる六個の璽もある。こちらは『続漢書』輿服志注所引『漢旧儀』に、

璽皆な白玉、螭虎紐、文に曰く皇帝行璽・皇帝之璽・皇帝信璽・天子行璽・天子之璽・天子信璽と。凡そ六璽。皇帝行璽は行い、之璽は諸侯王に賜るの書、信璽は兵を発して大臣を徴し、天子行璽は外国を策拝し、天地鬼神に事う。璽皆な武都の紫泥を以て封じ、青嚢白素裏、両端縫う無く、尺一板中に約署す。

とあるように、それぞれ皇帝行璽・皇帝之璽・皇帝信璽・天子行璽・天子之璽・天子信璽と呼ばれ、それ

ぞれに用途が異なる璽で、これも皇帝（天子）専用の、玉製の印である。本章はこの伝国璽と皇帝六璽を考察対象とするものである。

日本における璽印研究は主に漢代史の一分野として始まり、栗原朋信・西嶋定生・齋藤實郎・阿部幸信・吉開将人等の諸氏によって、中国と周辺民族の関係や、天子・皇帝の機能分化、官僚の身分を象徴するツールといった様々な観点から分析が進められてきた[1]。続く魏晉時代の璽印研究としては大庭脩・秋山進午両氏のものがあるが、それらも中国と周辺諸国の関係を示す材料としての璽印という視点から考察されたものである[2]。しかしながら、例えば王朝交代に伴う伝国璽・皇帝六璽等の璽印の継承という問題に関しては、日本では駒井義明・好並隆司両氏の研究が確認されるだけで[3]、あまり着目されてこなかったという印象を受ける。唐代史においては中村裕一氏が、唐代の八璽に代表される璽印制度の源流探索のため、主として南北朝時代の伝国璽の流れを追っているが[4]、璽の継承や、それによって象徴される国家的正統性との関係という要素は希薄であった[5]。

伝国璽を有していた、あるいは有していなかった王朝・皇帝の正統性は当時どう見られていたか。この問題については中国・台湾において少なからず研究・言及され、曹樹銘・那志良・何徳章・秦永洲・汪文学・王紹璽・王朝海・蔡名哲等の諸氏によって伝国璽の継承と正統性の関係が取り上げられている[6]。とりわけ曹樹銘・王紹璽両氏の研究（著書）は、伝国璽の流伝について詳細に論じた通史であり、本章も史料検索などの面においては、これらに基づいた部分がかなり多い。しかしいずれも伝国璽に主眼を置いた研究であり、皇帝六璽に対する関心は必ずしも高くない。そこで本章では、中国の分裂時代における、各王朝の正統性と璽印（伝国璽・皇帝六璽）の関係の確認を行うが、時代としては西晉～東晉・五胡十六国に範囲を設定し、特に西晉滅亡後における正統問題について考察したい。その間の政治・社会の動向・推移を踏まえつつ、玉璽の所在と各王朝の正統性の関係を明確化するというのが、本章の具体的な課題である。

第一節　八王の乱・永嘉の乱と玉璽の行方

本章冒頭に引用した伝国璽・皇帝六璽に関する諸史料は漢代の璽印制度を示すものであるが、西晋にもこの制度は受け継がれており、したがって伝国璽・皇帝六璽も存在していた。この他漢代以来受け継がれてきた宝物として、前漢の高祖劉邦が白蛇を斬ったとされる斬蛇剣があったが、これは八王の乱の序盤において真っ先に失われた。『晉書』巻三六　張華伝附劉卞伝に、

> 武庫に火あり、（張）華　此れに因り変作《おこ》るを懼れ、兵を列ねて固守し、然る後に之を救い、故に累代の宝及び漢高の斬蛇剣・王莽の頭・孔子の屐等尽く焚かる。

とあるように、元康五年（二九五）[7]に発生した武庫の火災によって、王莽の頭・孔子の屐やその他の宝物とともに焼失してしまったという。[8]しかし伝国璽・皇帝六璽の方は、武庫ではなく宮城内にあったためなのか、無事であったらしい。

しかし八王の乱が勃発・激化するに伴い、次には皇帝六璽が失われることとなる。

> 己未、六軍蕩陰に敗績し、矢　乗輿に及び、百官分散し、侍中嵇紹之に死す。帝　頬を傷め、三矢に中《あ》たり、六璽

を失う。[9]（『晉書』巻四　恵帝紀　永興元年七月条）

この記述は建武元年（三〇四）に、恵帝を奉ずる東海王越軍と、鄴の皇太弟穎（もと成都王）軍の、蕩陰における衝突（蕩陰の戦い）の詳細を伝える記述である。結果として東海王越の軍は敗れ、恵帝の身柄は皇太弟穎に渡るのであるが、その際に「六璽を失」ったとされる。残る伝国璽は続く永嘉の乱において漢（十六国の一）に奪われた。永嘉五年（三一一）、漢軍は西晉の首都である洛陽を陥落させるが、その際のこととして、『晉書』巻一〇二　劉聡載記に、

曜是に於いて諸王公及び百官已下三万余人を害し、洛水の北に於いて京観を為す。帝（懐帝）及び恵帝の羊后・伝国六璽を平陽に遷す。

とあるように、懐帝・羊太后（恵帝の皇后）の身柄とともに、「伝国六璽」を平陽（漢の首都）に持ち去ったとされる。この「伝国六璽」とは蕩陰の戦い以後、西晉において六璽が複製され、それと伝国玉璽をあわせ呼んだものである可能性もあるが、恐らくは伝国璽の誤りであろう。[10]この洛陽陥落は西晉の事実上の滅亡を意味する事件であり、このときに伝国璽が奪われたことはそれを象徴しているといえよう。

以後伝国璽は漢が保有することとなるが、もっともこれ以前には、漢に伝国璽を保有する意志がなかったとおぼしき事例もある。『魏書』巻九五　匈奴劉聡伝に、

晉永嘉二年、淵　帝を称し、年　永鳳と号す。後に汾水中より玉璽を得、文に「有新保之」と曰う。蓋し王莽の璽

なり。得る者因りて「淵海光」の三字を増して之を献じ、淵以て己が瑞と為し、年を号して河瑞と為す。

とあるように、伝国璽がえられる以前には汾水から「有新保之」との刻字のある、王莽のものと見られる璽が「発見」され、さらにそこに「淵海光」と彫られた上で劉淵に献上されたという。[11]これは皇帝を名乗るに際し、自らの地位を権威づけるための、劉淵らによる捏造・パフォーマンスであった可能性が高いが、永嘉五年の洛陽陥落・伝国璽入手以前のことであったためにこうしたことが必要であったのだろう。あるいはこの段階では劉淵らは自らが洛陽を陥落できるとは考えておらず、王莽の璽の「発見」は伝国璽の権威の否定という性格の行動であったかもしれない。[12]しかし永嘉五年には西晉の伝国璽を入手しているから、王莽の璽は漢にとって無用の長物となった。以後この璽に関する記述は史料にあらわれなくなる。

永嘉五年に伝国璽は漢の皇帝の手中に入ったのであるが、以後の情勢の混乱もあって、伝国璽は各地を転々とする。漢では東晉太興元年（三一八）に皇帝劉聡が死去すると、外戚の靳準が実権を掌握するが、『資治通鑑』巻九〇　太興元年七月条に、

準自ら大将軍・漢天王と号し、制を称し、百官を置く。安定の胡嵩に謂いて曰く、「古自り胡人の天子と為る者無く、今伝国璽を以て汝に付し、還りて晉家に如かしめん」と。嵩敢えて受けず、準怒り、之を殺す。

とあるように、靳準は胡人で古より天子となった者は皆無であることを根拠に、伝国璽を東晉に送り届けるよう胡嵩に命じたという[13]（胡嵩がこれを受けず靳準に殺害されたため、結局これは実施されていない）。この後に関しては『晉書』巻一〇三　劉曜載記に、

尋いで喬泰・王騰・靳康・馬忠等準を殺し、尚書令靳明を推して盟主と為し、卜泰を遣わして伝国六璽を奉ぜしめ、曜に降る。

とあるように、靳準が殺害され、「伝国六璽」が関中の劉曜のもとに送られたことがうかがえる。劉曜はその後、かつての漢の領域の西半分を支配する前趙を建国し、東半分を支配する後趙の石勒と対立するが、東晋咸和四年（三二九）九月に後趙に破られて前趙は滅亡する。それまで前趙にあった伝国璽は、『晋書』巻一〇五 石勒載記下に、

季龍（石虎）上邽に克ち、主簿趙封を遣わして伝国玉璽・金璽・太子玉璽各一を勒に送らしむ。

とあるように、金璽・太子玉璽とともに、後趙の石勒の手中に転がり込むこととなった。そして河西（前涼）・遼東（前燕）を除く華北を統一し、伝国璽をも入手した石勒としては、当然皇帝即位を考えるようになる。

勒の群臣議して以えらく、勒の功業既に隆く、祥符並びに萃《あつ》まり、宜しく時に徽号を革め以て乾坤の望に答うべしと。是に於いて石季龍（石虎）等皇帝の璽綬を奉じ、尊号を勒に上るも、勒許さず。群臣固く請い、勒乃ち咸和五年を以て趙天王を僭号し、皇帝の事を行う。……群臣固く勒の宜しく尊号に即くべきことを請い、勒乃ち僭して皇帝の位に即き、境内に大赦し、改元して建平と曰う。（『晋書』巻一〇五 石勒載記下）

後趙の群臣は石勒の皇帝即位を願い、石虎らは璽綬を奉じたという。このときの璽とは恐らく前趙から手に入れた伝国璽であろう。石勒はこのとき皇帝即位は辞退したもの、自ら趙天王・行皇帝事を号した。この五箇月後に石勒は皇帝に即位する。石勒は皇帝即位に至るまでに趙天王・行皇帝事というプロセスをわざわざたどっており、伝国璽の所有それ自体が即座に正統の皇帝を生み出すほどの力をここでは持たなかったことをこれは示していよう。それは後の石虎の皇帝即位についてもいえる。

> 武郷長城の徙人韓彊　玄玉璽を獲、方四寸七分、亀紐金文、鄴に詣りて之を献ず。彊を騎都尉に拝し、其の一門を復す。夔安等又勧進して曰く、「臣等謹みて案ずるに、大趙は水徳、玄亀なる者は、水の精なり。玉なる者は、石の宝なり。分の数以て七政を象り、寸の紀以て四極に準《なぞら》う。昊天の成命、久しく違うべからず。輒ち史官に下して吉日を択ばしめ、礼儀を具え、謹み昧死して皇帝の尊号を上らん」と。季龍　書を下して曰く、「過相の褒美、猥りに推逼せられ、増すます恧然たるを覧るは、望む所に非ざるなり。其れ亟《すみや》かに茲の議を止めよ。今東作　始を告げ、京城の内外に非ざる自りは、皆な慶を表するを得ず」と。中書令王波『玄璽頌』を上りて以て之を美す。季龍以《おも》うに石弘の時此の璽を造り、彊遇たま之を献ず。（『晉書』巻一〇六　石季龍載記上）

これは石虎が大趙天王であったときのエピソードである。これによれば、武郷（石氏一族の郷里）長城の韓彊と呼ばれる人物が、「方四寸七分、亀紐金文」の玄玉璽を献上し、これをうけて夔安らが、玄玉璽のあらわすところが後趙の水徳であることを理由に、石虎に勧進を行ったという[14]。一応石虎はこの勧進をしりぞけているが、一連の営為は石虎の意志によるものであったらしい。このときも伝国璽は後趙にあったが、石虎への勧進に際し、伝国璽を使用せず、捏造した玄玉璽を用い、さらに五徳転移まで持ち出していることは、次第に伝国璽が皇帝位の根拠として使用されなくなりつつあったことをあらわしている。石虎は最晩年の三四九年に皇帝に即位しているが、無論それと伝国璽や玄玉璽が積極的に関係していたわけではないであろう。

このように、西晉永嘉五年の洛陽陥落以降、五胡十六国の後趙に至るまで、伝国璽は持ち主を変えつつも、常に華北に存在していたのであるが、それを入手した、例えば後趙の石勒・石虎などが、自らの正統性をアピールするために、有効に利用していたとは必ずしもいえないように思われる。彼らが皇帝即位に先だって天王号を称さなければならなかったことについて、谷川道雄氏は、その権力が宗室の手に分与され、それによって君主権が支えられまた抑制されている当時の権力構造によるとしている[15]。漢の外戚靳準が東晉に伝国璽を送ろうとしたのも、裏面には外戚である自らが、漢の皇帝の権威を削ぐという狙いがあったかもしれない。結局のところ、伝国璽がそうした現実政治的制約を打破するほどの効力を持たなかったことを以上の経緯は示しており、また例えば自王朝の正統性の象徴や、皇帝位の根拠として伝国璽を利用することを、彼らの国制・政治体制が妨げていたことをも物語っている。本章の分析からは、伝国璽が正統性の象徴として扱われるには、それを所有する王朝に、その用途で伝国璽を利用するだけの（政治面での）準備がまず整っていなければならなかった可能性が想定されるのである。

第二節　東晉による玉璽の「回収」

伝国璽が西晋滅亡後もしばらく華北にあったとすれば、同時代の江南地域にて建国された東晋は伝国璽を有していなかったこととなるが、このことは当時どのように認識されていたのであろうか。五胡十六国・北朝時代において、華北の胡族君主に仕える漢人士大夫までもが東晋・南朝を正統視していたことに関しては多くの指摘がある。[16]例えば『晋書』巻一一四　苻堅載記下附王猛伝に、苻堅の謀臣王猛の臨終のときのこととして、

疾篤きに及び、堅親ら臨みて病を省、問うに後事を以てす。猛曰く、「晋　呉越に僻陋たりと雖も、乃ち正朔相承く。仁に親しみ隣に善くするは、国の宝なり。臣没するの後、願わくは晋を以て図と為さざらんことを。鮮卑・羌虜、我の仇なり、終に人患と為らん。宜しく漸く之を除き、以て社稷に便とすべし」と。

とあり、東晋が「正朔相承」けていると王猛が認識していたことがうかがえる。もっともこのときには東晋に伝国璽があったから（後述）、こうした正統観と伝国璽に密接な関係があったという見立てが可能であろうが、果たして実際はどうであったか。前節で述べたように西晋滅亡直後には伝国璽は華北に存在しており、したがって東晋には伝国璽はなかったことになるのであるが、例えば斬準が漢の外戚でありながら伝国璽を東晋に届けようとしていたというケースがある。しかし東晋の、特に初期においては、伝国璽の欠如という事態は重くみられていたようである。程大昌『演繁露』巻一〇に、

『国璽伝』注に蕭子顕『南斉書』を引きて云う、「晋乱れ、国璽没し、胡人　晋の諸帝を号して『白板天子』と為す」と。

とあるように、初期の東晋皇帝が伝国璽を有していなかったことから、「胡人」から「白板天子」と呼ばれていたという。[17] この「白板」について、越智重明氏は「正式任命」ではなく、「準任命」を指すとしており、「白板天子」とは、璽（伝国璽）を欠いた、正式の資格をもたない天子であったとする。[18] ここではあくまで「胡人」から「白板天子」と呼ばれたのであって、華北の漢人士大夫からも「白板天子」と見なされていたわけではなさそうであるが（胡人の中にもさきの靳準のように東晋を正統視する者はいた）、伝国璽が五胡君主の手中に握られていたことは、西晋と同じく「晋」を国号とし、その後継者たらんとする東晋皇帝にとって、屈辱的ともいえる事態であったろう。[19] これと関係するか定かではないが、『宋書』巻二七 符瑞志上に次のような記述がある。

> 是れより先、宣帝（司馬懿）に寵将牛金有り、屡しば功有り、宣帝 両口榼を造り、一口に毒酒を盛り、一口に善酒を盛り、自ら善酒を飲み、毒酒もて金に与え、金之を飲みて即ち斃る。景帝（司馬師）曰く、「金は名将にして、大いに用うべし。云何《いかん》ぞ之を害す」と。宣帝曰く、「汝 石瑞を忘れ、馬の後に牛有るか」と。元帝の母夏侯妃 琅邪国の小史 姓は牛と私通し、而して元帝を生む。

傍点部にある通り、元帝は実は母である夏侯妃が琅邪国の小史である牛某[20]と私通した結果生まれた子であったという。このエピソードは、牛金が自らに取って代わることを恐れた司馬懿によって殺され、また司馬懿の子孫であるはずの元帝司馬睿が、実は牛氏の子であったというように、一応元帝が皇帝に即位する因果や必然性を説明するという趣旨ではあるのだが、一方でこれが事実であれば元帝は宗室司馬氏の出身ではなく、少なくとも血統の上では晉の皇帝たりえないことになる。[21] 無論これは『宋書』の記述であるため、直接的にはその著者沈約の意図により紹介されたと考えるべきであるのだが、こうした伝承は東晉建国前後に発生したと思われる。それは元帝や東晉王朝の正統性への疑念に他ならず、その発生には伝国璽の欠如も作用していたのではなかろうか。

しかし建国の直後から、伝国璽ではないものの、皇帝六璽が東晉に届けられるようになる。『晉書』巻六　元帝紀　太興三年三月条に、

三月、慕容廆　玉璽三紐を奉送す。

とあるように、前燕の君主である慕容廆から、（恐らくは海を通って）建康の元帝のもとに「玉璽三紐」が届けられたという。[22] この玉璽が「発見」・移送された経緯に関しては『晉書』巻一〇八　慕容廆載記に詳しい。

時に平州刺史・東夷校尉崔毖自ら以て南州の士望と為し、意　懐集に存し、而れども流亡する者に之に赴く有る莫し。毖　廆の拘留するを意《おも》い、乃ち陰かに高句麗及び宇文・段国（鮮卑段部）等に結し、廆を滅ぼして以て其の地を分かたんことを謀る。太興の初、三国　廆を伐ち、廆曰く、「彼　崔毖の虚説を信じ、一時の利を邀め、烏合して来るのみ。既に統一する無く、相帰伏するは莫く、吾今之を破ること必せり。しかれども彼の軍初めて合し、其の鋒甚だ鋭く、我の速やかに戦うを幸いとす。もし逆えて之を撃たば、其の計に落ちん。靖んじて以て之を待たば、必ずや疑貳を懐《いだ》き、迭ごも相猜防せん。一は則ち吾の毖と譎《いつわ》り之を覆すを疑い、二は則ち自ら三国

の中に吾と韓・魏の謀有る者を疑い、其の人情の沮惑するを待ち、然る後に之を取ること必せり」と。是に於いて三国 棘城を攻め、廆 門を閉ざして戦わず、使を遣わして牛酒を送り以て宇文を犒い、大いに衆に言いて曰く、「崔毖昨に使の至る有り」と。是に於いて二国果たして宇文の廆に同じなるを疑い、兵を引きて帰る。宇文悉独官曰く、「二国帰ると雖も、吾当に独り其の国を兼ぬべし。何ぞ人を用うるを為す」と。衆を尽くして城に逼り、営を連ぬること三十里。廆 鋭士を簡びて皝に配し、鋒を前に推し、翰 精騎を領して奇兵と為し、旁らより出で、直に其の営を衝《つ》き、廆方陣もて進む。悉独官自ら其の衆を恃み、備えを設けず、廆軍の至るを見、方に兵を率いて之を距む。前鋒始めて交わり、翰已に其の営に入り、火を縦ちて之を焚き、其の衆皆な震擾し、為す所を知らず、遂に大敗し、悉独官僅かに身を以て免れ、尽く其の衆を俘う。其の営候に於いて皇帝玉璽三紐を獲、長史裴嶷を遣わして建鄴に送らしむ。

これによれば、高句麗・鮮卑段部と同盟した宇文部を、慕容廆が撃破した際に「皇帝玉璽三紐」を手に入れ、そのまま長史裴嶷を派遣して建康（建鄴）に送らせたという。宇文部が玉璽を有していたことは、『魏書』・『周書』などの史料からも確認できるが、[23] この「皇帝玉璽三紐」は皇帝六璽のうちの三璽という意味であろうか。この他、『晉書』巻六 元帝紀 太興四年正月条に、

四年春二月、徐龕又衆を帥いて来降す。鮮卑末波等 皇帝信璽を奉送す。

とあるように、当時華北にて後趙と戦っていた鮮卑段部の末波らが、六璽の一つである皇帝信璽を元帝に送ったとされる。[24] 当時末波は遼西にいたため、[25] 慕容廆と同様に海を利用して璽を届けたのであろう。以上

の諸史料によれば蕩陰の戦いにおいて紛失した六璽のうち四璽が、元帝のもとに「回収」されたこととなる。このように、東晋は鮮卑から「回収」した六璽によって西晋からの連続性を表象し、その正統性を強調しようとしたのである。

しかしこのとき「発見」されたのは宇文部の三璽や末波の皇帝信璽だけではない。『晋書』巻五　孝愍帝紀建興三年一二月条に、

十二月、涼州刺史張寔　皇帝行璽一紐を送る。

とあり、涼州刺史張寔が皇帝行璽を送ったことが確認され、その詳細を伝える『晋書』巻八六　張軌伝には次のようにある。

蘭池長趙奭　軍士張冰の得し璽を上り、文に曰く「皇帝璽」と。群僚上慶して徳を称するも、寔曰く、「孤常に袁本初の擬肘（袁術の皇帝即位を指す）を忿《いか》るに、諸君何ぞ忽せに此の言有る」と。因りて京師に送る。

文中の寔とは張寔のことであり、周知の通り、彼は十六国の一つである前涼の君主である。前涼の領域内で「皇帝璽」が見つかり、これを張寔は「京師」に送付したと『晋書』張軌伝はいう。『晋書』の孝愍帝紀と張軌伝とで、この璽についてそれぞれ「皇帝行璽」・「皇帝璽」と、表現を異にしているが[26]、それはともかくとして、注目すべきはその送付先である。『晋書』本紀はこれを建興三年一二月のこととするが、この時期はまだ長安の愍帝政権が存続しているときであり、したがって『晋書』張軌伝の「京師」は、愍

帝の長安を指す。すなわち張寔は発見された玉璽を、元帝（当時は西晉の琅邪王）ではなく、愍帝に送ったことになる。[27]

愍帝建興年間（三一三〜三一七）の情勢は、愍帝・琅邪王睿・張寔らの晉朝系勢力にとっては複雑であったらしい。これに関しては権家玉・董慧秀の諸氏の研究に詳しいが、[28]それによると、永嘉五年（三一一）の洛陽陥落と懐帝拉致の直後、華北の各地で行台・皇太子が立てられ、晉朝系勢力の間で次代皇帝の地位をめぐる暗黙の後継者争いが発生し、長安の皇太子鄴（愍帝）が即位することで一応の決着をみたという。琅邪王睿は傍系の宗室であったから懐帝の皇太子を名乗ることはできず、[29]行台の一つである荀藩から盟主に推戴されながらも、[30]懐帝の死の直後に皇帝に即位できなかったのにはこうした事情もあった。つまり愍帝期の晉朝系勢力は、愍帝政権自体が弱小であったこともあって、必ずしもその全てが愍帝に協力的ではなかったのである。しかし前涼は愍帝の即位前後より、積極的にこれへの支援を行っており、玉璽を愍帝に送ったのも、そうした協力関係の一環であり、弱い愍帝の権威や正統性を補強するための彼らの試みであったとも考えられる。また当時并州にて漢と戦っていた劉琨も、『宋書』巻二九 符瑞志下に、

晉愍帝建興二年十月、大将軍劉琨 地を掘りて玉璽を得、参軍郎碩をして之を奉りて京師に帰《おく》らしむ。

とあるように、地面から玉璽を掘り出して、これを建興二年（三一四）当時の「京師」、すなわち長安の愍帝に届けている。[31]しかし建興四年（三一六）に愍帝政権は漢によって滅ぼされており、張寔・劉琨のそれぞれから送られた玉璽がこの後どうなったかに関しては、全く分からなくなっている。

愍帝政権の消滅（西晉の滅亡）は、中国各地の晉朝系勢力が琅邪王睿の皇帝推戴に向かう事件であり、

愍帝に玉璽を送った張寔・劉琨もこのときは琅邪王睿に勧進を行っている。[32] もっともこのうちの張寔（前涼）は、その後も愍帝の建興の元号を使用し続けるなど、[33] 東晋やその他の晋朝系勢力とは一線を画する態度をとり続けるのではあるが。

彼らは華北（中原）を占拠していた漢・前趙・後趙などと戦闘していたため、「敵の敵は味方」という論理で琅邪王睿と相互に結びつき、そうした同盟の一環として琅邪王睿に勧進を行い、また玉璽を届けたのであろう。[34] そして即位当初の東晋元帝は、伝国璽こそ持たなかったものの、彼らからの勧進を受け、また彼らから届けられた（皇帝六璽のうちの）四璽を「回収」することで、自らの正統性をかろうじてアピールすることができたのであるが、特に玉璽に関しては、これらが全て蕩陰の戦いで紛失された六璽のそれぞれと同一であった可能性はゼロに等しく、逆に全てが偽造されたものであった可能性は非常に高い。こうした、いわば強引な東晋皇帝の権威付けには、ときに東晋内部からも批判・否定の動きがあったようである。『晋書』巻六　明帝紀　太寧元年三月条には、

王敦　皇帝信璽一紐を献ず。敦将に簒逆を謀らんとし、朝廷に諷して己を徴せしめ、帝乃ち手詔もて之を徴す。

と、王敦が皇帝信璽を明帝（東晋第二代皇帝）に献上したとする記述が見られるが、これには二点の問題がある。第一に、この献上が行われた太寧元年（三二三）は、所謂王敦の乱の最中であり、明帝をはじめとする建康政府と王敦とは、暗黙の対立を続けているという状況にあって、この皇帝信璽の「発見」と献上とが、明帝の権威付けの意味を持っていたとは考えにくいことである（現に引用した『晋書』明帝紀に「敦将に簒逆を謀らんとし」たとある）。[35] 第二に、皇帝信璽はこれ以前、既に段部の末波から建康にもたらされて

おり、王敦の献上によって皇帝信璽が二紐存在するようになったことである。以上二点の問題をあわせると、王敦による皇帝信璽の献上は、当時明帝が有していた皇帝信璽の否定という趣旨の行動であったと推察される。そもそも王敦は明帝の皇帝としての地位を認めてはいなかったらしく、乱に際しては明帝を廃して東海王沖を擁立することを企図していたという[36]。また『晉書』巻六 明帝紀 太寧二年六月条には、

六月、敦将に挙兵し内向せんとし、帝密かに之を知り、乃ち巴滇の駿馬に乗りて微行し、于湖に至り、陰かに敦の営塁を察して出づ。軍士の帝の常人に非ざるを疑う有り。又敦正に昼に寝ね、日の其の城を環るを夢み、驚き起ちて曰く、「此れ必ず黄鬚の鮮卑奴来るなり」と。帝の母荀氏、燕代の人にして、帝の状 外氏に類し、鬚黄にして、敦故に帝を謂うと云う。

とあり、明帝が自ら王敦軍の偵察に赴き、夢を見て驚き起きた王敦が「此れ必ず黄鬚の鮮卑奴（明帝を指す）来るなり」といい、明帝が近辺に来たことを察知したというエピソードが書かれている。『晉書』明帝紀にはこれに続いて、明帝の母である荀氏が「燕代」の出身であり、帝の容貌が荀氏の一族に似て、ひげが黄色かったことから王敦はこういったのである、という説明がされているが、この記述は必ずしも明帝が鮮卑の血を引くことを指すわけではなく、あくまで母親の出身地が「燕代」であったことから、鮮卑と繋げて明帝のことを「鮮卑奴」と王敦が呼んだとまずは解釈すべきであろう。しかし明帝と鮮卑の関係を連想させるのは母親の荀氏だけに限るものではなく、前述の東晉に届けられた玉璽もそれに相当する。王敦の明帝に元帝期に東晉に届けられた玉璽は、慕容部や段部の末波など、全て鮮卑からのものである。王敦の明帝に対するこうした認識には、鮮卑から送られた玉璽で自らの正統性をアピールしようとする明帝に対する不

満・反発も含まれていたのではないだろうか。ゆえに王敦は明帝を「鮮卑奴」と呼んだのであり、また鮮卑から送られた玉璽の権威を否定するため、自ら玉璽（皇帝信璽）を偽造し、明帝にあてつけるかのように建康に献上したのかもしれない。

初期の東晋皇帝の正統性を裏付けるはずの玉璽が、慕容部や段部などの鮮卑諸部から送られた皇帝六璽（実際は合計四璽）のみであり、しかもその真偽に対して内部からも不信の目で見られるという状況は、しばらく続いたと思われる。もとより皇帝六璽は皇帝（天子）の権限・機能をあらわす璽印であって、その継承という点が重要視されるツールでは恐らくはなかった。肝心の伝国璽を欠き、「胡人」から「白板天子」と見られているこの当時においては、どのような営為も問題の根本的な解決につながるものにはならなかったのである。

ところが東晋穆帝の時代に、伝国璽が華北から東晋にもたらされるという事件が発生する。『晋書』巻八　穆帝紀　永和八年八月条に、

> 冉閔の子智　鄴を以て降り、督護戴施其の伝国璽を獲、之を送り、文に曰く「受天之命、皇帝寿昌」と。百僚　畢《ことごと》く賀す。

とあって、冉魏の冉閔の子冉智が鄴ごと東晋の北伐軍に降伏し、その際に督護の戴施が冉智の持っていた伝国璽を入手し、それを建康に送ったという。ときに中原では石虎の死に伴う後趙の混乱・分裂という事態に見舞われており、伝国璽の南渡はそうした情勢の副産物であった。その具体的な経緯に関しては、『晋書』巻七九　謝尚伝に詳しい。

初め尚の行くや、建武将軍・濮陽太守戴施 枋頭に拠る。会たま冉閔の子智 其の大将蔣幹と来附し、復た行人劉猗を遣わして尚に詣り救を請わしむ。施 猗を止め、伝国の璽を求む。猗帰り、以て幹に告ぐ。幹 尚に已の敗るを謂い、己を救う能わざらんことを慮り、猶予し許さず。施 参軍何融を遣わして壮士百人を率いて鄴に入らしめ、三台に登りて戍を助け、之を譎りて曰く、「今且く璽を出して我に付すべし。凶寇外に在り、道路梗澀し、亦た未だ敢えて璽を送らざるも、当に単使を遣わして馳せて白すべし。天子 璽已に吾が許に在るを聞き、卿等の至誠を知らば、必ずや重軍を遣わして相救い、并せて厚く相餉せん」と。幹乃ち璽を出して融に付し、融 璽を齎し馳せて枋頭に還る。尚 振武将軍胡彬を遣わして騎三百を率いて璽を迎え、諸《これ》を京師に致さしむ。

これは無論東晉朝廷においても話題となったが、特に『北堂書鈔』巻一三一注所引『晉中興書』には、

戴施 璽を得、陰かに懐きて南に還る。王彪之主議すらく、「未だ伝国璽造創の始めを詳らかにせず、然れども歴代以来、太（泰）始の初に及ぶまで、揖遜禅位は、茲を以て相授く。故に是れ伝国璽の守器たるなり。今論ずるは始めて之を得るも宜しく慶賀すべき所以に非ざるなり」と。

とあり、伝国璽についての王彪之の見解が述べられている（一部難読箇所があるが、右のように書き下しておく）。当時は桓温が台頭しつつあった時期であり、桓温が伝国璽の到来を、彼自身の皇帝即位に使用するのを恐れてか、むしろ王彪之は懸念めいた文言を残しているが、一応、伝国璽の到来は、東晉の正統性を裏付けるものとして歓迎されたらしい。そのように伝国璽が扱われるには、東晉の外交関係が基礎にあっ

たであろうことは想像に難くない。つまり東晉は、伝国璽を入手する以前に、それを正統性の象徴として受け入れる準備を済ませていたのである。

ともかくも伝国璽は東晉に送られたのであるが、もっともこの件は別の勢力が伝国璽を偽造する契機にもなったらしく、『晉書』巻一一〇 慕容儁載記に、

是れより先、蔣幹 伝国璽を以て建鄴に送る。儁 其の事業を神せんと欲し、暦運 己に在りと言い、乃ち詐りて閔の妻之を得て以て献ずと云い、号を賜いて「奉璽君」と曰う。因りて永和八年を以て皇帝位に僭即し、境内に大赦し、元を建てて元璽と曰い、百官を署置す。

とあり、蔣幹らが東晉に伝国璽を届けた際に、前燕慕容儁が冉閔の妻によって伝国璽が自らに献上されたと偽り、妻に奉璽君の称号を与えた上で、皇帝に即位したという。前燕は初代慕容廆の時代にはさきに述べたような玉璽三紐の東晉への送付からも確認されるように、もともと親東晉の方針であったが、次の慕容皝の時代には東晉に強要して燕王の位をえており、東晉からの自立的傾向を強めつつあった。[37] 東晉と前燕の同盟関係は、共通の敵である後趙への対抗という要素も基礎にあったから、後趙の消滅は、両国同盟の根本理由の消失を意味した。この時点で既に慕容儁に同盟解消と皇帝自称の意志があったことになるが、冉閔の妻の身柄確保はその直接の契機となる。伝国璽の偽造はその結果として位置づけられるのであるが、もとより慕容儁は伝国璽に特別な関心を抱いていたらしい。これより前、冉閔即位の直後に、冉魏より使者常煒が派遣され、慕容儁は記室の封裕に応対させた。このときの常煒と封裕の会話に、次のようにある。

裕曰く、「石祗去歳張挙をして救いを請わしめ、『璽 襄国に在り』と云うも、其の言信なるや不や。又閔 金を鋳て己が象を為らんとし、壊れて成らずと聞く。奈何ぞ天命有りと言う」。熗曰く、「胡を誅するの日、鄴に在る者略し遺す所無く、璽 何に従りてか襄国に向かう。此れ救いを求むるの辞なるのみ。天の神璽、実に寡君に在り……」と。(『晉書』巻一一〇 慕容儁載記)

封裕が前年に後趙石祗から派遣された使者張挙の、「璽 襄国に在り」という発言の真偽を常熗に問いただしたところ、常熗は伝国璽を「天の神璽」と表現し、冉閔が所有していることをうったえている。封裕は冉魏から伝国璽の在処を聞いているのであり、慕容儁には華北に攻め入ってこれを強奪する腹づもりがこのとき既にあったかもしれない。結果として伝国璽は東晉に渡ってしまうのであるが、伝国璽と皇帝位をあきらめられなかった慕容儁は、伝国璽を偽造し、皇帝即位を自称したのであろう。[38] ただし、『北堂書鈔』巻一三一注所引『燕書』には、

元璽六(元?)年、蒋幹 劉猗を遣わして伝国璽を齎し晉に詣り救いを求めしめ、猗璽を負いて私かに数里を行き、天に黄霧ありて四塞し、迷荒して進むを得ず、乃ち還りて行璽を易取し、始めて去るを得。

とあり、蒋幹の命を受けて東晉に伝国璽を届けに行った劉猗が、途上で霧に遭って進めず、帰還して「行璽」を携えていったところ、そのまま進むことができたという。これに基づくならば、蒋幹・劉猗は東晉に伝国璽ではなく、皇帝行璽を届けたことになるのであるが、『燕書』は燕(北燕?)の尚書范亭の著作であり、前燕慕容儁と慕容暐の事跡を記したものであったため、[39] その内容は前燕側の史料に基づいたもので

あったと思われる。慕容儁は公式には東晋の伝国璽は偽物であり、自身が有する伝国璽こそが本物であると内外にうったえていたのであろう。[40]

　このように、冉閔政権の崩壊は周辺勢力に様々な影響を与えたのであるが、東晋にとっては、華北から西晋以来の伝国璽がようやく到来したのであり、これにて建国以来の懸案は一応解決されるはずであった。しかしながら東晋末期に別の玉璽が到来する。以下にその顛末を伝える史料二点を挙げておこう。

　晋孝武十九年、雍州刺史郗恢　慕容永の処に於いて璽を得、乃ち建業に送る。其の璽方六寸、厚さ一寸七分、高さ四寸六分、蟠龍隠起し、文字巧妙にして、一に伝国璽と同じきも、但だ形制高大にして、玉色逮ばざるのみ。

（『唐六典』巻八符宝郎条原注所引『晋陽秋』）

　雍州璽なる者は、晋泰光（太元？）十九年、雍州刺史郗恢　慕容永の藩を称し璽を奉ずと表す。方六寸、厚さ七分、上は蟠螭もて鼻と為し、合高四寸六分、四辺亀文、下に八字有り、其の文に曰く「受天之命、皇帝寿昌」と。鳥篆隠起し、巧麗驚絶し、是れ慕容の制する所、其の由る所を源《たづ》ぬるも、未だ厥の始まりを詳らかにせざるなり。（『太平御覧』巻六八二所引『玉璽譜』[41]）

　東晋孝武帝太元八年（三八三）の淝水の戦いにおける東晋軍の勝利は、諸部族の寄せ集めに過ぎなかった前秦の体制にとって致命傷となった。前秦苻堅によって果たされた華北の統一は、瞬時にして崩壊し、統一以前の割拠状態が再び現出することとなる。引用した『晋陽秋』・『玉璽譜』に登場する慕容永は、この混乱の中で建国された西燕の君主である。西燕は短命であったためか、所謂「十六国」には含まれない王朝であるが、その脆弱さは一つには地理的要因に由来する。慕容永は并州の聞喜・長子一帯を領土としていたが、周辺には後秦・前燕・東晉などの強国が存在しており、また安定した後方がなく、対外的な発展や防衛には不利な環境にあった。ただし西燕の存在が周辺諸勢力に全く影響を与えなかったかといえばそうではなく、北方に向けては拓跋窟咄を支援して拓跋珪と争わせるなど、拓跋部の君位継承紛争に間接的に介入している。[42]とはいえ西燕慕容永の抱えていた地理的不利という点は結局解決されず、当時の流動的な情勢にあっては致命的な問題となり、東の後燕に攻められるという状況に一貫して苦しめられ、あげくに短命のうちに滅亡することとなる。

こうした中で前掲の『晉陽秋』・『玉璽譜』にあるように、東晉孝武帝太元一九年（三九四）において慕容永から玉璽が東晉に届けられたのである。奇しくもこの年は、後燕に攻められて慕容永が殺害され、西燕が滅亡した年でもある。恐らく玉璽の送付は、慕容永による東晉への救援要請の一環であったのだろうが、[43]ともかくも慕容永から東晉に新たな玉璽がもたらされたのである。『晉陽秋』・『玉璽譜』の内容には、このとき送られた璽の厚さなどに若干の異同はあるが、「受天之命、皇帝寿昌」との刻字があるなど、多分に伝国璽に類似した璽であったようである。もっとも『晉陽秋』・『玉璽譜』ともに、これを伝国璽とは別物と解釈しているらしいが、これに先だって既に後趙の伝国璽が到来していたから、両書の理解は当然といえば当然であろう。特に『玉璽譜』は、これを厳密に伝国璽と区別しており、受け渡しを仲介した郗恢（当時は襄陽を任地としていた）[44]の官名にちなんで雍州璽と呼んでいる。

この雍州璽の由来について『玉璽譜』は不明とするが、何徳章氏は慕容儁によって偽造された伝国璽が前燕滅亡時に苻堅の手に渡り、前秦滅亡の際に、後に西燕を建国することになる慕容泓がこれを入手し、慕容永が東晉に渡したと解釈する。[45]ともかくも同年に慕容永と西燕は後燕により滅ぼされてしまうのであり、結果として東晉には、後趙の伝国璽と、それと似て非なる雍州璽とが残されるという、いささか奇妙で、またある意味では滑稽ともいえる事態が生じたのである。

おわりに

ここまで、西晉以後、東晉・五胡十六国時代に至るまでの璽印の継承過程について論じてきた。西晉の八王の乱・永嘉の乱において失われた皇帝六璽・伝国璽のそれぞれが、その後どのような経緯から各王朝に伝えられ、また東晉・五胡十六国時代において、それらが各王朝の正統観とどのように関係していたか、本章の分析で理解されたものと思う。

まず指摘しておかなければならないことは、伝国璽を保有することが、保有する者の正統性を客観的に証明するわけではないということである。西晉の滅亡後、しばらくは漢→前趙→後趙というように、伝国璽は華北に存在しており、ゆえに東晉の皇帝は、華北の胡人より「白板天子」と呼ばれていたのであるが、伝国璽の欠如は、東晉の正統性に対し、致命的なダメージをもたらすものではなく、逆に正統性の本質や根源は伝国璽の有無とは無関係なところに存在していた。伝国璽を有していた後趙にしても、それを入手したと同時に皇帝に即位したわけでなく、石勒・石虎などは、最初天王に即位しており、この天王号と伝国璽の関係性も、本章における考察の限りでは希薄であったと判断せねばならない。伝国璽の有無以外の要素を根拠として、客観的に正統と認められた皇帝により保持されることが伝国璽を正統性の象徴たらしめるのであって、その逆は成立しないのである。

それでも初期の東晉は伝国璽の欠如にコンプレックスを抱いており、その正統性を補強するための策を模索する。その一環が、華北（中原）の胡族国家（漢・前趙・後趙）を共通の敵として同盟関係にあった慕容部・段部によって送られた玉璽の受け入れである。初期の東晋は、伝国璽がなかったからといって、安易にそれを偽造することはしなかったが、しかし次善の策として、慕容部や段部といった鮮卑諸部から届けられた皇帝六璽（八王の乱において失われた）の受け入れという形で権威の強化や正統性の裏付けをはかった（ただしこの皇帝六璽は鮮卑諸部によって偽造されたものであった可能性が高い）。とはいえ、伝国璽の欠如をカバーするには不足があり、届けられた玉璽の由来の不確かさもあって、長らくその試みの妥当性は不信の目で見られていたと思われる。後には西燕慕容永から伝国璽に類する雍州璽が到来しており、またこの雍州璽も偽造された可能性の高いものではある。その送付の理由に関しても、西燕を取り巻く政治・軍事的情勢が深く関係していよう。すなわち、これを届け、東晋の正統性の根拠とすることで慕容永は東晋からの支援を引き出そうとしたのであろうが、さきの鮮卑諸部から届けられた皇帝六璽と同様に、偽造された玉璽が東晋に集まるという現象自体が、東晋の正統性が承認され、高まる要因となったともいえよう。その基礎には、西晋滅亡後において中原の胡族国家と対立するその周辺諸国が琅邪王睿に対する勧進を行ったという外交関係が一因としてあったのは間違いなかろう。

しかしながら伝国璽の有無という問題は後趙滅亡後に伝国璽が東晋に届けられることで一応の解決をみた（これに対抗した前燕の伝国璽偽造という事件もあったが）。これによって伝国璽は東晋皇帝の正統性の象徴として一応扱われることとなり、そして続く南朝皇帝にとってもそれは同様であった。一方、北朝の北魏においては、『魏書』巻四下 太武帝太平真君七年四月条に、

戊子、鄴城に五層の仏図を毀ち、泥像中に於いて玉璽二を得、其の文皆な「受命於天、既寿永昌」と曰い、其の

　一　其の旁らに刻して「魏所受漢伝国璽」と曰う。

とあり、鄴の仏像の中から「受命於天、既寿永昌」と彫られた玉璽が二紐見つかり、うち一つには「魏所受漢伝国璽」とあったという。北魏はこうすることで、自らの正統性を「発見」された玉璽によって強化することを目論んでいたのであるが、果たして南北両朝の正統性はどのように見られていたであろうか。
　梁に亡命していた北魏の宗室元顥は、梁将陳慶之とともに北魏に侵攻し、洛陽城を占領したが、その後の陳慶之と北魏中大夫楊元慎らとの会話として、『洛陽伽藍記』巻二 景寧寺に次のようにある。

　……慶之因りて酔いて蕭（彪）・張（景仁）等に謂いて曰く、「魏朝甚だ盛んなるも、猶お五胡と曰い、正朔相承くるは、当に江左に在るべし。秦朝の玉璽、今梁朝に在り」と。元慎 色を正して曰く、「江左仮息し、一隅に僻居す。地 湿墊多く、虫蟻を攢育し、壃土瘴癘し、蛙黽 穴を共にし、人鳥 群を同じくす。短髪の君、杼首の貌無く、文身の民、蕞陋の質を稟く。三江に浮かび、五湖に棹さし、礼楽の沾《うるお》さざる所にして、憲章革むる能わず。復た秦余漢罪を復し、雑うるに華音を以てすと雖も、復た閩楚の難言、改変すべからず。君臣を立つと雖も、上慢にして下暴なり。是を以て劉劭 父を前に殺し、休龍 母を後に淫し、見に人倫に逆らい、禽獣に異ならず。加うるに山陰の壻に夫を請い売るを以て、朋に家に淫し、譏笑を顧みず。卿 其の遺風に沐し、未だ礼化に沾わず、所謂陽翟の民、瘿の醜為るを知らざるなり。我が魏 籙を膺け図を受け、鼎を嵩洛に定め、五山をば鎮と為し、四海をば家と為す。移風易俗の典、五帝と跡を並べ、礼楽憲章の盛んなるや、百王を淩ぎて独り高し。豈に卿の魚鱉の徒、義を慕いて来朝し、我が池水を飲み、我が稲粱を啄らうに、何ぞ不遜を為し、以て此に至る」と。慶之等元慎の清詞雅句の縦横奔発するを見、口を杜ざし汗を流し、声を含みて言わず。

陳慶之は梁が「正朔相承くる」根拠として、「秦朝の玉璽」、すなわち伝国璽が梁にあることを述べている[46]。これに対して楊元慎は反論し、梁を貶め、北魏の正統性を強調するのであるが、伝国璽に関しては一切触れていない。陳慶之が梁の正統性の根拠として伝国璽を持ち出したことは、恐らく楊元慎ら北魏人にとっては急所ともいうべき要素であって、楊元慎はその存在について全く無視することでそれを回避し、北魏にも伝国璽が存在していたことに言及してはおらず、また梁の伝国璽の真偽を議論したわけでもない。さらに楊元慎の発言内容や口調、また「色を正して」とあることからは、彼の感情的な反発も感ぜられる。ということは、北魏の有していた「伝国璽」は、北魏人にとってもその正統性の根拠としては見られていなかったことになり、太武帝時代に発掘された伝国璽は梁のそれに対抗しえないと北魏人も見ていた、という解釈もできよう。

しかし、各玉璽の継承はそのほとんど全てが戦乱の際に行われているため、東晋に渡った伝国璽も、「モノ」自体が残っていないこともあり、結局のところ西晋末に失われたものと同一であったかに関しては、不明とせざるをえない[47]。であれば本来検討すべき問題は、各王朝が保有した玉璽の継承や信憑性について、人々がいかに認識し、そしていかに宣伝してきたかという点にこそあろう。西晋滅亡後、東晋に玉璽が渡るプロセスを論じてきた本章が真に解明したのは、西晋滅亡以来、「モノ」としての伝国璽や皇帝六璽の流転のプロセスではなく、それに対する同時代人の認識やイメージであったかもしれない。

本章は「はじめに」で述べたように、時間的範囲を主として西晋～東晋・五胡十六国時代に限定しているため、その後の時代における璽印継承の詳細解明が、今後の課題として必然的に生じるであろう。特にこれ以後の時代の璽印に関しては、例えば伝国璽・雍州璽がどのように扱われていったかなど、新たな問題を生み出すことにもつながる。無論今後の筆者の研究も、この後の時代に対象範囲を拡大させていく予定である。

1栗原朋信「文献にあらわれたる秦漢璽印の研究」（同氏著『漢代史の研究』、吉川弘文館、一九六〇年、一二三～二八六頁）、西嶋定生「皇帝支配の成立」（同氏著『中国古代国家と東アジア世界』、東京大学出版会、一九八三年、五一～九二頁）、齋藤實郎「秦漢における皇帝六璽――天子璽と皇帝璽を中心として――」（『史叢』五一、一九九三年）、齋藤實（齋藤實郎）「秦漢魏における伝国璽」（『日本大学芸術学部紀要』二三、一九九三年、阿部幸信「漢代における印綬賜与に関する一考察」（『史学雑誌』一〇七―一〇、一九九八年）、「皇帝六璽の成立」（『中国出土資料研究』八、二〇〇四年）、吉開将人「印からみた南越世界（前篇）――嶺南古璽印考――」（『東洋文化研究所紀要』一三六、一九九八年）、「印からみた南越世界（中篇）――嶺南古璽印考――」（『東洋文化研究所紀要』一三七、一九九九年）、「印からみた南越世界（後篇）――嶺南古璽印考――」（『東洋文化研究所紀要』一三九、二〇〇〇年）等を参照。

2大庭脩『親魏倭王』（学生社、一九七一年）九九～一一四頁、秋山進午「魏晋周辺民族官印制度の復元と『魏志倭人伝』印」（『史林』九三―四、二〇一〇年）参照。また片岡一忠『中国官印制度研究』（東方書店、二〇〇八年）は中国璽印制度の通史であり、「史料・研究論著及び官印収録文献一覧」（四一一～四二四頁）は有用である。筆者もこれを活用した。

3駒井善明「伝国璽に就いて」（『芸林』一四―二、一九六三年）、好並隆司「伝国璽再考」（『史学研究』二四九、二〇〇五年、同氏著・好並晶輯『後漢魏晉史論攷――好並隆司遺稿集』、溪水社、二〇一四年、三～二三頁）参照。この他松浦千春「漢伝国璽小考」（『一関高等専門学校研究紀要』四四、二〇〇九年）が近年発表されたが、これは栗原朋信「文献にあらわれたる秦漢璽印の研究」（前掲）と同じく、漢代における伝国璽の真偽について論じたものである。

4中村裕一『唐代制勅研究』（汲古書院、一九九一年）七九五～八二〇頁参照。

5佐藤賢「もうひとつの漢魏交替――北魏道武帝期における『魏』号制定問題をめぐって――」（『東方学』一一三、二〇〇七年）は、北魏太武帝期に鄴にて「漢魏伝国の璽」が見つかったことを北魏の正統性と結びつけているが、序論でこの件に触れただけで、本格的な分析は行っていない。

6曹樹銘『秦璽考』（香港万有図書公司、一九六六年）二六～三二頁、那志良『皇帝的印璽』（広文書局、一九七〇年）、何徳章「北魏国号与正統問題」（『歴史研究』一九九二―三）、秦永洲「東晉南北朝時期中華正統之争与正統再造」（『文史哲』一九九八―一）、汪文学「再論中国古代政治正統論」（『貴州文史叢刊』一九九八―六）、王紹璽『伝国玉璽』（上海書店出版社、二〇〇〇年）、王朝海「北魏政権正統之争研究」（『北方民族大学学報（哲学社会科学版）』二〇一二―二）、蔡名哲「伝国玉璽伝説的形成」（『東華人文学報』二三、二〇一三年）参照。

7この具体的な時期に関して、『宋書』巻三一五行志三は同年の閏月とし、『晉書』巻四恵帝紀は一〇月のこととする。

8西嶋定生「草薙剣と斬蛇剣」（前掲『中国古代国家と東アジア世界』五一三～五三七頁）参照。

9『太平御覧』巻三六七所引王隠『晉書』には「上傷頬、失六璽、左右奔走」とある。

10王紹璽『伝国玉璽』（前掲）は「伝国六璽」を、復刻された六璽と伝国璽の総称と解釈し（一六二頁）、蔡名哲「伝国玉璽伝説的形成」（前掲）は復刻された六璽そのものを指すと主張するが、これが単に伝国璽の誤りであった可能性も否定できない。『太平御覧』巻一一九所引崔鴻『十六国春秋』前趙録には、後述の靳準殺害に関して、「……十二月、靳准左右車騎喬太・王騰等殺准、奉六璽来降」とあり、靳準を殺害した喬泰（太）・王騰らは「六璽」を奉じて来降したというが、後掲の『晉書』劉曜載記はこれを「伝国六璽」に作っている。『三国志』巻四六呉書孫破虜討逆伝の裴松之注には、伝国璽に関する諸史料が列挙されているが、そのうちの虞喜『志林』は、虞溥『江表伝』や陳寿『三国志』などが天子（皇帝）六璽と伝国璽を混同していると批判する。虞溥・陳寿はともに西晋人であり、虞喜は東晋人であるから、西晋時代、あるいはそれに続く華北の五胡十六国初期には、六璽と伝国璽を混同する誤解があり、それによって伝国璽のことを「伝国六璽」・「六璽」と呼ぶ同時代史料が編纂され、それらを原史料として『十六国春秋』や『晋書』がそのまま踏襲したとも考えられる。なお中村裕一『唐代制勅研究』（前掲）は唐代の伝国璽について、皇帝八璽のうちの神璽の別称か八璽の総称として伝国璽の語が用いられたのであって、八璽の他に伝国璽という璽が存在したことを意味するのではないとしている（八一四〜八一九頁）。

11池培善「永興 元年이후의 前趙」（『中国学報』三八、一九九八年）蔡名哲「伝国玉璽伝説的形成」（前掲参照。なお『晋書』巻一〇一 劉元海載記は増加された玉璽の文面を「泉海光」としているが、これは唐諱の「淵」を「泉」にかえたものであるので（前掲王紹璽『伝国玉璽』二〇三頁）、本章では『魏書』を引用しておいた。

12本書第七章「永嘉の乱の実像」参照。

13姜文晧『中国中世政治史研究——五胡十六国史——』（国学資料院、一九九九年）四一〜四五頁参照。

14『太平御覧』巻六八二所引『石虎別伝』には、「武郷長城県民韓強、在長城西山巌石間得玄璽一。方四寸、厚二寸、与璽同、文曰『受命于天、既寿永昌』。虎以為瑞」とあり、形状・刻字も伝国璽に類するものであったらしい。なお五胡十六国の五徳転移に関しては、羅新「十六国北朝的五徳暦運問題」（『中国史研究』二〇〇四—三）、吉本道雅「魏書序紀考証」（『史林』九三—三、二〇一〇年）、梶山智史「北朝における東清河崔氏——崔鴻『十六国春秋』編纂の背景に関する一考察——」（『史林』九六—六、二〇一三年）等を参照。

15谷川道雄「五胡十六国・北周における天王の称号」（同氏著『隋唐帝国形成史論』、筑摩書房、一九七一年、三一六〜三三六頁）参照。

16川本芳昭「五胡十六国・北朝時代における『正統』王朝について」（同氏著『魏晋南北朝時代の民族問題』、汲古書院、一九九八年、六六〜一〇二頁）、吉川忠夫「島夷と索虜のあいだ――典籍の流伝を中心とした南北朝文化交流史――」（『東方学報』京都七二、二〇〇〇年）等を参照。

17中華書局標点本『南斉書』巻一七 輿服志には、「乗輿伝国璽、秦璽也。晉中原乱没胡、江左初無之、北方人呼晉家為『白板天子』」とあり、「胡人」ではなく「北方人」に作っている。

18越智重明「魏晉南朝の板授について」（『東洋学報』四九―四、一九六七年）参照。

19田餘慶「論郗鑒――兼論京口重鎮的形成」（同氏著『東晉門閥政治』、北京大学出版社、一九八九年、三八〜一〇四頁）、王朝海「北魏政権正統之争研究」（前掲）参照。

20『建康実録』巻五 中宗元皇帝建武二年条は彼の名を「牛欽」に作る。

21司馬氏の正統性に関しては、津田資久「符瑞『張掖郡玄石図』の出現と司馬懿の政治的立場」（『九州大学東洋史論集』三五、二〇〇七年）参照。

22池培善『中世東北亜史研究――慕容王国史――』（一潮閣、一九八六年）三九〜四九頁、「東晉과 前燕의 관계에 대하여――前燕 慕容廆 재위시를 중심으로――」（『東洋史学研究』六二、一九九八年）、趙紅梅「前燕正統観的発展変化――兼及中原士人出仕前燕心態」（『北方論叢』二〇一一―六）参照。

23『魏書』巻一〇三 匈奴宇文莫槐伝、『周書』巻一 文帝紀上、岡崎文夫『魏晉南北朝通史 内編』（平凡社、一九八九年）三八三〜三八四頁参照。

24王紹璽『伝国玉璽』（前掲）は、末波の玉璽を「皇帝行璽」としているが（一六四頁）、『晉書』等の史料はすべて「皇帝信璽」に作っている。

25『晉書』巻四四 盧欽伝附盧諶伝参照。

26『宋書』巻二九 符瑞志下は「建興二年十二月、涼州刺史張寔遣使献行璽一紐、封送璽使関内侯」と、「行璽」に作っている。

27『資治通鑑』巻八九　建興三年一〇月条は、「涼州軍士張冰得璽、文曰『皇帝行璽』、献於張寔、僚属皆賀。寔曰、『是非人臣所得留』。遣使帰于長安」といい、「皇帝行璽」を長安に送ったとしている。

28権家玉「両晉之交司馬氏正統南移的過程」（『長安大学学報（社会科学版）』一一―四、二〇〇九年）、董慧秀「司馬氏宗王闘争的延続与両晉政権的交替」（『雲南農業大学学報』四―四、二〇一〇年）参照。なお愍帝政権に関しては、この他に板橋暁子「西晉愍帝政権再攷――長安からの『中興』と秩序形成――」（『東方学』一三二、二〇一六年）などもある。

29愍帝も懐帝の実子ではなく侄であるが、それでも皇太子を名乗れたのには、西晉特有の皇位継承制度が関係している。西晉では八王の乱に際し、愍懐太子以外に恵帝の子（男子）がなかったことから、皇太孫・皇太弟が冊立されるほど皇位継承が混乱していたが、『礼記』檀弓の「兄（昆）弟之子猶子」や、前漢哀帝・後漢安帝の立太子・即位の故事を根拠として、皇帝の侄を皇太子に冊立するという慣例がこのとき確立されている（清河王覃の皇太子冊立）。愍帝の皇太子自称はこの慣例にのっとったものであろう。三田辰彦「西晉後期の皇位継承問題」（『集刊東洋学』九九、二〇〇八年）、渡邉将智「後漢安帝の親政と外戚輔政」（『東洋学報』九三―四、二〇一二年）、岡部毅史「西晉皇太弟初探」（『東方学』一二九、二〇一五年）参照。

30川勝義雄「東晉貴族制の成立過程――軍事的基礎の問題と関連して――」（同氏著『六朝貴族制社会の研究』、岩波書店、一九八二年、二二一～二五五頁）参照。行台に関しては、青山公亮「歴代行台考」（『台北帝国大学文政学部史学科研究年報』二、一九三五年）、牟発松「魏晉南朝的行台」（『魏晉南北朝隋唐史資料』九・一〇、一九八八年）、郭湖生「台城辯」（『文物』一九九九―五）、郭湖生（米田健志訳）「台城弁」（積山洋編『東アジアにおける難波宮と古代難波の国際的性格に関する総合研究』、平成一八～二一年度科学研究費補助金（基盤研究（B））研究成果報告書、二〇一〇年、二一七〜二三二頁）参照。

31王紹璽『伝国玉璽』（前掲）一六二頁参照。劉琨の動向に関しては、船木勝馬「西晋時代の并州と幽州」（『中央大学文学部紀要』八四、一九七七年）、廖幼華「晉末太原劉琨敗亡之基本形勢分析」（『国立中正大学学報（人文分冊）』五―一、一九九四年）、鈕仲勛「永嘉之乱前後的并州」（『山西大学師範学院学報（哲学社会科学版）』一九九六―四）、范兆飛「永嘉乱後的并州局勢――以劉琨刺并為中心」（『学術月刊』四〇―三、二〇〇八年）、李椿浩「五胡前期 漢人士族의『克復神州』와 그 真相――劉琨의 西晉再興을 위한 諸努力을 중심으로――」（『中国古中世史研究』二一、二〇〇九年）、本書第七章「永嘉の乱の実像」参照。

32『晉書』巻六六 劉琨伝、巻八六 張軌伝附張寔伝、『文選』巻三七 劉越石（劉琨）『勧進表』参照。

33『晉書』巻八六 張軌伝附張寔伝、關尾史郎「前涼『升平』始終――『吐魯番出土文書』劄記（二）――」（『集刊東洋学』五三、一九八五年）、川本芳昭「五胡十六国・北朝時代における『正統』王朝について」（前掲）参照。

34田餘慶「釈『王与馬共天下』」（前掲）は、中原の胡族（漢・前趙・後趙）と東晉の対立関係の淵源を、八王の乱末期における成都王穎と東海王越の対立に求めており、段部ら鮮卑は東海王越支持の立場であったため、東海王越派であった琅邪王睿が東晉を建国した後も、その関係は継続していたとする。

35趙立新『西晉末年至東晉時期的「分陜」政治――分権化現象下的朝廷与州鎮』（花木蘭文化出版社、二〇〇九年）、馬以謹『東晉初期政治勢力的形成与推移』（花木蘭文化出版社、二〇〇九年）参照。

36田餘慶「釈『王与馬共天下』」（前掲『東晉門閥政治』一〜三七頁）参照。東海王冲は元帝の少子であるが、元帝は、彼の琅邪王時代に江南出鎮の命令を下した東海王越の東海王位を冲に継がせた。

37谷川道雄「五胡十六国・北周における天王の称号」（前掲）参照。

38趙紅梅「前燕正統観的発展変化」（前掲）、蔡名哲「伝国玉璽伝説的形成」（前掲）参照。また慕容儁に関しては、他

に童嶺「釈『晉書・慕容儁載記』記石虎所得玉版文――読十六国北朝文史札記之一」（童嶺主編、孫英剛・王安泰・小尾孝夫副主編『皇帝・単于・士人――中古中国与周辺世界』、中西書局、二〇一四年、一二四〜一三二頁）参照。

39 興膳宏・川合康三『隋書経籍志詳攷』（汲古書院、一九九五年）三〇九頁参照。

40 もっとも慕容儁の偽造した伝国璽は華北においても本物とは見なされていなかったようである。『晉書』巻一一四 苻堅載記下に、淝水の戦い後のこととして、「(姚) 萇求伝国璽於堅曰、『萇次膺符暦、可以為恵』。堅瞋目叱之曰、『小羌乃敢干逼天子、豈以伝国璽授汝羌也。図緯符命、何所依拠。五胡次序、無汝羌名。違天不祥、其能久乎。璽已送晉、不可得也』」とあり、苻堅は伝国璽が東晉にあったと明言している。当時の中国においては、本物の伝国璽は東晉にあったというのが共通認識であったのだろう。

41 この『玉璽譜』については、拙稿「『太平御覧』所引『玉璽譜』について」（『汲古』六七、二〇一五年）参照。

42 田餘慶「『代歌』・『代記』和北魏国史――国史之獄的史学史考察」（同氏著『拓跋史探（修訂本）』生活・読書・新知三聯書店、二〇一一年、二〇二〜二三二頁）参照。

43『晉書』巻六七 郗鑒伝附郗恢伝参照。

44 郗恢に関しては、安田二郎「晉宋革命と雍州（襄陽）の僑民――軍政支配から民政支配へ――」（『東洋史研究』四二―一、一九八三年、同氏著『六朝政治史の研究』、京都大学学術出版会、二〇〇三年、三八五〜四一五頁（第九章「晉宋革命と雍州の僑民」）参照。

45 何徳章「北魏国号与正統問題」（前掲）参照。

46 何徳章「北魏国号与正統問題」（前掲）参照。

47 栗原朋信「文献にあらわれたる秦漢璽印の研究」（前掲）、松浦千春「漢伝国璽小考」（前掲）のように、漢代の伝国璽の真偽に関する論考があり、また好並隆司「伝国璽再考」（前掲）は東晉時代の伝国璽について、「秦から両漢・

魏・西晋を経て継続してきた印字・石材の一致する秦璽はここにおいて、消滅したと言ってよいであろう」と主張している。筆者は本書第五章「西晋恵帝期の政治における賈后と詔」において、西晋の政治における詔（手詔）の真偽について論じたが、詔は短期的に処理される命令文書であるため、またその真偽に関しては、史料からうかがうことができるが、伝国璽などの璽は「モノ」としては一応唯一とされているため、真偽の判別が難しい。

結　語

一

本書では、特に皇帝の権威という要素を主軸に据え、西晉及びその前後の時代の歴史を通観してきた。従来の研究においては、曹魏・西晉史研究や東晉史・五胡十六国史研究のそれぞれ個別の関心から考察が進められたことにより、相互の関係や連続性についての理解を困難にさせていた。西晉史を主たる研究対象としながらも、極力断代史的な観察を避け、通時的な歴史理解を行うことも本書の方針の一つであった。各章では個別の問題関心・研究史整理から論述を進めた部分も多いので、関連する研究を踏まえつつ、あらためて全体をまとめておきたい。

二

漢代においては皇帝専制が政治における大原則であったが、曹魏・西晉における貴族制の発達は、皇帝のあり方そのものに根本的な変化を要請した。無論当初の皇帝側は、貴族の単なる共有物や象徴として扱われることをことさらに好むはずもなく、当然の方針として専制化を目指すに至る。それは貴族制の発達に対するリアクションが動機であったから、専制化への欲求は漢代皇帝のそれよりも強烈なものであったろう。本書第四章で論じた、西晉武帝の東宮重点化もそれに相当する。しかし、ことに東宮重点化の試みが、武帝の死後において外戚楊駿による専権体制構築という結果を招来していることからもうかがえるように、皇帝個人の力量に大きく依存しており、その権力が制度的な裏付けをえて日常化することは、結局なかったと評価せざるをえない。では彼ら魏晉皇帝の試みは、歴史的に何の意義もなかったかといえば、無論そうではない。彼らの試みによって権力に代わり強化されたのが、実に皇帝の権威であった。

魏晉皇帝は専制化のため、自らの権力強化の試みとして、自らの権力の強大さを視覚的に強調するという方法を一方でとっていた。以下に数例を挙げておこう。

第一に、曹魏時代の服制改革である。緒言で述べたように、曹魏においては、本来皇帝の側近官である「侍官」が着用していた武冠等の冠服を、大臣級の「位公者」に「侍官」を加官することで着用させ、本来は人臣でも着用が可能であった袞服の着用を事実上禁止するなど、皇帝と朝臣が着用する冠服の徹底した差別化を行い、これによって皇帝の絶対性のアピールにつなげようとした[1]。それが発揮されるのは朝政や儀礼の場においてであり、つまり魏晉の皇帝は、皇帝の絶対性を冠服によって視覚的にうったえかけたのである。

第二に、首都洛陽城における高層建築の建設とその利用である。後漢末の董卓によって破壊された洛陽を首都に選定した曹魏は、建国直後より首都の再建に取り組むことになるが、その過程であらわれたのが陵雲台をはじめとする高層建築であった。これらの高層建築の多くは皇帝専用であり、皇帝が自ら登り、洛陽城内外を眺めることができるようになっていた。それは洛陽城内外の人間の動向を、皇帝が自らの肉眼で監視することへの欲求が具現化されたものであり、大臣・官僚・貴族といった他者を介さず支配対象の人間の動向を直接的に把握したがる心理のあらわれでもあった（「見る」要素）。また高層建築の上層から洛陽城内を眺める様を人々に見せることで、皇帝権力のアピールにも繋げることができた（「見られる」

要素）。その中には、聴訟観における録囚のように、それまで大臣の担っていた職権をとりあげ、それを皇帝自ら行使し、皇帝専制の強化に繋げる試みの場として利用されるものもあった。

第三に、議政空間の一本化である。渡辺信一郎氏が指摘したように、漢代においては、宮城内の朝堂と宮城外の司徒府百官朝会殿という二つの議政の中心があったが、魏晋においてはそれが宮城内の太極殿―朝堂に一本化された[2]。この現象を渡辺氏は漢＝皇帝独裁、魏晋＝貴族制といった政治体制の相違をあらわすものと解釈したが、恐らくは専制化を志す魏晋皇帝の意図が直接的に反映された結果であり、皇帝の正殿に宇宙の根源である「太極」の名を与えたのもそのためであろう。しかしこれに関しては後に皇帝のよる太極殿に対する独自性の象徴として朝堂が貴族に利用されるに至る。

当然魏晋皇帝にとっては、これらの試みも権力強化の一環であったが、既に述べたように、魏晋皇帝の専制権力は、皇帝個人の人格・力量に左右されない、制度化・日常化されたものとして昇華することはなかったのであり、本来の目的の達成には繋がらなかった。しかしこれらはいずれも「モノ」の問題であったがために、各皇帝の能力の優劣や、実際の権力の強弱とは無関係に、その後も皇帝の権力の強大さをアピールする道具としてその効果を発揮し続けた。こうして「モノ」を見る者の脳裏に刷り込まれたのが、本書でいうところの皇帝の権威である。そしてこちらは権力と異なり、表象する「モノ」が常置・常用されていたこともあり、皇帝が誰であっても平等に発揮される、日常化された要素となっていった。

三

常置・常用された「モノ」により表象され、強化されていった皇帝の権威は、西晋武帝の死後の政治に大きな役割を果たすこととなる。武帝が死去した直後に、楊太后が皇帝直筆の手詔で石鑒に命令を下したことを皮切りに、本来私信という、極めて限定的な用途から使用されていた手詔が、一般政治にも用いられることとなった。そしてこの手詔を最大限に利用して専権体制を構築したのが、恵帝の皇后賈后であった。彼女は手詔を利用して汝南王亮・衛瓘らを打倒して実権を掌握し、以後も手詔をはじめとする詔を利用して政治をとった。詔は皇帝の命令文書であり、特に手詔は、それが皇帝自身の手にかかるものであるから、これを恵帝の権威の象徴として全面的に利用することで、賈后は実権を掌握しえたのである。しかし、詔(手詔)を皇帝の権威の象徴として賈后が利用し続けたことは、詔の内容や真偽ではなく、「モノ」としての詔があらわす皇帝の権威のみが注目される傾向を一方でもたらすこととなる。賈后は宗室の趙王倫やその腹心孫秀によって殺害され、以後は彼らによる専権体制が構築されるが、彼らが施政に用いた詔はそのほとんどが偽造されたものであった。彼らにとって詔の内容や真偽はもはや重要ではなく、詔という「モノ」の色・形があらわす皇帝の権威だけが問題であったのである。

それゆえに「モノ」の偽造が横行し、その真偽に対する周囲の疑いが強まると、皇帝の権威を直接的に伝達するという「モノ」の役割が失われていくこととなる。その場合、究極的には皇帝の身体だけが権威をあらわすこととなり、たとえ「モノ」を入手する手段がなくとも、皇帝を救出するという名目だけで紛争やクーデターを起こしうる。斉王冏らによる、所謂三王起義はそうした状況で起こされたのであり、以後、所謂八王の乱は中国全土を巻き込む戦乱に拡大していく。一連の経緯は、皇帝の権威を利用しうる人間が増加するプロセスでもあった。

しかし、一方が皇帝を擁し、他方がその救出を名目に挙兵し、戦争状態に突入するという局面の連続は、次第に皇帝を擁しない勢力に、相手側が擁立する皇帝の権威に対抗するため、別の象徴を擁立する必要に迫らせることとなり、そうした事情から擁立されたのが東海王越をはじめとする宗室諸王であった。彼らは皇帝と同じ一族であるがゆえに象徴として擁立されたのであり、そしてそのこと自体が、皇帝に対抗しうるほどの権威を彼らにもたらすことに繋がった（ゆえに対立の過程において東海王越の命令や檄の偽造という、皇帝の詔の偽造と同様の現象が見られた）。かくして情勢は二極化しやすくなり、それぞれの正当性を象徴するために、皇帝・宗室諸王が擁立されることが常態化するに至ったのであり、それが西晉王朝を短命化せしめる要因となったことはいうまでもない。

四

情勢の二極化や皇帝・宗室諸王の象徴化という現象・傾向は、しかしながら、一方でこの後の歴史に重大な影響を及ぼした。中国全土における政治的二極化は、基層社会における二極化を発生させ、また逆にそれが全土レベルに発展し、新たな対立構造を生み出す可能性を秘めていた。

例えば江南社会では、周馥（後に東海王越と対立することになる）に監視されていた顧栄ら江南豪族が、折から東海王越より建鄴への出鎮を命じられた琅邪王睿を推戴し、東海王越との挟撃という形をとりつつ周馥を滅ぼした。以後彼らは二極化した晉朝系勢力内部の政治情勢においては東海王越派に属することとなり、その象徴として（東海王越派の宗室である）琅邪王睿を推戴し続けた。琅邪王睿は最初から象徴として扱われたのであり、以後さらに北来貴族が江南に多数流入すると、江南社会における政治的主導権は北来貴族の手に移り、東晋の建国後も、引き続き北来貴族が政治の実権を掌握するに至ったのである。以後彼らの構築した政権――東晋における、いわば「弱い皇帝権力」の原点は、こうした建国のプロセスに由来する。そしてその最初期においては、西晋恵帝期と類似した政治が行われていたらしい。

> 劉超字は世瑜、琅邪臨沂の人、漢城陽景王章の後なり。章の七世の孫 臨沂県慈郷侯に封ぜられ、子孫因りて焉《ここ》に家とす。父の和、琅邪国上軍将軍為り。超少くして志尚有り、県の小吏と為り、稍く琅邪国記室掾に遷る。忠謹清慎を以て元帝（琅邪王睿）の抜く所と為り、恒に左右に親侍し、遂に従いて江を渡り、安東府舎人に転じ、専ら文檄を掌る。相府建ち、又舎人と為る。時に于いて天下擾乱し、叛を伐ち貳を討ち、超自ら職 近密に在り、而して書跡 帝の手筆と相類するを以て、乃ち絶ちて人と書を交えず。（『晋書』巻七〇 劉超伝）

琅邪王睿の府僚をつとめた劉超は、その筆跡が睿のそれと似ていたので、他人との手紙のやりとりを行わなかったという。ここからうかがえるのは、本来琅邪王睿が直筆で書くべき文書を、劉超が日常的に代筆していたことである。これはその形だけを問題にするのであれば、かつての孫秀による詔の偽造と同様のことと解釈できるのであるが、劉超の「忠謹清慎」という性格から、睿の意志と無関係にそれを行っていたとは考えられず、『晋書』の筆致もこれを文書の偽造とは見ていないようである。しかし、当時の宗室が文書作成に際し、自身の意志を文書に記し伝達することへの意欲や執着がここからはあまりうかがえず、当時の宗室あるいは将来の東晋皇帝のあり方を如実に示しているといえよう。

二極化は華北・中原情勢にも作用した。田餘慶氏が指摘するように、劉淵・石勒はともに東海王越の敵である成都王穎と関係が深かった。[3] 劉淵は成都王穎の配下であり、蕩陰の戦いにおける穎の敗北の後に自立を企てた。一方の石勒は汲桑とともに、成都王穎の柩を推戴して東海王越と戦った。特に石勒の行動は、西晉内部の二極化を直接的に反映するものであり、彼らの初期における行動や政治的立場が、この二極化の範囲に含まれることが分かるであろう。しかしその後における、東海王越・劉琨をはじめとする晉朝系勢力に対する軍事的劣勢は、西晉王朝そのものへの対決姿勢の確立と、もともと相互の関係の薄かった彼らの糾合を促した。かくして二極化情勢は、晉朝系勢力とそれに対立する勢力という構図に発展した。しかも晉朝系勢力内部では依然として従前の二極化傾向が続いていたため、その分裂が進行し、その隙を突いた劉聡らが勝利することで西晉の首都洛陽城は陥落した。ちなみに洛陽陥落については、オーレル・スタイン将来のソグド語『古代書簡』にも述べられている（第二書簡）。

神である首領 Kānakk 家の Varzakk と Nanaithvār に一千一万回跪いて、まるで神々に捧げられるのと同じように祝福と敬意を捧げます。（この手紙は）僕である Nanaivandak から差し出されました。あなた方が幸福で息災であるのを見ることができる日はすばらしく、あなた方が健康であると聞いて我が身は永久に続くと思います。ご主人様方、Armātsāch は酒泉で健康で無事にしております。Arsāch は姑臧で元気で無事です。中原地域からソグド人がやって来てから三年になります。……ご主人様方、このようにいわれております。最後の天子は飢饉のために洛陽から逃げ出しました。そして宮殿と（洛陽）城に火が放たれ、宮殿と城は燃えました。洛陽も鄴ももうだめです。……鄴に至るまで、昨日まで天子のものであった匈奴が……しています。ご主人様方、残った中国人たちがこの匈奴を長安や関中から追い出すことができるか私たちには分かりません。……（中略）……もしも資金が必要になったらそこからお金を千サテルでも二千サテルでも取りなさい。私は敦煌にいる Wanrazmak 宛てに、（彼が）あなたに送ってくれるようにと三二（個）の麝香を送りました。そちらに届けられましたら、それを五等分にして、三つを（私のそちらに残してある息子の）Takhsīchvandakが、一つをPesakkが、残りをあなたが取ってください。[4]

ここには、壮麗な宮殿や高層建築が立ち並んでいたであろう洛陽城が灰燼に帰する様子が描写されている他に、「残った中国人たちがこの匈奴を長安や関中から追い出すことができるか私たちには分かりません」ともあるが、しばらくして安定太守賈疋ら「残った中国人たち」が「匈奴を長安や関中から追い出」し、関中に逃れてきた皇太子鄴を擁立し、永嘉七年（三一三）四月、鄴は皇帝に即位する（愍帝）[5]。しかしこの前後においても愍帝と琅邪王睿の皇位をめぐる暗黙の対立、そして彼らと劉聡・石勒ら漢の対立というように、二重の二極化傾向が継続する。うち晋朝系勢力内部の二極化の解決は、一方がもう一方を滅ぼすことで果たされたのではなく、皮肉なことに、別の二極化の一端を担った漢が愍帝政権を滅ぼすことで達成された[6]。恐らくは残る晋対漢という二極化の構図を起点として、以後の情勢においては中原の五胡諸国と東晋との間で自国の正統性の主張がなされるようになり、またその際に正統性の象徴として扱われたのが、玉璽という「モノ」であった。

五

緒言で述べたように、貴族と皇帝の一体性を指摘する近年の貴族制研究や、皇帝の専制化傾向を強調する魏晋史研究のそれぞれの視点をベースとして、本書は西晋史の分析を進めてきた。本書の考察結果を踏まえるならば、魏晋南北朝時代における皇帝と貴族の関係は、おおむね次のような形態をとっていたと考えられる。

魏晋皇帝が洛陽城内に高層建築を多数設け、また議政空間を一本化したことからも、彼らに専制化への強い欲求があったのは疑いないが、権力の面でそれが達成されることは遂になかった。しかしながら、視覚面での絶対化は果たされたのであり、それは皇帝の権力ではなく権威を強める結果をもたらした。以後、貴族は（ある程度の）自立性を有しつつも、少なくとも政治の表面においては、あくまでも皇帝専制という形態をとり続けた。魏晋洛陽城においては、高層建築を利用して、皇帝が自ら聴訟（録囚）・閲兵を行っており、それぞれは第一義的には皇帝専制の視覚的表現であったが、このうちの聴訟に関しては、舞台が西晋滅亡後には高層建築である聴訟観から園林である華林園に移行しながらも、東晋・南朝及び北朝を通じて行われ続けた（皇帝の権力が極端に弱かった東晋においてもこれが行われていることに注目する必要がある）[7]。舞台が高層建築でなくなったことにより、聴訟から皇帝が「見る」・「見られる」要素が取り除かれたことになるが、この「見る」・「見られる」要素こそは、皇帝の、専制化への欲求を直接反映するものであっただけに、その消滅は以後の聴訟が皇帝個人の欲求の結果としてではなく、儀礼として行われるようになったことを意味するであろう。皇帝と貴族の、それぞれの権力の強弱は、王朝・時代ごとに相違があったであろうが、それでも魏晋南北朝時代を通じた政治上の特徴として指摘できるのは、皇帝専制の視覚的表現である。それは皇帝・貴族相互の関係如何を問わず、両者を包括する要素として機能し続けたのではないか。例えば東晋建国後江南にて北来貴族が台頭し、その存立基盤のうち徐々に荘園の占める割合が高まる傾向にあっても[8]、彼らが領主貴族と化し、地方分権が進行する可能性を押しつぶす役割をそれは果たしていたかもしれず、田餘慶・閻歩克両氏のいう「皇権政治」へ、劉宋建国時に回帰せしめる要素の一つでもあったろう。また特に曹魏明帝が創出した、皇帝専用の冕冠・袞服や正殿としての太極殿は、その後も長らく制度として使用され続け、やがてそれは日本にも導入される。[9]かつて専制化を目指した曹魏明帝・西晉武帝の試みは、こうした要素を生み出す母胎であったと理解することで、初めてその意義を評価することができるのである。

また元来、西晉時代の歴史は単に魏晉南北朝時代の一部として観察されてきており、しかもこの王朝の歴史的意義に対する積極的言及はあまり行われなかった。緒言にて紹介したように、例えば東晉・南朝における江南貴族制の成立史についても、江南の地域性という点が注目され、孫呉時代からの連続性が重視される一方で、孫呉・東晉の間における西晉の江南支配に関しては、「無策のままに江南を放置しておいた」という、極めて消極的な評価しかなされてこなかった。[10]また北方の五胡諸族に関しても同様で、後漢時代における南匈奴社会内部の構造変化の延長として永嘉の乱における劉淵らの活動や五胡十六国時代の到来をとらえようとする観点が中心的であり、[11]それゆえに彼らと戦った晉朝系勢力に対する関心を低下させ、西晉史の一部としてこの乱が解釈されることはあまりなかった。本書は従来のこのような理解に対し、西晉の歴史を重点的に考察し、その結果として皇帝の権威の重要性や、それに伴う政治・社会情勢の二極化現象の発生などを指摘してきたのであるが、こうした要素なくして、東晉（及び江南貴族制）や五胡十六国それぞれの歴史が、今日史書に伝えられるような形で到来しえたか否かを、今一度確認する必要があろう。

1 閻歩克「魏明帝『損略黼黻』考」（同氏著『服周之冕――『周礼』六冕礼制的興衰変異』、中華書局、二〇〇九年、二〇三〜二五一頁）参照。

2渡辺信一郎『天空の玉座　中国古代帝国の朝政と儀礼』（柏書房、一九九五年）七一頁参照。

3田餘慶「釈『王与馬共天下』」（同氏著『東晋門閥政治』、北京大学出版社、一九八九年、一〜三七頁）参照。

4Nicolas Sims-Williams, "The Sogdian Ancient Letter II", Maria Gabriela Schmidt and Walter Bisang (eds.), *Philologica et Linguistica. Historia, Pluralitas, Universitas. Festschrift für Helmut Humbach zum 80. Geburtstag am 4. Dezember 2001*,Wissenschaftlicher Verlag Trier,pp.267-280、Nicolas Sims-Williams and Daniel C. Waugh, "The Sogdian Ancient Letters 1, 2, 3, and 5", https://depts.washington.edu/silkroad/texts/sogdlet.html(accessed 2016-9-26)、曾布川寛・吉田豊『ソグド人の美術と言語』（臨川書店、二〇一一年）八九〜九〇頁参照。ここでは吉田豊氏の邦訳を引用した。

5板橋暁子「西晉愍帝政権再攷――長安からの『中興』と秩序形成――」（『東方学』一三二、二〇一六年）参照。

6正確には、南陽王保（模の子）が東晉太興元年（三一八）に晉王を自称しており、東晉とは別の「晉」の建国を志していたようであるが、翌年五月に殺害されている。板橋暁子「西晉愍帝政権再攷」（前掲）参照。

7渡辺信一郎「宮闕と園林――三〜六世紀における皇帝権力の空間構成――」（『考古学研究』四七―二、二〇〇〇年、同氏著『中国古代の王権と天下秩序――日中比較史の視点から』、校倉書房、二〇〇三年、一四六〜一八〇頁）、辻正博「魏晉南北朝時代の聴訟と録囚」（『法制史研究』五五、二〇〇五年）、戸川貴行「東晉南朝の建康における華林園について」（『東洋文化研究』一五、二〇一三年、同氏著『東晉南朝における伝統の創造』、汲古書院、二〇一五年、九一〜一一三頁）参照。

8川勝義雄「南朝貴族制の崩壊」（同氏著『六朝貴族制社会の研究』、岩波書店、一九八二年、四〇七〜四三五頁）参照。

9武田佐知子『古代国家の形成と衣服制――袴と貫頭衣』（吉川弘文館、一九八四年）、増田美子『古代服飾の研究――縄文から奈良時代』（源流社、一九九五年）、徐冲「日本古代国家的服制与等級」（前掲『服周之冕』四四五〜四五九頁）、佐川英治『中国古代都城の設計と思想 円丘祭祀の歴史的展開』（勉誠出版、二〇一六年）参照。
10 川勝義雄「孫呉政権の崩壊から江南貴族制へ」（前掲『六朝貴族制社会の研究』一七一～二一〇頁）参照。
11 谷川道雄「南匈奴の自立およびその国家」（同氏著『隋唐帝国形成史論』、筑摩書房、一九七一年、三〇～六七頁）参照。

挿図出典一覧

図一：中国科学院考古研究所洛陽工作隊「漢魏洛陽城初歩勘査」（『考古』1973 - 4）図一

図二：馬先醒「後漢京師南北東宮之位置与其門闕」（同氏著『中国古代城市論集』、簡牘学会、1980 年、98 ～ 116 頁）附図四をもとに製図

図三：王仲殊『漢代考古学概説』（中華書局、1984 年）図 18 をもとに製図

図四：銭国祥「由閶闔門談漢魏洛陽城宮城形制」（『考古』2003 - 7）図一をもとに製図

図五：銭国祥「由閶闔門談漢魏洛陽城宮城形制」（『考古』2003 - 7）図二をもとに製図

図六：銭国祥「由閶闔門談漢魏洛陽城宮城形制」（『考古』2003 - 7）図一・佐川英治「漢代の郊祀と都城の空間」（小島毅編『東アジアの王権と宗教』、勉誠出版、2012 年、40 ～ 51 頁）図三をもとに製図

図七：岡部毅史「六朝建康東宮攷」（『東洋史研究』72 - 1、2013 年）図Ⅰをもとに製図

図八：銭国祥「由閶闔門談漢魏洛陽城宮城形制」（『考古』2003 - 7）図二をもとに製図

図九：譚其驤主編『中国歴史地図集』（中国地図出版社、1982 年）第三冊 39 ～ 40 頁をもとに製図

図一〇：同上

図一一：周年昌「西晋末年的流民大起義」（朱大渭主編『中国農民戦争史』魏晋南北朝巻、人民出版社、1989 年、53 ～ 111 頁）所掲「石勒起義進軍路線示意図」をもとに製図

あとがき

本書は筆者のこれまでにおける主要業績をまとめたものである。まずは各章の初出をあげておく。

緒言　書き下ろし
第一章「魏晉洛陽城研究序説」『立命館史学』三四、二〇一三年
第二章「魏晉洛陽城研究序説補遺」『奈良史学』三三、二〇一六年
第三章「魏晉洛陽城の高層建築——『高さ』から見た都城と政治——」『東方学』一三一、二〇一六年
第四章「西晉の東宮と外戚楊氏」『東洋史研究』六八—三、二〇〇九年
第五章「西晉恵帝期の政治における賈后と詔」『史林』九四—六、二〇一一年
第六章「西晉後期における皇帝と宗室諸王」『古代文化』六四—二、二〇一二年
第七章「永嘉の乱の実像」『史学雑誌』一二五—二、二〇一六年
第八章「玉璽の行方——正統性の相克——」『立命館東洋史学』三八、二〇一五年
結語　書き下ろし

本書公刊に至るまでには、多くの方々の支援を受けており、とりわけ吉本道雅先生のご指導なくして筆者の研究は成立しなかった。吉本先生は筆者が立命館大学文学部に在籍していたときの指導教官であり、

二〇〇六年に京都大学大学院に入学して以降も引き続きご指導いただいた。吉本先生からは自分の専門分野ばかりを勉強するのではなく、広く学ぶことの重要性をお教えいただき、筆者が西晋史のみならず、漢代・三国や東晋・五胡十六国などの前後の時代の歴史を踏まえた考察を極力心がけてきたのも、細分化が進み個別分野相互の交流が希薄化しつつある今日の研究状況においては、それぞれの関心の相違を克服し一貫した歴史叙述を行う姿勢がかえって必要になってくるとの先生のお言葉が基礎になっている。また京都大学大学院在籍時には吉本先生の他、夫馬進・杉山正明・中砂明徳・高嶋航の諸先生に指導を仰いだ。不出来な筆者を最後まで見棄てることなくご指導くださった先生方に感謝申し上げたい。

また本書の都城史部分の執筆にあたっては、京都大学人文科学研究所の岡村秀典先生、京都府立大学の向井佑介先生からいただいた多くのご意見を反映させている。岡村先生には、中国考古学についてご指導いただいた他に、「中国古鏡の研究」班や洛陽出土銅鏡の図版である霍宏偉・史家珍主編『洛鏡銅華 洛陽銅鏡発現与研究』（上下冊、科学出版社、二〇一三年）の邦訳にお誘いいただき、それまで文献史学しか知らなかった筆者にとっては全てが新鮮な経験であった。向井先生には、中国考古学研究会にて漢魏洛陽城研究について貴重なご意見を賜り、また本書第一・二章は、先生の「曹魏洛陽の宮城をめぐる近年の議論」（『史林』九五―一、二〇一二年）に多くをよっている。

西晋政治史研究にあたっては、京都外国語大学の福原啓郎先生よりご指導いただいた。福原先生は『西晉の武帝 司馬炎』（白帝社、一九九五年）、『魏晉政治社会史研究』（京都大学学術出版会、二〇一二年）などの多数の業績を有する、本邦における魏晋史研究の第一人者である。先生には特に六朝史研究会（エルの会）にて西晋史に関するアドバイスを多数いただいており、本書第五・六章の執筆においては、先生の論文「八王の乱の本質」（『魏晋政治社会史研究』一六三〜一九九頁）の「輿論」という概念を応用させていただいた。

さらに筆者は二〇〇九年九月から二〇一〇年七月にかけて、北京大学に中国政府奨学金高級進修生として留学しているが、そのときに受入教官をつとめていただいたのが閻歩克先生である。閻先生は中国官僚制度史の専門家であり、筆者の留学時は、たまたま先生が『従爵本位到官本位』（生活・読書・新知三聯書店、二〇〇九年）、『察挙制度変遷史稿』（中国人民大学出版社、二〇〇九年）、『服周之冕――『周礼』六冕礼制的興衰変異』（中華書局、二〇〇九年）、『中国古代官階制度引論』（北京大学出版社、二〇一〇年）と、著書を多数出版されたときでもあり、これら全てを先生より直接賜ったことは、この上ない幸運であった。先生は宮崎市定『九品官人法の研究――科挙前史――』（東洋史研究会、一九五六年）よりはじまる、身分制度・遷官制度の視点からの官僚制度史研究を完成させただけではなく、皇帝・官僚の着用する冠服にまで分析を加えており、中国の官僚制度の体系・実態を徹底して解明しようとする先生の研究姿勢に、筆者は終始圧倒されていた。そして本書の皇帝専制の視覚化というアイディアは、特に『服周之冕』より啓発を受けたものであり、留学の成果をこのような形で反映できたことをうれしく思う。

研究を進めるにあたっては、この他多数の先生や学友に、様々な形で助けていただいたが、それらひとつひとつがなければ本書が完成しなかったことは確実であり、うちお一人でも会うことがなかったらと思うとたいへんに恐ろしくなる。お世話になった方々に、この場を借りてあらためて御礼申し上げたい。また今日まで心配をかけ通しであり、筆者の研究を見守ってくれた家族にも感謝したい。

二〇一六年一一月

著　書　識

著者紹介

田中　一輝（たなか　かずき）

一九八三年　愛知県生まれ
二〇〇六年　立命館大学文学部卒業
二〇一二年　京都大学大学院文学研究科博士後期課程修了、博士（文学）
現在、京都大学大学院文学研究科非常勤講師

主要論文

「西晋の東宮と外戚楊氏」（『東洋史研究』六八‐三、二〇〇九年）
「魏晋洛陽城の高層建築―『高さ』から見た都城と政治―」（『東方学』一三一、二〇一六年）
「代北と中原―北朝の史学と正統観―」（『東洋史研究』七五‐三、二〇一六年）

西晋時代の都城と政治

二〇一七年二月二八日　第一刷発行
定価　五、〇〇〇円（税別）

著　者　田　中　一　輝
発行者　土　江　洋　宇
発行所　朋　友　書　店
〒六〇六‐八三一一　京都市左京区吉田神楽岡町八
電話（〇七五）七六一‐一二八五
FAX（〇七五）七六一‐八一五〇
E-mail:hoyu@hoyubook.co.jp
印刷所　亜　細　亜　印　刷　株式会社

ISBN978-4-89281-157-9 C3022 ¥5000E

The Capital City and Politics during the Western Jin Dynasty

by

Kazuki TANAKA

The theme of this book is a study on the capital city and the politics of the Western Jin 西晉 dynasty. Conventional studies in Japan of medieval China including the Western Jin have chiefly focused on the aristocracy. During the so-called "period of controversy," scholars had intensively studied the aristocracy, but after 1990, the emperors received greater attention as it was pointed out that the emperors and the aristocracy were cooperative and that the emperors of the Cao Wei 曹魏 and the Western Jin dynasties tended to rule as despots. Nevertheless, studies of the political history of the Eastern Jin, which arose after the Western Jin fell, point out that the emperors' power in the Eastern Jin was exceptionally weak, and furthermore the continuity between the Western Jin and the Sixteen Kingdoms have not been sufficiently discussed. Thus, scholars have not displayed a sustained interest in the eras before and after the Western Jin. As a result, the historical significance of the Western Jin has remained unclear. This book, therefore, focuses especially on the authority of the Western Jin emperors, and aims to elucidate the origin of their authority through a study of the history of the capital city, and the effects of that authority through a study of political history.

Chapter 1: An introduction to the studies of Luoyang City in the Wei-Jin period

In recent years, research on Luoyang 洛陽 City in the Han-Beiwei 漢魏 period has seen significant progress. However, many aspects of this city, such as the position of the palaces, have yet to be made clear. The aim of this paper is to elucidate the position of the palaces and the axial line in Luoyang City in the Wei-Jin 魏晋 period.

First, this paper attempts to confirm the position of the palaces within the city. Generally, present day theories concerning the position of the palaces in Luoyang City during the Later Han 後漢 era are based on the reconstruction by Qian Guoxiang 銭国祥. So far, two theories have been suggested. One states that the position of the palaces in the Wei-Jin period followed that of the Later Han time（A theory 二宮説）. The other maintains that the palaces in the Wei-Jin period were only built on the sites of the north palaces of the Later Han era（B theory 一宮説）. Having considered both theories, the present paper confirms the latter.

Next, this paper considers the existence of the axial line in the Wei-Jin period. So far, the A theory has maintained that the axial line of Luoyang City did not exist in the Wei-Jin period; meanwhile the B theory maintains it did. However, the interpretations of both theories are indefinite. Thus this paper studies anew the historical records concerning the axial line and presents an outlook regarding its existence in the Wei-Jin period.

Chapter 2: A supplement to "An Introduction to the Studies of Luoyang City in the Wei-Jin Period"

Thie chapter reinforce the contents of the previous chapter. In particular, By analyzing the geography book that was complied in Northern and Southern dynasties 南北朝 period, and elucidation about the location of the parace of the heir apparent, the author criticize the rationale of A theory, and strengthen the author's position that support the B theory.

Chapter 3: Tall Buildings in Luoyang during the Wei-Jin Period: Cities and Politics Seen from "Height"

Past research on the history of cities in ancient and medieval China has often been conducted by means of two-dimensional viewpoints and methods based on reconstructions of a city's two-dimensional plans. But in this article, inspired by recent studies in the fields of Japanese history, the history of Japanese architecture, and the history of Chinese Buddhist architecture that pay attention to "height", I introduce this perspective of "height" and essay some observations on the city of Luoyang during the Wei-Jin period. As a result of my investigations, the following points came to light.

First, in Luoyang during the Wei-Jin period there were built, generally under the emperors' directions, a large number of tall buildings the aim of which was to enable the emperors themselves to "see" into the distance and also to "be seen" by others when they showed themselves on some elevated place. Secondly, the emperors of the Wei-Jin period reproduced on the site of Luoyang of the Later

Han both the buildings of the Jianzhang Palace 建章宮 built by the emperor Wu 武帝 of the Former Han 前漢 outside the western walls of Zhangan 長安 and also the urban plan of the Three Platforms（Santai 三台）of Ye 鄴, and they used "height" to give expression to the imperial authority that they were unable to represent in "size" owing to war and the remonstrances of court officials. As a result of the analysis undertaken in this article it becomes clear that the tall buildings in Luoyang during the Wei-Jin period were a product of this current of political and urban history.

Chapter 4: The Court of the Heir Apparent in Western Jin and His Maternal Relatives of the Yang Clan

Weakened by the Rebellion of the Eight Princes and the succeeding turmoil of the Yongjia era, the Western Jin was a short-lived dynasty, but it was the establishment and later collapse of the despotic rule of Yang Jun 楊駿, a maternal relative as a the father Emperor Wu’s empress, that served as a precursor to the political turmoil that brought the Western Jin dynasty to an end.

The rise of the Yang clan as maternal relations to the throne was greatly affected by the importance placed on the court of the heir apparent in the era of Emperor Wu. The posts in the heir apparent’s establishment（the grand mentor 太傅 and the junior mentor 少傅）were occupied by officials of grand councilor 宰相 rank due to the prestige accorded to the heir apparent, and the number of official in his establishment was also increased as the heir apparent grew increasingly important. Then, as a part of a policy of emphasizing maternal relations initiated by Emperor Wu circa the first year of the Xianning era（275）,

Yang Yao 楊珧, who was a maternal relative as a brother of Yang Jun, was installed as the supervisor of the household of the heir apparent 詹事 and assigned to protect the heir apparent, Zhong 衷（Emperor Hui）. And in the third year of the Taikang era（282）Yang Yao’s elder brother Yang Jun entered his establishment as grand protector 太保 to the heir apparent. Due to the joint appointment of officials of the Department of State Affairs 尚書省 to the core of the heir apparent’s establishment after the third year of Taikang, the elevation of core officials of the heir apparent’s establishment to grand councilor level was brought about. Yang Jun became a leading figure in court politics as a grand councilor along with his colleagues Prince Liang of Ju Nan 汝南王亮, who was made grand mentor, and Wei Guan 衛瓘, who was made junior mentor. Then, in the 10th year of the Taikang era（289）a turning point was reached as Emperor Wu fell critically ill and Yang Jun removed Ju Nan and Wei Guan and established his own despotic regime.

The ascendancy of Yang Jun, described above, mainly took place by using the heir apparent as a first step, and after the accession of Emperor Hui, the heir apparent functioned as an vital point in the regime of Yang Jun. The importance placed on the heir apparent by Emperor Wu was carried out to protect the heir apparent and stabilize the dynasty, but ironically it became the breeding ground for the ascendancy of the maternal relatives and became a trigger for later political turmoil.

Chapter 5: Empress Jia and Imperial Edicts during the Reign of Emperor Hui of the Western Jin

In regards to the political history of Emperor Hui 恵帝 of the Western Jin, studies of the what has come to be called the Wars of the Eight Princes, which broke out during the same period, have comprised the main current of scholastic interest, and scholarship devoted to the political history of Emperor Hui's reign has not been conducted. This study analyzes the political history of the first half of Emperor Hui’s reign (291-300) when his empress, Empress Jia 賈后, held great influence with the aim of clarifying the relationship between Empress Jia and the imperial edicts that embodied Emperor Hui’s authority and the details of Empress Jia’s political maneuvers and their significance.

First, I confirmed the actions of Empress Jia in the political upheaval of 291, the year after the enthronement of Emperor Hui, which served as the opportunity for the Empress to gain a grip on power and the method of the coup d’état. Empress Jia moved troops using an imperial edicts written by Emperor Hui himself and murdered ministers Yang Jun, Prince of Liang and Wei Guan. Edicts in the hand of the emperor himself were originally employed to admonish ministers, but after maternal relatives Yang Jun and the Empress Dowager Yang 楊太后 had seized the reins of power, imperially drafted edicts came to be used for the purpose of mobilizing troops and eliminating political foes. Empress Jia used imperial edicts to grasp political power, but the nature of the edicts (edicts in the imperial hand) was thereby altered. Next I examined the politics of Empress Jia from Yuankang 元康 1 (291) through Yongkang 永康 1 (300). This was not a period during which Empress Jia exercised despotic rule, and there was a

significant number of court councilors like Pei Wei 裴頠 in the anti-Empress Jia faction. In opposition Empress Jia promoted maternal relatives and eunuchs, and by managing the issuance of imperial edicts she was able to secure a position of relative superiority over the councilors. Empress Jia placed importance on Emperor Hui’s authority and the form and political procedures for ordering the composition of edicts as necessary elements in building her political superiority.

Empress Jia was deposed in the coup d’état of Prince Lun of Zhao 趙王倫 in Yongkang 1 (300) and then murdered. Prince Lun of Zhao mobilized troops with an edict that he had forged and carried out the coup d’etat, and thereafter employed forged imperial edicts (edicts in the hand of the emperor) in conducting political affairs. The coup d’etat of Prince Lun of Zhao was the turning point after which the emperor was completely reduced to a figure of authority without power. Emphasizing this point alone, it is possible to appreciate that fact that Empress Jia secured the minimum political role and authority of Emperor Hui that was embodied in the imperial edicts, but Empress Jia had previously overridden the documentary administration by using imperial edicts and issuing orders directly to the troops, mobilizing them and carrying out a coup d’état, and this was the cause of the trend to exploit the authority of Emperor Hui alone, as did Prince Lun of Zhao.

Chapter 6: The Emperor and the Princes in the Late Western Jin Period

Past studies have examined the causes and characteristics of the Wars of Eight Princes 八王の乱 and the Disaster of Yongjia 永嘉の乱 Period in the late

Western Jin, however,only a few studies have addressed the political history diachronically from the late Western Jin to the early Eastern Jin. This article mainly examines the political history from the rise up of Prince Jiong of Qi's 斉王冏 army in 301 which led the Wars of the Eight Princes to spread all over the country, to the death of the last Eight Princes, Prince Yue of Donghai 東海王越 in 307 and analyzes political and social changes during the period nd their influences to the founding of the Eastern Jin. This analysis leads to following conclusions. The development of the Wars of the Eight Princes after the Prince Jiong of Qi's rising led to the decline of Emperor's authority and the formation of alliances among princes such as Prince Yong of Hejian 河間王顒 and Prince Ying of Chengdu 成都王穎, who went to strategic positions to put down the revolt, which later resulted in the inauguration of Prince Yue of Donghai by provincial forces and politics and the formation of an alliance among these forces. However, this led to their antagonism with anti-Prince Yue of Donghai factions such as Ji Sang 汲桑 and Emperor Huai 懐帝 and bipolarization of the poritical situation. Local rulers in Jiangnan 江南, who recognized the circumstances inaugurated Prince Rui of Langya 琅邪王睿, an imperial family member supporting Prince Yue of Donghai and established the foundation of Eastern Jin.

Chapter 7: What really happened during the Disaster of Yongjia

Up until now research on the Disaster of Yongjia at the end of the Western Jin has been conducted from the perspectives of the history of the sixteen kingdoms of five non-Han Chinese peoples and the prehistory of the Northern

Wei, and while there have been many studies that have focused on the independent utterances and actions of the five non-Han Chinese peoples, what has been lacking is a perspective that seeks to understand their actions in relative terms by taking into account their rivalry with the Jin forces with whom they were fighting at the time. The aim of this article is to reconstruct the course of the conflict between the five non-Han Chinese peoples and

Jin forces on the basis of a precise chronology and textual criticism of source materials with a view to elucidating the reality of the Disaster of Yongjia.

Liu Yuan 劉淵, Shi Le 石勒, and other non-Chinese generals who fought against the Western Jin were at the start of the uprising overwhelmed by the Jin forces, and in particular Liu Kun 劉琨 of the Western Jin, who was regional inspector（*cishi* 刺史）of Bingzhou 并州, put continuous pressure on Liu Yuan of the Han in the south. On account of this pressure applied by Liu Kun, Liu Yuan was compelled to relocate his capital and move southwards, and when it became inevitable that, should he continue moving south, he would eventually reach the Western Jin capital of Luoyang 洛陽, he proclaimed himself emperor of the Han and, finally making clear his intention to overthrow the Western Jin, attacked Luoyang. But he was repulsed by Prince Yue of Donghai 東海王越, who happened to have returned to Luoyang at the time, and when Liu Yuan died, this provided the unexpected opportunity for Liu Kun and Prince Yue of the Western Jin to form a pincer operation against the Han. Thereafter the destruction of this pincer operation became the main challenge faced by the Han. From around this time unrest built up on the Jin side, with Jin forces defecting from Prince Yue, and there was also a continuous exodus of military capability from Luoyang, including Prince Yue's departure and death. This resulted in a weakening of the pincer movement, and in Yongjia 5（311）Luoyang fell to the Han. Liu Kun in

the north was also defeated by a Han attack, and this led to the collapse of the pincer operation.

In view of the above train of events it is evident that the Disaster of Yongjia did not necessarily come about as a result of the independent strategy of Liu Yuan and other non-Chinese generals or their consistent ascendency over the Western Jin, and it was an outcome that was influenced by the military and political environment both within and without their own sphere of influence.

Chapter 8: The Whereabouts of the Sovereign's Seal: A Conflict of Legitimacies

The study of Chinese seals in postwar Japan began as part of the field of research on Han-Era history, and seals have been analyzed from various perspectives, such as the relationship between China and neighboring ethnic groups, the functional differentiation of the Son of Heaven 天子 and the Emperor 皇帝, and tools of identification for bureaucrats, etc. However, the problem concerning the inheritance of the sovereign's seal – for example the Heirloom Seal of the Realm 伝国璽 or the Six Seals of the Emperor 皇帝六璽 – has not received due attention. This paper analyzes the relation between the sovereign' s seal of each dynasty（from A.D. 300 to 420） and the legitimacy that those seals created.

Immediately after the fall of the Western Jin Dynasty, the Heirloom Seal of the Realm was in the hands of the barbarians, but due to political reasons they could not promote their legitimacy by the seal. Meanwhile, since the Eastern Jin Dynasty lacked the Heirloom Seal of the Realm, according to a second plan, they

acquired the Six Seals of the Emperor from Xianbei 鮮卑 tribes（Murong 慕容, Duan 段, etc.）through diplomatic routes and tried to prove their legitimacy. But due to the doubtful origin of these seals, they were not very successful. With the fall of the Later Zhao Dynasty 後趙 in the Central Plain, the Heirloom Seal of the Realm came to Eastern Jin, and the problem was resolved.

From the above discussion, it is clear that simply possessing the sovereign's seal was not enough to prove the legitimacy of the owner, and that only when the owner was a figure whose legitimacy was widely acknowledged did the seal become a symbol of his legitimacy.